主　　编　曹士兵　国家法官学院副院长
副 主 编　关　毅　国家法官学院科研部主任
　　　　　刘　畅　国家法官学院科研部副主任
主编助理　边疆戈　国家法官学院科研部编辑
　　　　　苏　烽　国家法官学院科研部编辑

《中国法院年度案例》编辑人员（按姓氏笔画）
边疆戈　朱建伟　刘　畅　关　毅　苏　烽
罗胜华　孟　军　赵丽敏　袁登明　徐一楠
唐世银　曹士兵　曹海荣　梁　欣　程　瑛

本书编审人员　曹海荣

中国法院

2018年度案例

国家法官学院案例开发研究中心◎编

借款担保纠纷

中国法制出版社
CHINA LEGAL PUBLISHING HOUSE

《中国法院年度案例》通讯编辑名单

序

法律的生命在于实施，而法律实施的核心在于法律的统一适用。《中国法院年度案例》丛书出版的价值追求，即是公开精品案例，研究案例所体现的裁判方法和理念，提炼裁判规则，为司法统一贡献力量。

《中国法院年度案例》丛书，是国家法官学院于2012年开始编辑出版的一套大型案例丛书，之后每年年初定期出版，由国家法官学院案例开发研究中心具体承担编辑工作。此前，该中心坚持20余年连续不辍编辑出版了《中国审判案例要览》丛书近90卷，分中文版和英文版在海内外发行，颇有口碑，享有赞誉。现在编辑出版的《中国法院年度案例》丛书，旨在探索编辑案例的新方法、新模式，以弥补当前各种案例书的不足。该丛书2012～2017年已连续出版6套，一直受到读者的广泛好评，并迅速售罄。为更加全面地反映我国司法审判的发展进程，顺应审判实践发展的需要，响应读者需求，2014年度新增3个分册：金融纠纷、行政纠纷、刑事案例，2015年度将刑事案例调整为刑法总则案例、刑法分则案例2册，2016年度新增知识产权纠纷分册，2017年度新增执行案例分册。现国家法官学院案例开发研究中心及时编撰推出《中国法院2018年度案例》系列丛书，将刑事案例扩充为4个分册，共23册。

总的说来，当前市面上的案例丛书百花齐放，既有判决书网，可以查询各地、各类的裁判文书，又有各种专门领域的案例汇编书籍，以及各种案例指导、案例参考等读物，十分活跃，也各具特色。而《中国法院年度案例》丛书则试图把案例书籍变得“好读有用”，故在编辑中坚持以下方法：一是高度提炼案例内容，控制案例篇幅，每个案例基本在3000字以内；二是突出争议焦点，剔除无效信息，尽可能在有限的篇幅内为读者提供有效、有益的信息；三是注重对案件裁判文书的再加工，大多数案例由案件的主审法官撰写“法官后语”，高度提炼、总结案例的指导价值。

同时，《中国法院年度案例》丛书还有以下特色：一是信息量大。国家法官学院案例开发研究中心每年从全国各地法院收集到的上一年度审结的典型案例超过10000件，使该丛书有广泛的选编基础，可提供给读者新近发生的全国各地的代表性案例。二是方便检索。为节约读者选取案例的时间，丛书分卷细化，每卷下还将案例主要根据案由分类编排，每个案例用一句话概括裁判规则、裁判思路或焦点问题作为主标题，让读者一目了然，迅速找到需求目标。

中国法制出版社始终全力支持《中国法院年度案例》的出版，给了作者和编辑们巨大的鼓励。2018年新推出数据库增值服务。购买本书，扫描前勒口二维码，即可在本年度免费查阅使用上一年度案例数据库。我们在此谨表谢忱，并希望通过共同努力，逐步完善，做得更好，真正探索出一条编辑案例书籍、挖掘案例价值的新路，更好地服务于学习、研究法律的读者，服务于社会，服务于国家的法治建设。

本丛书既可作为法官、检察官、律师等司法实务工作人员的办案参考和司法人员培训推荐教程，也是社会大众学法用法的极佳指导，亦是教学科研机构案例研究的精品素材。当然，案例作者和编辑在编写过程中也不能一步到位实现最初的编写愿望，可能会存在各种不足，甚至错误，欢迎读者批评指正，我们愿听取建议，并不断改进。

曹士兵

目　录

Contents

一、借款合同

二、保　证

三、抵　押

四、质　押

一、借款合同

1

无借款合同情况下应依据举证责任确定借贷事实

——北京甲尼国际照明工程有限公司诉北京笨笨飞鸟商贸中心借款合同案

【案件基本信息】

1. 裁判书字号

北京市朝阳区人民法院（2016）京 0105 民初字第 47580 号民事判决书

2. 案由：借款合同纠纷

3. 当事人

原告：北京甲尼国际照明工程有限公司（以下简称甲尼国际公司）

被告：北京笨笨飞鸟商贸中心（以下简称笨笨飞鸟中心）

【基本案情】

甲尼国际公司称与笨笨飞鸟中心口头商定，由甲尼国际公司向笨笨飞鸟中心提供短期借款 1300000 元，笨笨飞鸟中心承诺 3 日还款。2016 年 5 月 31 日，甲尼国际公司从北京银行账户向笨笨飞鸟中心在中国建设银行的账户汇入 1300000 元，附言为货款。后笨笨飞鸟中心未按期还款。故甲尼国际公司诉至本院，要求笨笨飞鸟中心返还借款 1300000 元。笨笨飞鸟中心辩称双方之间不存在借贷关系，1300000 元汇款是案外人闫某康谎称帮助笨笨飞鸟中心做对公账户流水所做的操作，上述款项汇入笨笨飞鸟中心账户后立刻转入了闫某康本人账户。

经查，2016年5月31日，笨笨飞鸟中心中国建设银行账户向案外人闫某康账户汇入1300000元。另查，笨笨飞鸟中心上述银行账户自2015年9月至2016年5月，有多笔甲尼国际公司汇入的款项，在上述款项汇入当日均有相同数额款项从笨笨飞鸟中心账户汇出。

甲尼国际公司表示案外人闫某康系本公司财务人员的朋友，甲尼国际公司做工程项目需要大笔现金方便发放工人工资等，闫某康和公司财务多次为甲尼国际公司与笨笨飞鸟中心之间进行账户间的转款倒现操作，此前操作的几笔款项都没出现过问题。笨笨飞鸟中心表示，闫某康系笨笨飞鸟中心法定代表人温雅静朋友，其帮助笨笨飞鸟中心理财，多次独自操作对公账户流水。甲尼国际公司与笨笨飞鸟中心均确认双方在日常经营中没有业务往来。经询，甲尼国际公司表示没有其他证据证明其转款给笨笨飞鸟中心的1300000元性质为借款。

【案件焦点】

甲尼国际公司仅依据银行转款凭证能否证明与笨笨飞鸟中心存在借贷法律关系。

【法院裁判要旨】

北京市朝阳区人民法院经审理认为：借款合同是借款人向贷款人借款、到期返还借款并支付利息的合同。借款合同关系的基础事实不仅包括款项的实际支付，更应包括双方存在借款合意。本案中，双方对于甲尼国际公司向笨笨飞鸟中心汇款1300000元的事实不持异议，但对于款项性质产生异议。双方之间未签订书面的借款合同或借条，甲尼国际公司仅凭款项支付凭证，无法证明其与笨笨飞鸟中心之间存在借贷合意，笨笨飞鸟中心抗辩借贷行为并未发生并作出合理说明。结合本案审理查明的事实和证据，依据举证规则，甲尼国际公司仍应就借贷关系的成立承担举证责任。现甲尼国际公司无法提供其他证据证明借贷事实的发生，故其要求笨笨飞鸟中心偿还借款的诉讼请求缺乏事实和法律依据，本院不予支持。

北京市朝阳区人民法院依照《最高人民法院关于审理民间借贷案件适用法律若干问题的规定》第十六条、第十七条，《最高人民法院关于民事诉讼证据的若干规定》第二条作出如下判决：

驳回原告北京甲尼国际照明工程有限公司的诉讼请求。

北京甲尼国际照明工程有限公司持原审起诉意见提起上诉，后于二审期间撤诉。

【法官后语】

本案处理重点主要在于在缺乏借款合同的情况下，如何证明借贷关系是否存在，双方当事人的举证责任如何分配。在民事诉讼中，举证责任是指应当由当事人对其主张的事实提供证据并予以证明，若诉讼终结时，根据全案证据仍不能判明当事人主张的事实真伪，则由该当事人承担不利的诉讼后果。

具体到本案中，原告甲尼国际公司仅依据银行转账凭证主张借贷关系事实，要求被告笨笨飞鸟中心偿还欠款，其应就存在借贷关系的事实承担举证责任。金融机构的转款凭证可以证明原告甲尼国际公司实际履行了交付款项的义务。在被告认可转款凭证系借款的情况下，原告完成了举证证明的责任，可以依据银行的转款凭证认定当事人双方存在借款合同关系。但正如本案，在被告笨笨飞鸟中心否认存在借款关系，并就款项的流动、双方之间存在其他交易关系的事实进行了举证说明的情况下，甲尼国际公司仅依据转款凭证，尚不足以证明双方之间存在的借贷法律关系。作为一种合同关系，借款合同关系的生效必须基于双方存在借款的合意。因此，在被告否认原告提出的证据，并对款项系基于其他原因交付做出合理的说明或举证证明的情况下，原告应进一步对借贷合意的成立承担举证责任。原告不能提供证据证明的，应当驳回其诉讼请求。

《最高人民法院关于审理民间借贷案件适用法律若干问题的规定》第十七条对原告仅依据金融机构的转账凭证提起民间借贷诉讼的举证责任分配进行了明确规定，亦是本案的裁判依据。值得注意的是，在民间借贷案件审理中，法官经常面对存在瑕疵的证据或没有证据的情况，应当依靠社会认知和审判经验，对证据进行甄别，结合当事人对案件细节的陈述和举证规则等加以判断，从而查清案件事实，认定法律关系。

编写人：北京市朝阳区人民法院　范米多

2

因重大误解签订的债务转移协议书是否影响当事人还款义务

——李洪岗诉靳士林、董宁借款合同案

【案件基本信息】

1. 裁判书字号

北京市丰台区人民法院（2015）丰民（商）初字第 16291 号民事判决书

2. 案由：借款合同纠纷

3. 当事人

原告：李洪岗

被告：靳士林、董宁

【基本案情】

2015 年 6 月 12 日，李洪岗与靳士林、董宁就靳士林向李洪岗借款人民币 20 万元达成《协议书》，同时约定："乙方（董宁）同意在所购上述房屋的银行批贷函下发或领取房屋产权登记通知下发后当日，由乙方（董宁）直接向丙方（李洪岗）偿还上述款项，甲方（靳士林）承担保证责任。"但现在靳士林、董宁明确拒绝向李洪岗偿还该款项，且李洪岗认为涉案房屋的银行按揭手续已经办理完毕，二被告应当向其偿还款项。

2015 年 4 月 2 日，董宁购买了靳士林位于北京市西城区红莲南路 6 号院 7 号楼 8 层×号房屋，总价款为 400 万元整。董宁首先付了定金和部分房款 50 万元，剩余 350 万元董宁以按揭贷款和向亲友筹借支付。当时靳士林称其欠银行贷款 330 万元，收取董宁给付的 350 万元还清贷款后还剩 20 万元，要求董宁将该 20 万元直接转给他新的债权人李洪岗，于是董宁在事先准备好的协议书上签了字。但是后来董宁发现靳士林所欠银行贷款不是 330 万元，而是 350 万元，而贷款不还清的话是无法办理房屋过户的，于是董宁将 350 万元支付给了靳士林。董宁认为其不欠任何人的款

项，也没有偿还义务。欠款应由靳士林来承担偿还义务，事实上也是由靳士林来还款的。

【案件焦点】

被告董宁因重大误解签订的债务转移协议书是否影响其还款义务。

【法院裁判要旨】

北京市丰台区人民法院经审理认为：依法成立的合同受法律保护。当事人对自己提出的诉讼请求所依据的事实或者反驳对方诉讼请求所依据的事实有责任提供证据加以证明，否则应承担不利的法律后果。李洪岗持有三方签订的债务转移协议书及靳士林出具已收到李洪岗借给20万元证明，已经形成较为完整的证据链，可以据此确认董宁已成为李洪岗新的债务人，双方当事人之间已形成借贷法律关系，董宁自愿承担还款义务。董宁辩称已向靳士林履行了足额给付购房款义务，协议书是因重大误解而签订的，但其事后并未及时行使撤销权，协议书应属合法有效。靳士林并未提供证据证明其向顾英伟给付款项与本案有关联性，其可另行主张权利。民间借贷合同约定了还款期限，到期后借款人未偿还借款的，贷款人主张逾期利息，应当自合同到期之日的次日起，参照同期贷款基准利率或贷款基础利率向贷款人支付逾期利息。现李洪岗要求董宁偿还借款及利息的诉讼请求，有事实及法律依据，本院予以支持，具体数额以本院认定为准。靳士林作为担保人在协议书上签字，应承担连带还款责任。

北京市丰台区人民法院依照《中华人民共和国合同法》第八十五条、第一百零七条，《中华人民共和国担保法》第十九条，《中华人民共和国民事诉讼法》第一百四十四条之规定，判决如下：

一、被告董宁于本判决生效之日起十日内偿还原告李洪岗借款本金177856元；

二、被告董宁于本判决生效之日起十日内给付原告李洪岗逾期利息（以177856元为基数，按照中国人民银行同期贷款利率支付自二〇一五年十一月十三日始计算至付清之日止）；

三、被告靳士林对上述债务承担连带清偿责任；

四、驳回原告李洪岗其他诉讼请求。

宣判后，双方均未上诉。

【法官后语】

近年来，随着房地产市场的不断发展，买卖尚在抵押中未还清贷款的房屋非常普遍，在实际操作中，买方通过交纳部分房款以还清房屋的剩余贷款从而使房屋解押，本案虽然是借款合同纠纷，但是产生纠纷的缘由便是由于上述问题的发生。

在本案中，双方当事人的争议焦点主要在于被告董宁因重大误解签订的债务转移协议书是否影响其还款义务。

《最高人民法院关于贯彻执行〈中华人民共和国民法通则〉若干问题的意见(试行)》第七十一条规定："行为人因对行为的性质、对方当事人、标的物的品种、质量、规格和数量等的错误认识，使行为的后果与自己的意思相悖，并造成较大损失的，可以认定为重大误解。"根据该条，行为人的误认构成重大误解需要同时具备以下三个要件：1. 行为人对行为的性质、对方当事人、标的物的品种、质量、规格和数量等具有错误认识；2. 上述错误认识使其行为后果与意思相悖；3. 造成了较大损失。在本案中，被告董宁误认被告靳士林所欠银行贷款350万元而作出签订该债务转移协议书之意思表示满足重大误解的构成要件。第一，被告董宁没有核实涉案房屋银行贷款的实际金额350万元，仅凭被告靳士林口头称其所欠银行贷款为330万元，就签订了债务转移协议书，对所签订的协议书的内容产生了错误认识；第二，被告董宁基于对涉案房屋所欠贷款金额为330万元的错误认识，作出了签订债务转移协议书承认还款原告李洪岗20万元的意思表示，该意思表示产生的直接后果是他需多承担20万元的房屋购买成本意思相悖；第三，被告作出了签订债务转移协议书承认还款原告李洪岗20万元的意思表示，该意思表示直接导致他需要多承担20万元的购房成本，而无论是相较于房屋交易价格本身，还是本案房屋买卖合同签订时北京市城镇人均收入水平，20万元的都是一笔较大支出，因此，被告董宁误认签订债务转移协议书还款原告20万元给被告董宁造成了较大损失。综上，被告董宁签订的债务转移协议书构成重大误解。

根据《合同法》第五十四条规定，当事人一方因重大误解订立的合同有权请求人民法院或者仲裁机构变更或者撤销，被告董宁可以申请撤销所签订的债务转移协议书。根据《合同法》第五十五条规定，具有撤销权的当事人自知道或者应当知道撤销事由之日起一年内没有行使撤销权，其撤销权消灭。根据本案被查明的事实，被告董宁在知道被告靳士林实际欠银行贷款金额350万元这个事实后一年内没有行使撤销权，故被告董宁对债务转移协议书的撤销权消灭，而原告李洪岗持有三方签订的债务转移协议书及靳士林出具已收到李洪岗借给20万元证明，已经形成较为完整的证据链，可以据此确认董宁已成为李洪岗新的债务人，双方当事人之间已形成借贷法律关系，董宁自愿承担还款义务。虽然董宁已向靳士林履行了足额给付购房款义务，协议书是因重大误解而签订，但事后其并未及时行使撤销权，协议书应属合法有效。因此，被告董宁因重大误解签订的债务转移协议书不影响其还款义务。

编写人：北京市丰台区人民法院　付晨晨

3

分公司的民事责任并非只能由总公司承担

——陆学良诉重庆第十建设有限公司成都分公司等借款合同案

【案件基本信息】

1. 裁判书字号

四川省成都市锦江区人民法院（2015）锦江民初字第7441号民事判决书

2. 案由：借款合同纠纷

3. 当事人

原告：陆学良

被告：重庆第十建设有限公司成都分公司、重庆第十建设有限公司、江声学

【基本案情】

2013年4月15日，陆学良与重庆第十建设有限公司成都分公司、江声学签订《借款协议》，协议约定陆学良出借给重庆第十建设有限公司成都分公司1700万元，还款日期为2014年12月14日，江声学、何先琴为连带责任保证人。协议签订后，陆学良出借给重庆第十建设有限公司成都分公司1700万元。经陆续偿还和债务确认，重庆第十建设有限公司成都分公司尚欠陆学良借款本金1130万元。借款协议履行期间，重庆第十建设有限公司成都分公司依约支付了2014年8月16日之前的

借款利息，自2014年9月开始违约，未能及时支付2014年8月17日之后的利息。陆学良在本案中自愿放弃要求保证人何先琴承担保证责任。陆学良请求判令重庆第十建设有限公司成都分公司、重庆第十建设有限公司偿还原告借款本金1130万元整，按中国人民银行同期贷款利率四倍的标准支付原告借款利息，江声学对上述请求承担连带责任。

【案件焦点】

重庆第十建设有限公司成都分公司是否能因其不具有法人资格就不承担偿还借款的民事责任。

【法院裁判要旨】

四川省成都市锦江区人民法院经审理认为：重庆第十建设有限公司成都分公司向陆学良借款，江声学、何先琴对偿还借款本息提供连带责任担保，各方当事人签订的《借款协议》系当事人真实意思表示，符合法律规定，应属有效。《借款协议》签订后，陆学良向重庆第十建设有限公司成都分公司提供借款1700万元，现还款期限届满，重庆第十建设有限公司成都分公司未提交相关还款证据，陆学良确认重庆第十建设有限公司成都分公司尚欠其借款本金1130万元、已支付2014年8月16日之前的利息，要求重庆第十建设有限公司成都分公司返还借款1130万元，按协议约定的银行同期贷款利率四倍的标准支付借款利息（自2014年8月17日起至全部款项付清之日止），符合法律规定，本院予以支持。重庆第十建设有限公司成都分公司系重庆第十建设有限公司的分公司，根据《中华人民共和国公司法》第十四条第一款规定："公司可以设立分公司。设立分公司，应当向公司登记机关申请登记，领取营业执照。分公司不具有法人资格，其民事责任由公司承担。"故重庆第十建设有限公司成都分公司应以其经营管理的财产承担返还借款和支付利息的责任，不足部分由重庆第十建设有限公司清偿，保证人江声学对重庆第十建设有限公司成都分公司的债务承担连带清偿责任。

据此，依照《中华人民共和国合同法》第二百零五条、第二百零六条，《中华人民共和国担保法》第十八条、第三十一条，《中华人民共和国公司法》第十四条第一款之规定，判决如下：

一、被告重庆第十建设有限公司成都分公司于本判决发生法律效力之日起十五日内返还原告陆学良借款1130万元，并支付利息（以1130万元为基数，从2014年8月17日起至款项付清之日止，按银行同期贷款利率的四倍标准计算）；

二、被告重庆第十建设有限公司成都分公司经营管理的财产不足以支付上述款项时，其不足部分由被告重庆第十建设有限公司清偿；

三、被告江声学对被告重庆第十建设有限公司成都分公司的上述债务向原告陆学良承担连带清偿责任。被告江声学承担连带清偿责任后，有权向被告重庆第十建设有限公司成都分公司追偿。

【法官后语】

虽然本案系一起简单案件，但其中涉及对审判实践中一直存在争议的分公司应当如何承担责任这一问题的处理。尽管在承办法官所在地区的两级法院，对于涉及分公司责任承担问题已有相对统一的认识和判法，即依据《中华人民共和国公司法》第十四条第一款中“分公司不具有法人资格，其民事责任由公司承担”的规定，不判决导致纠纷产生的分公司承担民事责任，直接判决其民事责任由总公司承担。但承办法官认为，判决由借款的分公司返还借款、公司对不足部分清偿，更符合立法本意和客观实际。案件宣判后，双方当事人均未提起上诉，判决已发生法律效力。现对相关法律问题做简要分析。

1. 判决分公司承担民事责任与民事诉讼法赋予其诉讼主体地位相互契合

分公司是总公司分支机构的一种形式，虽然不具有法人资格，但有自己的机构和财产，能够以自己的名义独立从事经营活动，根据《中华人民共和国民事诉讼法》第四十八条和《最高人民法院关于适用〈中华人民共和国民事诉讼法〉的解释》第五十二条规定，依法设立并领取营业执照的法人的分支机构可以作为民事诉讼的当事人。立法赋予分公司诉讼主体资格，是建立在尊重客观现实与市场规律的基础之上，避免因涉及分公司的纠纷均由总公司处理而产生的不必要和不便利。分公司既然可以作为适格的民事诉讼主体，就应当承担与其民事行为能力相适应的民事责任。如果分公司在程序上作为当事人参加诉讼的同时，在实体上又并不承担任何民事责任，分公司在其独立经营活动中产生的纠纷均由总公司参与，其民事责任均由总公司承担，那么，赋予分公司诉讼主体地位的法律制度设计的必要性和实际意义就难以体现。

2. 判决分公司承担民事责任与公司法中民事责任主体的规定并不冲突

《中华人民共和国公司法》第十四条第一款规定："公司可以设立分公司。设立分公司，应当向公司登记机关申请登记，领取营业执照。分公司不具有法人资格，其民事责任由公司承担。"该条款基于分公司不具有法人资格的性质而明确公司对其分公司应承担的民事责任不能免除，其立法本意是从法律层面上对经营活动和交易安全的一种维护和保障，但并不是因此就免除了分公司应承担的民事责任。况且，分公司经营管理的财产也是公司财产的一部分，分公司以其经营管理的财产承担责任，也是公司承担责任的一种方式。因此，分公司承担民事责任与公司法中民事责任主体的规定并不矛盾，对公司法中民事责任主体的规定不应当作单一和限定的解读。

3. 判决分公司承担民事责任更符合客观实际且有利于减少诉累

分公司作为诉讼主体，在其自身经营活动产生的纠纷中，以自己相对独立的财产承担民事责任，符合法律规定和公平原则。如果认为不能判决分公司承担民事责任，那么凡是起诉分公司的案件均追加总公司为被告，在确定民事责任主体时，绕开引致纠纷并且自身也有经营管理的财产的分公司，直接判决由总公司承担，当事人难以理解和接受，法院在追加、审理、执行过程中也会出现一些抵触和不便，特别是在总公司和分公司不在同一地区、总公司对分公司的纠纷诉讼不甚清楚、分公司自身具有偿付能力的情况下，更会增加当事人的诉累，导致不必要的诉讼拖延和司法成本增加。对债权人而言，判决分公司承担民事责任也并不影响其权利的实现。当分公司经营管理的财产不足以清偿债务时，即使没有判决总公司承担补充清偿责任，根据《最高人民法院关于人民法院执行工作若干问题的规定（试行）》第七十八条的规定，可以裁定总公司为被执行人，也可以裁定执行总公司的其他分支机构的财产。

基于上述分析，对于涉及分公司为被告的案件，建议在审判实践中区分不同情况予以不同处理：

（1）原告仅起诉分公司的，法院不要求原告增加或主动追加总公司为被告，依法判决分公司承担法律责任；

（2）原告起诉分公司与总公司为共同被告的，依法判决分公司承担法律责任，总公司承担补充清偿责任；

（3）原告仅起诉总公司的，如果分公司具有一定的偿付能力，告知当事人应以分公司为被告；如果分公司已经关闭或被撤销，依法判决分公司的民事责任由总公司承担。

编写人：四川省成都市锦江区人民法院　徐捷

4

职工在职期间未冲销的款项是否能够认定为借款

——北汽福田汽车股份有限公司北京欧辉客车分公司诉马军借款合同案

【案件基本信息】

1. 裁判书字号

北京市第一中级人民法院（2016）京01民终字第5259号民事判决书

2. 案由：借款合同纠纷

3. 当事人

原告（被上诉人）：北汽福田汽车股份有限公司北京欧辉客车分公司（以下简称欧辉公司）

被告（上诉人）：马军

【基本案情】

2014年1月26日，马军填写《北汽福田汽车股份有限公司借款凭证（付款凭证附件）》（以下简称借款凭证），借款凭证载明：借款人马军申请金额为30万元，预计还款或冲销时间为2014年8月，单位为国内营销，仅限营销项目借款。借款凭证中手写注明：严格按报告执行，由全栋和马军负责，与业绩挂钩，如不能返还，由以上两人承担。

另查，2014年1月26日，刘欣涛向马军汇款30万元。

2015年11月12日，欧辉公司出具《关于解除马军同志劳动合同的通知》，载明，国内营销公司湖南市场部销售经理马军，于2014年1月底向公司借款30万元，其拿到借款未开展实际业务，也未能实现销售，公司要求其归还借款时，无正当理由拒绝归还，直至今日仍未归还。该同志以上行为严重违反公司规章制度，根据《员工违纪管理办法》与《中华人民共和国劳动合同法》第三十九条第（二）项的规定，经与部分领导沟通研究决定从2015年11月12日起依法自动解除与马军同志签订的劳动合同。

【案件焦点】

马军与欧辉公司是否存在借款合同法律关系。

【法院裁判要旨】

北京市昌平区人民法院经审理认为：本案争议焦点系欧辉公司与马军之间是否形成了借款合同关系。对此，当事人对自己提出的诉讼请求所依据的事实或者反驳对方诉讼请求所依据的事实有责任提供证据加以证明。没有证据或者证据不足以证明当事人的事实主张的，由负有举证责任的当事人承担不利后果。本案中，欧辉公司提供了借款凭证及银行转账凭证等证据，证实其向马军交付30万元的事实，马军亦认可其借款凭证上的签字及收款的事实，故对双方之间存在借款合同法律关系予以确认。马军提供了《北汽福田空调公交车订购合同书》，证明其支取上述款项是为了开展欧辉公司与客户之间的义务，该行为系公司内部行为，不属于民事主体之间的法律关系。马军提供的合同不能证明其将上述款项用于开展业务，故马军的该项主张缺乏充分有效证据佐证，不予采纳。欧辉公司要求马军偿还借款于法有据，予以支持。因双方约定预计还款时间为2014年8月，故自2014年9月1日开始起算利息更为适宜。

北京市昌平区人民法院依据《中华人民共和国合同法》第一百九十六条、第二百零六条、第二百零七条之规定，判决如下：

一、被告马军于本判决生效后七日内返还原告北汽福田汽车股份有限公司北京欧辉客车分公司借款三十万元；

二、被告马军于本判决生效后七日内支付原告北汽福田汽车股份有限公司北京欧辉客车分公司自二〇一四年九月一日至实际付清之日止的利息（以三十万元为基数，按照中国人民银行同期贷款利率的标准计算）；

三、驳回原告北汽福田汽车股份有限公司北京欧辉客车分公司的其他诉讼请求。

马军不服一审判决提起上诉。北京市第一中级人民法院经审理认为：根据《最高人民法院关于适用〈中华人民共和国民事诉讼法〉的解释》第九十一条规定："人民法院应当依照下列原则确定举证证明责任的承担，但法律另有规定的除外：（一）主张法律关系存在的当事人，应当对产生该法律关系的基本事实承担举证证明责任……"欧辉公司以借款合同纠纷为由起诉马军，其应就双方之间存在借款合同关系的事实承担举证责任。在欧辉公司主张的借款事实发生期间，马军担任该公司销售，承接该公司在岳阳公交车项目事宜。马军虽认可在任职期间从欧辉公司支取过款项，但表示该款项均用于公司的经营管理，并非其个人借款，且相关款项的支出凭证已交回欧辉公司。故本案双方当事人争议的焦点即在于马军与欧辉公司是否存在借款合同法律关系。

欧辉公司起诉主张，本案马军的借款为业务性借款，在记账凭证中记录为业务费，业务费支付后实报实销，马军未向欧辉公司提交报销票据或者归还借款。结合上述欧辉公司的主张，以及马军在欧辉公司任职期间为公司销售的事实，可以认定，本案马军向欧辉公司的"借款"实为马军以欧辉公司经营需要而预支的业务性支出。而马军所签署的借款凭证是作为公司内部记账及结算意义上的款项支出凭证，目的不是要求"借款人"返本付息，而是需要"借款人"提供支出凭单或者报销票据用以证明款项具体用于公司哪方面的经营活动，同时在会计账册上用以冲减相关费用。从欧辉公司提交的马军其他的还款凭证中亦可看出，所谓"还款"即是马军提交支出凭单或者公司开立收据用以冲减借款。另，从本案欧辉公司提交的借款凭证的形式和填制内容看，借款并不需要法定代表人签字盖章，而是由公司负责人、财务主管、会计人员签字确认后即可支取，亦表明"借款凭证"实质上属于在公司内部财务管理和经营运作活动中，员工因公司经营需要从公司支取现金的审批程序，不是员工因私借款的凭据。综上，在欧辉公司无证据证明马军的借款系其个人因私借款的情况下，马军签字并从公司支取钱款的行为，并不是平等民事主体之间的借贷行为，欧辉公司以民间借贷为由起诉马军没有事实及法律依据，不予支持。一审法院对双方法律关系的认定存在错误，应当纠正，马军的上诉请求有事实及法律依据，应当予以支持。

北京市第一中级人民法院依照《中华人民共和国合同法》第二百零六条，《最高人民法院关于适用〈中华人民共和国民事诉讼法〉的解释》第九十一条，《中华人民共和国民事诉讼法》第一百七十条第一款第（二）项之规定，判决如下：

一、撤销北京市昌平区人民法院（2015）昌民（商）初字第 16819 号民事判决；

二、驳回北汽福田汽车股份有限公司北京欧辉客车分公司的全部诉讼请求。

【法官后语】

冲销属于单位内部的财务制度，现在许多单位中，职工都是先支取款项后，再开展相应业务，最后职工凭发票等凭证进行冲销。但是在实践当中，如果职工在领取款项之后离职，单位凭借借款单以借款纠纷为由诉至法院，单位的该项诉讼请求能否得到支持？也即本案的焦点马军与欧辉公司之间是否形成了借款合同关系？

对此，笔者认为，应当先区分借款支取的事由是个人需要还是公务需要。下面分几种情形进行分析：

1. 借款单中明确列明因个人需要向单位借款的情形。若借款单中列明的事由为“个人生活需要”“家庭应急”“个人经营需要”等，为了满足自身利益的需求而支取的款项，应当作为平等主体之间的债务关系，故应视为单位已经就双方借款合同的法律关系成立完成了初步举证责任，参照处理一般借款合同纠纷案件处理，审查交付方式、借款用途、还款等情况，作出综合判断后依法判决。如职工以执行公务为由抗辩，则此时按照“谁主张、谁举证”的原则，由职工对该笔款项的用途负举证责任。

2. 借款单中未明确列明支取款项的事由。双方对支取事由存在争议或者约定不明确的，应当严格按照“谁主张、谁举证”原则，如单位坚持以借款合同纠纷为由，应当根据《最高人民法院关于适用〈中华人民共和国民事诉讼法〉的解释》第九十一条规定：“人民法院应当依照下列原则确定举证证明责任的承担，但法律另有规定的除外：（一）主张法律关系存在的当事人，应当对产生该法律关系的基本事实承担举证证明责任……”故单位应当提供公司内部记账册、账簿等证据予以佐证，如未能提供相应证据，应当承担举证不能的法律后果。

3. 借款单中列明因执行公务支取款项的情形。关于此类纠纷，于 1999 年发布的《最高人民法院关于职工执行公务在单位借款长期挂账发生纠纷法院是否受理问题的答复》中规定，对此类案件不应作为平等主体间的债权债务关系，人民法院不应作为民事案件受理，因未及时报销冲账与单位发生纠纷，应由单位按其内部财会制度处理。此种情形下，应当充分考虑借款单的形式、交付形式等因素，综合认定款项支取的原因，如确因执行公务支取的，因支取款项发生在劳动关系存续期间，故该纠纷并不是平等民事主体之间的借贷行为，单位可以采取扣罚奖金等措施进行追偿。

回归到本案，从欧辉公司提交的借款凭证的形式和填制内容看，借款并不需要法定代表人签字盖章，而是由公司负责人、财务主管、会计人员签字确认后即可支取，亦表明“借款凭证”实质上属于在公司内部财务管理和经营运作活动中，员工因公司经营需要从公司支取现金的审批程序，不是员工因私借款的凭据。综上，在欧辉公司无证据证明马军的借款系其个人因私借款的情况下，马军签字并从公司支取钱款的行为，并不是平等民事主体之间的借贷行为，欧辉公司以民间借贷为由起诉马军没有事实及法律依据，不予支持。

编写人：北京市昌平区人民法院　玄红莲

5

格式条款中约定特殊履行方式属于加重履行义务方责任

——中国农业银行股份有限公司成都高新区支行诉周夫海、胡景华金融借款合同案

【案件基本信息】

1. 裁判书字号

四川省成都高新技术产业开发区人民法院（2016）川 0191 民初字第 979 号民事判决书

2. 案由：金融借款合同纠纷

3. 当事人

原告（上诉人）：中国农业银行股份有限公司成都高新区支行（以下简称农业银行）

被告（被上诉人）：周夫海、胡景华

【基本案情】

四川省成都高新技术产业开发区人民法院经审理查明：2015年5月18日，原告农业银行与被告周夫海（借款人）、胡景华（借款人配偶）、案外人四川科翰日月汽车销售有限公司签订《中国农业银行股份有限公司金穗贷记卡专项商户分期业务担保借款合同》，主要内容包括：1. 分期资金金额120000元，分期手续费为14400元，分期期数为36期；2. 担保方式为四川科瀚日月汽车销售有限公司提供保证担保，被告周夫海、胡景华提供抵押担保；3.《金穗贷记卡专项商户分期业务申请表》及《金穗贷记卡专项商户分期业务细则》为合同的组成部分，与本合同内容不一致的以本合同为准。同日，被告周夫海、胡景华签署原告出具的《告客户书》，内容包括：1. 由于信用卡业务的特殊性，原告在办理信用卡分期业务时，为被告周夫海申办了一张贷记卡（信用卡）、一张借记卡（储蓄卡），借记卡与信用卡绑定，每月由系统从借记卡上代扣信用卡还款金额，被告周夫海需要在每月将分期还款款项按时足额的存入借记卡；2. 还款须知，被告周夫海的月还款金额为3734元，准确金额以银行会计系统计算为准，分期还款时间为每月1日，在分期还款日之前将还款资金足额存入账号6228480469037××××××（农行借记卡）中，如被告周夫海还款出现逾期后，应尽快前往最近的农行网点，将还款金额直接存入账号（此账号仅在农行柜台、网上银行办理逾期还款时使用）6228360085××××××（金穗贷记卡，凭此卡号办理无卡逾期还款），存钱到借记卡必须在还款前一日存入方可扣款成功，超过时间当月不再扣款；3. 违约责任，在分期还款期间，如被告周夫海累计两次没有按时还款，原告将提前全额收回分期资金。同日，案外人成都市科翰非融资担保有限公司自愿为周夫海和胡景华的前述借款承担担保责任，并签订了《委托担保合同》。2015年5月20日，原告向被告周夫海发放了分期资金120000元。2015年5月27日，原告与被告周夫海就前述借款合同约定的抵押车辆办理了抵押登记。随后，被告周夫海开始按照分期账单归还款项，每月5

日原告从被告周夫海在原告处开立的账号 6228480469037××××××中扣收分期款项 3734 元。2015 年 7 月 5 日，被告周夫海存入 3750 元，该款项于当日被原告扣收，其后，2015 年 8 月 13 日被告周夫海存入 3780 元、2015 年 9 月 9 日被告周夫海存入 3789 元、2015 年 10 月 22 日被告周夫海存入 3800 元，原告方均以被告周夫海未能在指定扣款日存入足够款项为由不予扣收当月分期款项。2015 年 11 月 3 日，案外人成都市某融资担保有限公司代被告周夫海履行了到期款项 11400 元。此后，被告周夫海账户始终存有足够当月扣款资金，原告亦按月在被告周夫海账户扣收当月分期款项 3734 元，直至法庭辩论结束之时。同时，原告在 2015 年 11 月扣收当月分期款项时一并向被告周夫海扣收了因被告逾期付款产生的罚息、复利等款项。此后，原告以被告周夫海 2015 年 8、9、10 月三次逾期支付分期款项，符合合同约定累计两次未按时归还款项的提前收回贷款条件为由起诉，请求宣布涉争合同项下借款提前到期并收回全部借款本息。

【案件焦点】

格式条款中约定特殊履行方式是否属于加重履行义务方责任。

【法院裁判要旨】

四川省成都高新技术产业开发区人民法院经审理认为：原告农业银行对于被告周夫海逾期付款行为提出了 3 项请求，包括提前归还全部借款、支付律师费和确认优先受偿权，其中提前归还全部借款是核心请求，其余两个请求依附于第一个诉讼请求，因此，本案的重点在于原告的第一个诉讼请求是否成立。原告认为，依据原告与被告签订的借款合同约定，如被告周夫海累计两次没有按时还款，原告有权提前全额收回分期资金，因此，依照对该合同内容的解读，提前收回全部借款的条件在于被告周夫海是否累计两次没有按时还款。本案中，被告周夫海在 2015 年 8 月未能在还款期限届满时存入相应款项，应当认定为一次没有按时还款。但是，被告周夫海在期限届满之后存入了当月足额的分期金额，在 2015 年 9 月还款期限届满时被告周夫海的账户上存有足够一个月的分期款项，原告以被告在扣款日时未能存入足够两个月分期款项金额为由对被告周夫海上月存入款项不予扣收，其后 2015 年 10 月亦如此，被告周夫海均在还款期限届满日后存入当月应归还的分期款项，原告以此认为被告连续 3 个月逾期归还分期款项。法院认为，虽然原告上述行为符合《告知书》的规定，但是，原告以《告知书》这一格式合同条款的形式规定了与一般交易行为不一致的、特别的履行形式，原告应当对被告进行充分、明确的告知提醒。从被告在本案中存款行为来看，原告的《告知书》并未让被告得以对这种履行方式充分的理解和认知。因此，一审法院认为原告制定的《告知书》所确定的特别履行方式约定为格式合同条款，且该条款加重了被告的责任而未对被告进行合理、充分的说明，该条款应属无效。故按照通常的交易习惯，被告在 2015 年 9 月 5 日、2015 年 10 月 5 日账户内均存有足够当月扣款的分期金额，应当视为被告履行了 2015 年 9 月、2015 年 10 月当期还款义务，原告以己方的理解不扣收当月款项其责任不应当由被告周夫海承担。

综上所述，被告周夫海虽然存在逾期付款行为，但不符合累计两次逾期付款条件，原告以合同约定的累计两次以上逾期付款请求被告提前归还全部借款的理由不能成立。同时，从被告周夫海的存款记录来看，被告周夫海虽然在 2015 年 8 月、9 月、10 月均未能在当月付款日前存入足额分期款项，而是总延迟几日，但在 2015 年 8 月、9 月、10 月的分期款项通过担保公司代偿后，被告周夫海每月均能按时归还款项（包括逾期期间应付的罚息、复利）直至庭审辩论终结之时，因此，被告周夫海既无逾期还款的故意，亦未对本案合同的继续履行、全面履行产生实质影响，提前收回全部借款系借款合同中的一项重大责任，其效果等同于未履行部分合同的解除，相对于金融机构而言，自然人借款人在专业知识和谈判技能上均属于弱势方，审慎的审查金融机构出借人的权利请求和合同约定中的真实意思表示才能填补交易双方地位差异，最终促进公平交易的进行。故一审法院认为，原告的该项诉讼请求不符合合同约定，应当予以驳回。由于原告的其他诉讼请求均依附于该项请求，一审法院对原告主张要求被告支付律师费和确认优先受偿权的请求亦予以驳回。

四川省成都高新技术产业开发区人民法院于 2016 年 11 月 17 日作出（2016）川 0191 民初字第 979 号判决：

驳回原告中国农业银行股份有限公司成都高新技术产业开发区支行的全部诉讼请求。

原、被告均未对该民事判决书提起上诉，该民事判决书已发生法律效力。

【法官后语】

本案情形在金融借款合同纠纷案件中属于常见的违约责任纠纷之一，法律关系简单、事实清楚，但承办人在处理该案时注意到一个极其明显的事实：被告一直在按照每月的按揭数额在还款账户还款，原告则除了争议的2015年8月、9月、10月的按揭款项是通过担保公司代偿外一直在收取按揭款项，原告也未能提出被告有具体的资产状况变动、偿债能力恶化的情况，为什么原告会提出提前收回全部贷款呢？而争议的三个月的款项实际上被告一直足额的存放在还款账户上，原告也已经从担保公司足额得到了偿付前述三个月的按揭款。这时被告提供的一份其他法院关于被告起诉担保公司的判决引起了承办法官的注意：担保公司因为三个月的代偿款项扣留了被告用按揭款购买的车辆，被告因此起诉担保公司要求担保公司赔偿损失并胜诉。在此，承办法官做出了一个基本的判断是原告此诉系为解决担保公司的困境，通过诉讼保全将涉争贷款所购车辆合法的扣留在法院，减轻担保公司的责任。当然，本案当事人诉讼的目的并非司法审判需要查明内容，而从原告所诉事实和理由看，事实清楚，依据充分，被告抗辩的事由不外乎没有能力一次性清偿所有本息，并愿意提供其他担保等，但不能阻却原告所诉请求的成立。是否法院只能确认原告的诉讼请求？明明可以继续履行的合同、明显继续履行合同对于当事人的经济效益和社会效益均能充分满足难道只能宣布提前到期？

再进一步审视被告违约行为的具体情形，为什么已经存款了还是产生了银行的逾期记录呢？此时原告提供的一份《告客户书》进入了审查的重点，也就是说该告知书限定了被告履行还款义务时必须特别注意一点是，还款日之前和还款日届满之后当期款项需要存入不同的还款账户才能达到还款的效果，这样的特别约定是否构成加重被告责任的格式条款呢？承办法官对此进行考虑并得出了肯定的结论，在此虽未有被告的抗辩而引用了格式条款的规定，否认了该特殊履行方式的合约效力，因此认定被告的履行行为除了2015年8月逾期事实成立外，对于其后被告的两次还款应当视为按时履行，据此判定原告所诉事实不构成累计两次逾期，从而驳回原告的诉讼请求。

编写人：四川省成都高新技术产业开发区人民法院　何进

6

微信转账能否认定为借款

——卢祥利诉黄科杰民间借贷案

【案件基本信息】

1. 裁判书字号

四川省广安市邻水县人民法院（2017）川1623民初字第115号民事判决书

2. 案由：民间借贷纠纷

3. 当事人

原告：卢祥利

被告：黄科杰

【基本案情】

2015年8月至9月，黄科杰多次向卢祥利借款共计53281.90元，其中包含微信转账30306元，现金借款8000元，POS机刷卡借款14975.90元。卢祥利多次催收，黄科杰均未归还借款。

【案件焦点】

微信转账能否认定为借款。

【法院裁判要旨】

四川省广安市邻水县人民法院经审理认为：卢祥利主张的借款有三笔，一笔是通过微信支付借给黄科杰的30306元，一笔是现金借款8000元，一笔是通过POS机支付的借款14975.90元。本院对卢祥利主张的三笔借款是否实际发生作如下认定：1. 关于卢祥利通过微信支付借给黄科杰30306元的主张。卢祥利提交了中国移动通信集团四川有限公司成都分公司出具的预付款专用收据、微信转账记录和微信聊天记录、卢祥利的借记卡交易记录。预付款专用收据证明了电话号码为1838222

××××的户名是黄科杰的事实；微信转账记录证明了微信号为 zp045－20（昵称 Ssq，Ohh）绑定的电话号码为 1838222××××，在 2015 年 8 月至 9 月期间，卢祥利通过微信转账支付给黄科杰（收款方均为 Ssq，Ohh）共计 30306 元的事实；微信聊天记录证明了卢祥利和黄科杰多次谈及归还借款的事实；卢祥利借记卡交易记录证明了该卡账户上的发生额及时间与其通过微信支付借给黄科杰的每笔数额和时间相吻合的事实。以上证据具有证据的真实性、合法性、关联性，经庭审调查核实，予以采信。对卢祥利通过微信转账借给黄科杰 30306 元的事实，予以认定。2. 关于卢祥利通过现金交付借给黄科杰 8000 元的主张。卢祥利的诉讼代理人在庭审中陈述，卢祥利于 2015 年 9 月 7 日在工作单位附近的 ATM 机上取款 8000 元借给了黄科杰，为此卢祥利提交了自己于 2015 年 9 月 7 日在卡号为 621559440200206××××的借记卡取款 8000 元的交易记录，同时还提交了 1 份未出庭证人谭某路的证言。谭某路的证言内容为："本人在 2015 年八九月的时候听卢祥利说借给黄科杰五万余元，其中有买手机一万多元，取现金八千元。"卢祥利提交的取款交易记录，只能证明卢祥利于 2015 年 9 月 7 日取款 8000 元的事实，但对于卢祥利想要证明的借贷事实缺乏关联性，不能证明卢祥利将该 8000 元借给了黄科杰。谭某路的证言，只是证明谭某路听到当事人卢祥利自己说借了 8000 元现金给黄科杰，但谭某路并没有看到卢祥利借款 8000 元现金给黄科杰的事实，且谭某路未出庭作证，其证言证明力较低。故卢祥利提交的取款 8000 元的交易记录和谭某路的证言不能证明该 8000 元借款已实际发生，对卢祥利的该事实主张，不予认定。3. 关于卢祥利通过 POS 机借款 14975.90 元给黄科杰的主张。庭审查明，该 14975.90 元是卢祥利在商场给黄科杰购买手机、手表、鞋子等支出的费用，虽然卢祥利提交了通过 POS 机支付货款的交易记录，但不能证明以上支出费用系黄科杰的借款，该款属于赠予关系，不属于借贷关系。

四川省广安市邻水县人民法院依照《中华人民共和国合同法》第一百九十六条、第二百零六条、第二百一十条，《中华人民共和国民事诉讼法》第一百四十四条，《最高人民法院关于审理民间借贷案件适用法律若干问题的规定》第二十九条第二款第（一）项之规定，判决如下：

一、被告黄科杰于本判决生效之日起 10 日内归还原告卢祥利借款本金 30306 元并支付利息，利息从 2017 年 1 月 23 日起以未归还的借款本金为基数按年利率

6%计算至借款本金还清之日止；

二、驳回原告卢祥利对被告黄科杰的其他诉讼请求。

【法官后语】

本案处理的重点主要在于对微信转账是否可以认定为实际借款的理解。在历来的案例中对于微信转账是否被认定为借款作出了不同的判决结果。具体到本案中，邻水县人民法院对此次微信转账予以认可，本案中，不仅仅有微信转账记录和微信聊天记录，同时还有卢祥利提交的中国移动通信集团四川有限公司成都分公司出具的预付款专用收据、卢祥利的借记卡交易记录。因微信平台交易的特殊性，若仅有微信转账记录和微信聊天记录，便不应予以支持，因无法确定聊天人员是否实名。而此次微信转账借款予以认定，其原因增加了卢祥利提交的中国移动通信集团四川有限公司成都分公司出具的预付款专用收据、卢祥利的借记卡交易记录，便足以证明微信聊天双方实际交易人员，其属于实名制，足以达到认定的效果。至此，本案便作出了支持原告微信转账借款的诉讼请求的判决。

编写人：四川省广安市邻水县人民法院　谢诚

7

借款人逾期还款的违约行为，不能同时支持金融机构违约金、罚息（复利）的诉讼请求

——筠连中成村镇银行股份有限公司诉筠连县民强汽车运输有限公司等金融借款合同案

【案件基本信息】

1. 裁判书字号

四川省宜宾市筠连县人民法院（2016）川1527民初字第807号民事判决书

2. 案由：金融借款合同纠纷

3. 当事人

原告：筠连中成村镇银行股份有限公司（以下简称中成村镇银行）

被告：筠连县民强汽车运输有限公司（以下简称筠连民强运输公司）、宜宾聚能融资担保有限责任公司（以下简称宜宾聚能担保公司）、史进秋

【基本案情】

被告筠连民强运输公司因需要资金周转，向原告中成村镇银行申请借款。2015年6月18日，被告筠连民强运输公司与原告中成村镇银行签订《流动资金借款合同》一份。该合同约定：被告筠连民强运输公司向原告中成村镇银行借款2110000元用于偿还之前的贷款债务，借款期限为1年，即2015年6月18日至2016年6月17日，该笔借款实行固定利率，年利率10.2%，按月结息，结息日为每月的20日；借款逾期的罚息利率为贷款利率上浮50%；借款逾期，自逾期之日起至本息全部清偿之日止按罚息利率和合同约定的结息方式计收利息和复利；被告筠连民强运输公司出现任一项违约情形，原告中成村镇银行有权要求按未清偿本金的一定比例收取违约金，其中，出现第三款中第（一）项情形的，违约金为5%，出现第三款中第（二）项至第（十）项情形的（借款逾期未偿还属于该情形之一），违约金为10%；原告中成村镇银行为实现本合同项下的债权而发生的一切费用（包括但不限于诉讼费、律师费等）均由被告筠连民强运输公司承担。同日，被告宜宾聚能担保公司、史进秋与原告中成村镇银行签订《保证合同》一份。该合同约定：被告宜宾聚能担保公司、史进秋为前述《流动资金借款合同》项下本金、利息、罚息、复利、违约金以及为实现债权而发生的诉讼费、律师费等提供保证担保；保证方式为连带责任保证，保证期间至主合同项下的债务履行期限届满之日起两年。2015年6月10日，被告宜宾聚能担保公司与原告中成村镇银行签订《质押合同》一份。该合同约定：被告宜宾聚能担保公司存放在原告中成村镇银行处保证金专用账户内的610000元作为质押财产，质押担保范围同上述保证担保范围，如被告筠连民强运输公司不履行主合同项下到期债务，原告中成村镇银行有权处分质押财产。上述合同签订后，原告中成村镇银行将借款2110000元发放给被告筠连民强运输公司。借款后，被告筠连民强运输公司将借款利息支付至2015年11月19日，其后未再还本付息，原告中成村镇银行遂将被告宜宾聚能担保公司质押的存款610000元划转用

于抵偿借款本金。现原告中成村镇银行要求三被告还款未果，遂向本院提起诉讼。原告中成村镇银行主张三被告支付原告实现债权而委托律师代理本案所产生的所有费用（包括基础代理费和风险代理费）约 45000 元，未提供证据予以证明。

【案件焦点】

对借款人逾期还款的同一违约行为，是否双重支持金融机构违约金、罚息（复利）的诉讼请求。

【法院裁判要旨】

四川省宜宾市筠连县人民法院经审理认为：合法的借贷关系受法律保护。原告中成村镇银行与被告筠连民强运输公司、宜宾聚能担保公司、史进秋签订的《流动资金借款合同》《保证合同》及《质押合同》均系各方当事人真实意思表示，且未违反相关法律法规的规定，该三份合同均合法、有效。被告筠连民强运输公司借款后未按合同约定向原告还本付息，已构成违约，应承担相应违约责任。故对原告要求被告筠连民强运输公司返还借款本金 1500000 元的诉讼请求，法院予以支持。对原告要求被告筠连民强运输公司自 2015 年 11 月 20 日起以借款本金按合同约定利率计算支付利息、罚息、复利至还清借款本金之日止的诉讼请求，因双方在《流动借款合同》中约定的利息、罚息、复利的计算方式不违反有关法律强制性规定，且系双方真实意思表示，故本院予以支持。被告宜宾聚能担保公司、史进秋为上述借款提供连带保证担保，现被告筠连民强运输公司未按时清偿借款本息，原告有权要求被告宜宾聚能担保公司、史进秋承担连带保证责任。故对原告要求被告宜宾聚能担保公司、史进秋对上述借款及利息、罚息、复利承担连带偿还责任的请求，法院予以支持。被告宜宾聚能担保公司、史进秋实际承担保证责任后，有权直接向被告筠连民强运输公司追偿。在《流动借款合同》中，原、被告双方明确约定了原告因实现债权所产生的律师费由被告筠连民强运输公司承担，该约定不违反有关法律规定，但原告未提供证据证明其因实现债权所实际产生的律师费用，故对原告要求被告支付其实现债权而委托律师代理本案所产生的所有费用（包括基础代理费和风险代理费）约 45000 元的请求，本院不予支持。法律规定违约金制度虽具有补偿性和惩罚性双重性质，但仍是以填补守约方的损失为主要功能，而不以严厉惩罚违约方为目的。对本案中原告要求被告筠连民强运输公司支付违约金 150000 元的请求，因本案中原告系主张被告筠连民强运输公司逾期还款责任之诉，在原、被告签订的《流动资金借款合同》中，已经约定了被告筠连民强运输公司借款逾期按罚息利率和合同约定的结息方式计收利息、罚息和复利，而罚息、复利具备的对借款人逾期不还款的惩罚性质与违约金的惩罚性质是一致的，被告不能因一个逾期还款的违约行为同时受到性质相同的两个惩罚，这有违公平原则。故本院在已经支持了原告主张的惩罚性质的罚息、复利诉讼请求后，对原告主张的违约金请求不予支持。

四川省宜宾市筠连县人民法院于2016年9月6日作出一审判决：

一、被告筠连县民强汽车运输有限公司于本判决生效后五日内返还原告筠连中成村镇银行股份有限公司借款本金1500000元并支付利息、罚息、复利（利息、罚息、复利以实欠借款本金从2015年11月20日起按双方借款合同约定计算方式计算至还清借款本金之日止）；

二、被告宜宾聚能融资担保有限责任公司、史进秋对上述款项承担连带偿还责任，并就实际承担责任部分，有权直接向被告筠连县民强汽车运输有限公司追偿；

三、驳回原告筠连中成村镇银行股份有限公司的其他诉讼请求。

一审宣判后，双方当事人均未上诉，本案判决已生效。

【法官后语】

违约金制度是基于双方当事人约定或法律规定，一方在违约时向另一方支付金钱的制度。违约金具有担保债务履行的功能，又有惩罚违约方和补偿守约方所受损失的作用，即具有补偿性和惩罚性双重性质，但法律规定违约金制度是以填补守约方的损失为主要功能，而不以严厉惩罚违约方为目的。罚息是指由银行规定的借款人未按约定期限偿还借款，银行通过与当事人的合同约定对违约人科以处罚的利息。由此可见，罚息同样具有惩罚性和补偿性双重性质，罚息具备的对借款人逾期不还款的惩罚性质与违约金的惩罚性质是一致的，借款人不能因为一个逾期还款的违约行为同时受到性质相同的两个惩罚，否则有重复惩罚、为惩罚而惩罚之嫌。

在本案中，双方在合同中同时约定违约金和罚息，虽然是意思自治的体现，是自主合意的结果，但合同自由并非绝对自由，需以公平原则进行规制。公平正义在每一个司法案件中必须得到体现，只有真正实现双方当事人权益保护的衡平，才能有效保障裁判的公正性，确保判决的执行力。违约金和罚息同时具有惩罚违约方的性质，若同时予以支持将过分加重违约方负担，为防止违约金条款成为一方压榨另一方和获取暴利的工具，故应对双方就权利义务进行的事实上不平等的分配进行矫正，以求得实质正义。法官应通过自由裁量权的行使对不合理的合同约定进行调整，以避免出现对一方利益不当或过度保护而对另一方制裁过于严厉的裁判结果。

本案承办法官通过利益衡平考量对合同自由进行适当规制而突出公平原则的运用，充分行使自由裁量权，对双方的合法权益均进行合理保障。在已经支持了罚息的诉讼请求后，守约方的损失已经得到补偿，对违约金的主张便不予支持，是公平原则的重要体现，是进步和正义的道德观在法律上的体现，符合当代法治社会建设具体要求。该判决生效后具有良好的社会效果，公平原则符合当今商品经济规律，是当代民法的基本原则，是全面推进依法治国的要求，是当代中国社会的价值追求。而判决中对违约金请求不予支持正是此项原则的具体体现，承办法官在不损害守约方合法利益的基础上，基于罚息已有的补偿和惩罚性质，减轻违约方的违约金责任，矫正双方失衡的权利义务分配，缓解双方矛盾，增强判决的信服力，确保判决顺利执行。同时也树立了人民法院良善的法治形象，提高了人民法院公信力，符合依法治国的要求。

编写人：四川省宜宾市筠连县人民法院　曹建

8

预购商品房抵押预告登记不产生抵押效力，预告登记权利人不享有优先受偿权

——宜宾南溪农村商业银行股份有限公司诉邓兴才、四川宜宾鑫宇房地产开发有限公司借款合同案

【案件基本信息】

1. 裁判书字号

四川省宜宾市南溪区人民法院（2016）川1503民初字第647号民事判决书

2. 案由：借款合同纠纷

3. 当事人

原告：宜宾南溪农村商业银行股份有限公司（以下简称南溪农商行）

被告：邓兴才、四川宜宾鑫宇房地产开发有限公司（以下简称鑫宇公司）

【基本案情】

2014年5月8日，原告南溪农商行作为贷款人，被告邓兴才作为借款人，被告鑫宇公司作为连带责任保证人，三方签订《个人购房担保借款合同》，合同约定邓兴才向原告借款20万元用于购买鑫宇公司开发的坐落于南溪镇广福街江临天下5－1－16－×号住房。邓兴才以购买的上述预购商品房屋为本案借款作抵押，并在宜宾市南溪区房地产管理局进行了预购商品房抵押权预告登记（预告权利证书号：宜房预南溪区字第201403108号），原告为预告登记权利人，邓兴才为预告登记义务人，鑫宇公司承诺为上述借款承担连带责任保证。合同签订后，原告于2014年5月30日向邓兴才发放了贷款20万元，其后邓兴才在向原告偿还本金17560.26元，并结清了2016年7月20日前的利息后，便音信全无。鑫宇公司代邓兴才偿还了44373.04元借款本息，目前邓兴才尚欠借款本金182439.74元未偿还。因邓兴才未按照合同约定偿还借款本息，原告遂提起诉讼，要求法院判决邓兴才偿还原告借款本息，鑫宇公司对本案借款本息承担连带偿还责任，并对抵押预告登记的房产行使优先受偿权。

【案件焦点】

债权人对进行了抵押预告登记的商品房是否享有优先受偿权。

【法院裁判要旨】

四川省宜宾市溪区人民法院经审理认为：一、原、被告签订的《个人购房担保借款合同》是当事人的真实意思表示，不违反法律法规强制性规定，且各方当事人均签字或加盖印章，抵押财产已办理了抵押权预告登记，故当事人之间成立的借款合同、抵押担保合同、保证合同均已生效，当事人应当按照合同约定全面履行自己的义务。邓兴才向原告借款后，未按约定偿还贷款本息，根据合同约定，原告有权宣布贷款立即到期，要求邓兴才偿还全部借款本息，因此，法院对原告要求邓兴才偿还借款本金182439.74元的诉讼请求依法予以支持。因邓兴才已支付利息至2016年7月20日，应当从2016年7月21日起开始计算利息。原告主张的利息标准不违反合同约定，法院予以支持。二、关于原告对抵押财产是否享有优先受偿权的问题：依照《中华人民共和国物权法》第九条第一款关于“不动产物权的设立、变更、转让和消灭，经依法登记，发生效力；未经登记，不发生效力，但法律另有规定的除外”和第一百八十七条关于“以本法第一百八十条第一款第一项至第三项规定的财产或者第五项规定的正在建造的建筑物抵押的，应当办理抵押登记。抵押权自登记时设立”之规定，抵押财产抵押权的设立应当进行登记并自登记时正式设立。根据已查明事实，本案抵押财产办理了抵押权预告登记，依照《中华人民共和国物权法》第二十条的规定：“当事人签订买卖房屋或者其他不动产物权的协议，为保障将来实现物权，按照约定可以向登记机构申请预告登记。预告登记后，未经预告登记的权利人同意，处分该不动产的，不发生物权效力。预告登记后，债权消灭或者自能够进行不动产登记之日起三个月内未申请登记的，预告登记失效。”抵押权预告登记并不能直接产生设立抵押权的法律效果。因此，在未办理正式的房屋抵押权登记之前，原告享有的是当抵押登记条件成就或约定期限届满时对抵押房屋办理抵押权登记的债权请求权，而不享有抵押房屋的抵押权，故不能就本案抵押财产享有优先受偿的权利。三、关于抵押担保人如何承担担保责任：原告与抵押担保人在合同中约定，抵押担保人承担担保责任的财产范围是预购南溪镇广福街江临天下5-1-16-×号住房，担保的债权范围也是明确的，在未取得产权证书的情况下，抵押担保人实际是以对预购房屋享有的债权提供担保。虽然本案并未进行抵押权登记，尚未设立抵押权，但已进行了抵押权预告登记，未经预告登记的权利人同意，处分该不动产的，不发生物权效力，因此，未进行抵押权登记，并没有造成担保人不能以预购房屋承担担保责任的情形。因此，抵押担保人应以合同约定的抵押财产承担担保责任，即在债务人不履行债务的情况下，抵押担保人应以购买的南溪镇广福街江临天下5-1-16-×号住房清偿债务。四、关于鑫宇公司如何承担保证责任：《中华人民共和国物权法》第一百七十六条规定：“被担保的债权既有物的担保又有人的担保的，债务人不履行到期债务或者发生当事人约定的实现担保物权的情形，债权人应当按照约定实现债权；没有约定或者约定不明确，债务人自己提供物的担保的，债权人应当先就该物的担保实现债权；第三人提供物的担保的，债权人可以就物的担保实现债权，也可以要求保证人承担保证责任。提供担保的第三人承担担保责任后，有权向债务人追偿。”本案中，鑫宇公司为借款提供连带责任担保，合同明确约定：不论该借款是否有其他担保，也不论其他担保是否由债务人自己所提供，保证人均不能减免保证责任，债权人可直接要求保证人承担保证责任，保证人不提出任何异议。故法院认为虽然本案系由债务人自己提供物的担保，但鑫宇公司仍应按照合同约定对全部借款本息承担连带清偿责任。

四川省宜宾市南溪区人民法院于2016年11月15日作出（2016）川1503民初字第647号民事判决书判决：

一、被告邓兴才于本判决生效之日起十日内共同向原告宜宾南溪农村商业银行股份有限公司偿还借款本金182439.74元及利息（利息计算方法为：以本金182439.74元为基数，从2016年7月21日起至本判决确定的本金给付之日止，以每年1月1日中国人民银行公布施行的人民币贷款基准利率上浮20%为标准计算；若未按本判决确定的给付之日给付本金，上述利息计算至本金付清之日止。）；

二、如被告邓兴才未能清偿本判决第一判项确定的借款本息，则原告宜宾南溪农村商业银行股份有限公司有权就被告邓兴才的抵押财产宜宾市南溪区南溪街道广福街江临天下5－1－16－×号住房实现债权；

三、被告四川宜宾鑫宇房地产开发有限公司对本判决第一判决确定的借款本息承担连带清偿责任；

四、驳回原告宜宾南溪农村商业银行股份有限公司的其他诉讼请求。

宣判后，二被告未提出上诉，判决已发生法律效力。

【法官后语】

1. 抵押权登记与预告抵押权登记

（1）抵押权登记：《物权法》第一百八十七条第（五）项、担保法解释第四十七条关于“正在建造的建筑物抵押的，应当办理抵押登记，抵押权自登记时设立或认定抵押权有效”中的抵押登记应限于抵押权的本登记，即指对已经发生的物权变动进行的登记。根据物权法相关规定，系对房屋建成后所有权的抵押登记，其法律效力表现为物权排他效力。但凡不动产物权的设立、变更、转让或者消灭，均经依法登记，并记载于不动产登记簿时方发生效力。

（2）预告登记：《物权法》第二十条规定："当事人签订买卖房屋或者其他不动产物权的协议，为保障将来实现物权，按照约定可以向登记机构申请预告登记。预告登记后，未经预告登记的权利人同意，处分该不动产的，不发生物权效力。预告登记后，债权消灭或者自能够进行不动产登记之日起三个月内未申请登记的，预告登记失效。"本文所涉预告抵押权登记应指预告登记，其法律效力表现为债权请求权，主要表现为：其一，违背预告登记的处分行为不发生物权效力；其二，在预告登记义务人破产或被强制执行时，预告登记具有物权效力；其三，预告登记保全的债权因履行而转化为物权时，物权的顺位依据预告登记时间予以确定。

（3）本登记与预告登记均是表征权利的形式，并最终产生物权效力。但作为相对应的两个概念，二者仍存在本质上的区别：其一，预告登记是保全债权实现的措施，不存在变价和清算程序；本登记是一种担保物权，在本质上是优先受偿权，它使得债权人在债权之外，享有变价担保物并优先受偿的权利。其二，不同于本登记，预告登记具有从属性，其请求权基础不是登记本身，而是其保障的债权为有效债权。预告登记所保全的请求权包括：不动产所有权转移请求权，设定抵押权请求权，消灭不动产物权的请求权，变更不动产物权内容的请求权和变更不动产物权顺位的请求权。如预售商品房购买人未取得所有权登记，房屋抵押权登记就无法完成，抵押权则不能产生。

（4）根据建设部《城市房地产抵押管理办法》第三十四条第二款关于"以预售商品房或者在建工程抵押的，登记机关应当在抵押合同上作记载。抵押的房地产在抵押期间竣工的，当事人应当在抵押人领取房地产权属证书后，重新办理房地产抵押登记"之规定已知，从预告登记到抵押权登记，还须预售商品房购买人取得房屋所有权后，与抵押预告登记权利人一同到房地产登记管理机关办理抵押权登记，此时抵押预告登记权利人才取得完整的抵押权物权。因此，在未办理正式的房屋抵押权登记之前，抵押预告登记权利人享有的是当抵押登记条件成就或约定期限届满时对抵押房屋办理抵押权登记的债权请求权，而不享有抵押房屋的抵押权，所以，抵押预告登记并不能直接产生设立抵押权的法律效果，对抵押预告登记的抵押物不享有优先受偿权。

2. 指导意义

抵押权预告登记是按揭贷款方式下商品房买卖市场的特有产物，作为一种临时性登记，其设立目的在于弥补贷款银行将贷款一次性发放给借款人后至房屋权属证书办下来期间贷款银行的债权空白。预告抵押权登记制度在平衡期房交易中各方利益，促进市场交易、维护市场秩序稳定方面有着重要意义。但基于其存在权利主体暂不适格、申请登记的房屋客体尚未建成等特性，其并不具备法律上规定的进行抵押权登记的必备条件，故而不能与法律意义上的抵押权登记混为一谈。现如今经济下行，借款人未依约履行对贷款银行借款本息的偿还义务而导致诉讼现象逐渐增多，关于借贷双方以期房为标的签订的担保合同的法律效力一度成为理论争议热点，大多贷款银行以借贷双方的担保合同为由要求对合同所涉不动产担保物享有优先受偿权，但根据物权法定原则，抵押权预告登记并不产生抵押权效力，故为厘清预告抵押权登记与抵押权登记，规范类似纠纷，特书此文。

编写人：四川省宜宾市南溪区人民法院　张丽萍

9

如何确认犯罪资金取得的财产设定抵押的效力

——中国工商银行股份有限公司雅安分行诉杨小图、李秀明金融借款合同案

【案件基本信息】

1. 裁判书字号

四川省雅安市中级人民法院（2016）川18民再字第2号民事判决书

2. 案由：金融借款合同纠纷

3. 当事人

原告（上诉人）：中国工商银行股份有限公司雅安分行（以下简称工行雅安分行）

被告（被上诉人）：杨小囡、李秀明

【基本案情】

工行雅安分行于2011年9月7日与杨小囡、李秀明签订《个人循环借款合

同》，约定，借款金额为2300000元，借款期限为5年，年利率为8.97%，杨小囡、李秀明违约未支付借款本金及利息，工行雅安分行有权解除合同、提前收回借款本金及利息等条款。同日双方签订了《个人借款最高额抵押合同》，杨小囡、李秀明以其所有的位于雅安市雨城区多营镇金仓东路×号1－4层991.81平方米的房屋及所涉土地作为借款的抵押担保。该房屋及土地使用权于2011年9月5日、6日在房管和国土部门办理了抵押登记。工行雅安分行依约向杨小囡、李秀明发放了2300000元的贷款。贷款后杨小囡、李秀明未按约归还贷款本息，工行雅安分行多次向杨小囡、李秀明发送《催收逾期贷款通知书》，至今杨小囡、李秀明尚有2081521元未归还。为此，2012年9月3日工行雅安分行诉至法院。审理中雅安市雨城区人民法院于2012年9月4日作出（2012）雨城民初字第2229－1号民事裁定，查封抵押房屋及土地。雅安市雨城区人民法院于2012年10月16日作出（2012）雨城民初字第2229号民事判决：一、解除原告中国工商银行股份有限公司雅安分行2011年9月7日与被告杨小囡、李秀明签订的《个人循环借款合同》，被告李秀明、杨小囡于本判决发生法律效力之日起10日内偿还原告中国工商银行股份有限公司雅安分行借款2081521元，并按年利率8.97%支付从2012年6月1日起至本判决发生法律效力之日止的利息；二、原告中国工商银行股份有限公司雅安分行对被告李秀明、杨小囡位于雅安市雨城区多营镇金仓东路×号1－4层991.81平方米的房屋及其所涉土地享有优先受偿权。该判决发生法律效力后，雅安市雨城区人民法院于2015年7月13日作出（2015）雨城民监字第6号民事裁定，本案再审。

雅安市雨城区人民法院于2013年11月28日作出（2013）雨城刑初字第49号刑事判决：被告人杨小囡犯集资诈骗罪，判处有期徒刑十四年，处罚金5万元；责令杨小囡退赔各被害人经济损失。该刑事判决书在审理查明部分认定，自1999年起非法集资"余款3042.525万元，被告人杨小囡购买彩票花去40余万元，以及用于'秀明饭店'和老年公寓的修建、维护、经营发展等，其余部分被被告人杨小囡挥霍殆尽"。

2014年12月8日，雅安市公安局雨城区分局出具《情况说明》载明："2012年8月26日，我局立案侦查的杨小囡非法吸收公众存款一案。在侦查中发现：该犯罪嫌疑人杨小囡为在雅安市雨城区多营镇金仓东路×号修建"秀明饭店"和老年公寓，向不特定人群非法吸收公众存款3000余万元，陆续用于修建“秀明饭店”、老年公寓和支付利息。2014年7月21日我局对杨小囡的雨城区多营镇金仓东路×号房产进行了查封。”该《情况说明》无单位负责人及制作证明材料的人员签名或者盖章，仅加盖单位公章。

本案抵押物即雅安市雨城区多营镇金仓东路×号房屋系杨小囡经营“秀明饭店”和老年公寓所用，于2011年8月12日办理房屋产权证，现被雅安市公安局雨城分局查封。

【案件焦点】

抵押人以犯罪资金取得的财产设定抵押的效力如何确认。

【法院裁判要旨】

四川省雅安市雨城区人民法院经审理认为：杨小囡、李秀明认可工行雅安分行主张的事实，且该事实有个人循环借款合同、个人借款最高额抵押合同、借款凭证、逾期清单及房屋他项权证在案佐证，对工行雅安分行主张的事实予以确认。双方签订的《个人循环借款合同》及《个人借款最高额抵押合同》意思表示真实，不违反法律法规禁止性规定，合法有效。合同签订后，双方当事人均应按照合同履行自己的义务。《中华人民共和国合同法》第九十三条第二款规定：“当事人可以约定一方解除合同的条件。解除合同的条件成就时，解除权人可以解除合同。”杨小囡、李秀明已连续4期违约，符合双方约定的解除合同的条件，工行雅安分行请求解除合同的主张成立。《中华人民共和国合同法》第二百零六条规定：“借款人应当按照约定的期限返还借款……”第二百零七条规定：“借款人未按照约定的期限返还借款的，应当按照约定或者国家有关规定支付逾期利息。”工行雅安分行据此要求李秀明、杨小囡偿还借款2081521元和要求按年利率8.97%支付从2012年6月1日起至本判决发生法律效力止逾期利息的请求成立，应予支持。判决发生法律效力后的逾期利息，按《中华人民共和国民事诉讼法》第二百二十九条之规定计算。《中华人民共和国物权法》第一百七十九条第一款规定“为担保债务的履行，债务人或者第三人不转移财产的占有，将该财产抵押给债权人的，债务人不履行到期债务或者发生当事人约定的实现抵押权的情形，债权人有权就该财产优先受偿。”杨小囡、李秀明不履行到期债务，工行雅安分行对位于雅安市雨城区多营镇金仓东路×号1-4层991.81平方米的房屋及其所涉土地享有优先受偿的权利。依照《中华人民共和国合同法》第八条、第九十三条第二款、第二百零六条、第二百零七条，《中华人民共和国物权法》第一百七十九条第一款之规定，雅安市雨城区人民法院于2012年10月16日作出（2012）雨城民初字第2229号民事判决：

一、解除原告中国工商银行股份有限公司雅安分行2011年9月7日与被告杨小囡、李秀明签订的《个人循环借款合同》，被告李秀明、杨小囡于本判决发生法律效力之日起10日内偿还原告中国工商银行股份有限公司雅安分行借款2081521元，并按年利率8.97%支付从2012年6月1日起至本判决发生法律效力之日止的利息；

二、原告中国工商银行股份有限公司雅安分行对被告李秀明、杨小囡位于雅安市雨城区多营镇金仓东路×号1-4层991.81平方米的房屋及其所涉土地享有优先受偿权。

雅安市雨城区人民法院于2015年7月13日裁定再审本案。认为，原审判决对《个人借款最高额抵押合同》合法有效，工行雅安分行对本案抵押物享有优先受偿权的认定适用法律错误，应予撤销。依照《中华人民共和国合同法》第九十三条第二款、第二百零六条、第二百零七条，《中华人民共和国物权法》第一百八十四条，《中华人民共和国担保法》第三十七条，《中华人民共和国民事诉讼法》第二百零七条，《最高人民法院关于适用〈中华人民共和国民事诉讼法〉若干问题的意见》第二百零一条①之规定，判决：

一、维持雅安市雨城区人民法院（2012）雨城民初字第2229号民事判决第一项；

二、撤销雅安市雨城区人民法院（2012）雨城民初字第2229号民事判决第二项；

三、驳回原审原告中国工商银行股份有限公司雅安分行的其他诉讼请求。

工行雅安分行不服，向四川省雅安市中级人民法院提起上诉，四川省雅安市中级人民法院经审理认为：工行雅安分行于2011年9月7日与杨小囡、李秀明签订的《个人循环借款合同》意思表示真实，合法有效。杨小囡、李秀明违约，工行雅

---

① 对应《最高人民法院关于适用〈中华人民共和国民事诉讼法〉的解释》第三百九十六条。

安分行可依法解除《个人循环借款合同》；同时，杨小囡、李秀明应按约偿还尚欠借款本金2081521元及利息。工行雅安分行办理借款抵押时审查抵押财产合法证书，办理了抵押登记，且将贷款支付给借款人。因此，工行雅安分行于2011年9月7日与杨小囡、李秀明签订的《个人借款最高额抵押合同》未违反现行法律、行政法规的强制性规定，该合同合法有效，应受法律保护，工行雅安分行对位于雅安市雨城区多营镇金仓东路×号1－4层991.81平方米的房屋及所涉土地享有优先受偿权。《中华人民共和国物权法》第一百八十四条及《中华人民共和国担保法》第三十七条中“不得抵押的其他财产”是指除本法前五项所列不得抵押的财产之外，且全国人大及其常委会制定的法律和国务院制定的行政法规有禁止抵押规定的财产。而现行法律、行政法规对诈骗资金取得的财产能否抵押未作规定。一审法院对“不得抵押的其他财产”理解有误，以《中华人民共和国物权法》第一百八十四条第（六）项、《中华人民共和国担保法》第三十七条第（六）项认定《个人借款最高额抵押合同》无效属适用法律错误。最高人民法院1992年7月14日发布的《关于适用〈中华人民共和国民事诉讼法〉若干问题的意见》已废止，一审判决引用该意见第二百零一条属适用法律错误。综上，一审判决认定事实清楚，但认定《个人借款最高额抵押合同》效力适用法律有不当之处，应予纠正。

四川省雅安市中级人民法院依照《中华人民共和国合同法》第五十二条、第九十三条第二款、第二百零六条、第二百零七条，《中华人民共和国物权法》第一百七十九条，《中华人民共和国民事诉讼法》第一百七十条第一款第（二）项，作出如下判决：

一、维持雅安市雨城区人民法院（2015）雨城民再初字第2号民事判决第一项，即“解除原告中国工商银行股份有限公司雅安分行2011年9月7日与被告杨小囡、李秀明签订的《个人循环借款合同》，被告李秀明、杨小囡于本判决发生法律效力之日起10日内偿还原告中国工商银行股份有限公司雅安分行借款2081521元，并按年利率8.97%支付从2012年6月1日起至本判决发生法律效力之日止的利息”；

二、撤销雅安市雨城区人民法院（2015）雨城民再初字第2号民事判决第二项、第三项；

三、中国工商银行股份有限公司雅安分行对李秀明、杨小囡位于雅安市雨城区多营镇金仓东路×号1－4层991.81平方米的房屋及其所涉土地享有优先受偿权。

【法官后语】

本案涉及民刑交叉问题，是民商事审判工作中的一个热点和难点。司法实践中有个普遍观点，认为当事人存在犯罪行为的，所涉民事合同就只能认定为无效，故一审法院采取对“不得抵押的其他财产”作扩大解释，认为抵押人诈骗资金取得的财产在刑事案件发生前设定抵押无效。犯罪构成尽管与民事法律关系存有一定关联，但犯罪行为并不必然导致民事合同获得否定性的效力评价。本案当事人签订的《个人借款最高额抵押合同》未违反现行法律、行政法规的强制性规定，该合同合法有效，应受法律保护，工行雅安分行对抵押财产享有优先受偿权。理由：

1. 一审法院对《中华人民共和国物权法》第一百八十四条第（六）项、《中华人民共和国担保法》第三十七条第（六）项中“不得抵押的其他财产”理解与适用法律错误。《中华人民共和国物权法》第一百八十四条及《中华人民共和国担保法》第三十七条中“不得抵押的其他财产”是指除本法前五项所列不得抵押的财产之外，且全国人大及其常委会制定的法律和国务院制定的行政法规有禁止抵押规定的财产。而现行法律、行政法规对诈骗资金取得的财产能否抵押未作明文规定。

2. 按一审认定贷款抵押物系杨小囡使用违法所得资金修建，杨小囡、李秀明为无处分权人，工行雅安分行基于善意取得而取得抵押权是符合法律规定。《中华人民共和国物权法》第一百零六条规定：“无处分权人将不动产或者动产转让给受让人的，所有权人有权追回；除法律另有规定外，符合下列情形的，受让人取得该不动产或者动产的所有权：（一）受让人受让该不动产或者动产时是善意的；（二）以合理的价格转让；（三）转让的不动产或者动产依照法律规定应当登记的已经登记，不需要登记的已经交付给受让人。受让人依照前款规定取得不动产或者动产的所有权的，原所有权人有权向无处分权人请求赔偿损失。当事人善意取得其他物权的，参照前两款规定。”该规定说明抵押权作为物权的一种，是可基于善意取得而取得抵押权。工行雅安分行办理借款抵押时不知道抵押财物系诈骗资金修建，审查了抵押财产合法证书，已经在房管和国土部门办理了抵押登记，且将贷款支付给了借款人，应当认定工行雅安分行是基于善意取得而取得抵押权。此种方式的抵押权取得，自抵押权登记完成时产生效力。

3. 善意取得制度已在现有的刑事司法解释实际运用。例如，《最高人民法院、最高人民检察院关于办理诈骗刑事案件具体应用法律若干问题的解释》第十条规定："行为人已将诈骗财物用于清偿债务或者转让给他人，具有下列情形之一的，应当依法追缴：(一) 对方明知是诈骗财物而收取的；(二) 对方无偿取得诈骗财物的；(三) 对方以明显低于市场的价格取得诈骗财物的；(四) 对方取得诈骗财物系源于非法债务或者违法犯罪活动的。他人善意取得诈骗财物的，不予追缴。"《最高人民法院关于刑事裁判涉财产部分执行的若干规定》第十一条规定："被执行人将刑事裁判认定为赃款赃物的涉案财物用于清偿债务、转让或者设置其他权利负担，具有下列情形之一的，人民法院应予追缴：(一) 第三人明知是涉案财物而接受的；(二) 第三人无偿或者以明显低于市场的价格取得涉案财物的；(三) 第三人通过非法债务清偿或者违法犯罪活动取得涉案财物的；(四) 第三人通过其他恶意方式取得涉案财物的。第三人善意取得涉案财物的，执行程序中不予追缴。作为原所有人的被害人对该涉案财物主张权利的，人民法院应当告知其通过诉讼程序处理。"根据以上刑事司法解释的精神，也能认定工行雅安分行取得抵押权是善意取得的，该抵押财产不应追缴。

编写人：四川省雅安市中级人民法院　刘锡阳

10

民间借贷诉讼中出借人履行支付义务的认定

——计国芳诉重庆市鑫格建筑工程有限公司等借款合同案

【案件基本信息】

1. 裁判书字号

重庆市第五中级人民法院（2015）渝五中法民再终字第00060号民事判决书

2. 案由：借款合同纠纷

3. 当事人

原告（上诉人、被申诉人）：计国芳

被告（被上诉人、被申诉人）：重庆市信用担保有限公司（以下简称信用担保

公司）

被告（被上诉人、申诉人）：重庆市鑫格建筑工程有限公司（以下简称鑫格公司）

被告（被上诉人）：袁山东

【基本案情】

2009年6月19日，计国芳（资金方，甲方）、鑫格公司（借款方，乙方）、信用担保公司（保证方，丙方）以及袁山东（保证方，丁方）共同签订融资借款担保协议一份，该协议约定："甲方提供丙方的转账支票一张，支票金额150万元整借给乙方使用，资金到账后此笔资金使用期限按三个时间段还本金和付息：1. 2009年6月19日至7月18日借用本金150万元整，2009年7月18日还本金50万元整，支付税后利息3.75万元整，合计53.75万元；2. 2009年7月19日至8月18日借用本金100万元整，2009年8月18日还本金50万元整，支付税后利息2.5万元整，合计52.5万元；3. 2009年8月19日至9月18日借用本金50万元整，2009年9月18日还本金50万元整，支付税后利息1.25万元整，合计51.25万元；丙方及丁方为乙方提供无限连带保证责任的担保，若乙方违约，丙方和丁方承担连带保证责任"等内容。协议签订当日，信用担保公司出具中信银行转账支票一张，票号为01107725，付款行为中信银行解放碑支行，出票人账号为7421110182600××××××，金额为150万元，付款期限为十天，该支票收款人处未填写，出票人签章处加盖信用担保公司财务专用章及其法定代表人朱淑玉个人鉴印章。计国芳从信用担保公司处获得上述转账支票后即交给了鑫格公司。

2009年6月20日，鑫格公司向计国芳出具收据一份，上载，"今收到计国芳提供的信用担保公司转账支票，金额壹佰伍拾万元整，支票号01107725，开户行中信银行解放碑支行。"

2009年8月5日，鑫格公司出具承诺书一份，上载："我司于2009年6月19日向自然人计国芳借到人民币150万元整，向自然人李锡芬借到人民币150万元整，以上借款合计人民币300万元整。在此，本司承诺于2009年8月18日以前偿还计国芳、李锡芬以上全部借款，本息合计共人民币315万元整"等内容。

2009年9月4日，信用担保公司通过中国建设银行电子汇划划款100万元至鑫格公司账户中。

2009年9月9日，计国芳向鑫格公司出具领（借）款申请单一份，确认收到鑫格公司通过银行现金转账划款方式归还的借款100万元。

2009年12月15日，计国芳向信用担保公司发出律师函，要求信用担保公司在2009年12月31日前代鑫格公司支付尚欠的借款50万元及合同约定的利息和违约金。当日，信用担保公司收悉上述律师函后在该律师函上加盖公司公章确认并批注："此函已收到，本司承诺2010年3月31日以前履行连带担保责任，代鑫格公司偿还完该笔借款。"

2011年7月28日，计国芳向鑫格公司及袁山东分别邮寄发出律师函，要求鑫格公司及担保人袁山东在2011年7月31日前偿还完全部借款并按合同约定支付利息和承担合同约定的违约金。该次邮寄送达的律师函，计国芳申请重庆市渝中公证处对计国芳邮寄的律师函内容及过程进行证据保全。

2011年12月14日，计国芳向信用担保公司发出律师函，要求信用担保公司代鑫格公司支付尚欠的借款50万元及合同约定的利息和违约金。当日，信用担保公司收悉上述律师函后在该律师函上签收批注："此函已收到，本司承诺在2012年5月31日以前履行连带担保责任，代鑫格公司偿还完该笔借款本息。"

一审审理中，经一审法院依法向中信银行调查核实，信用担保公司账号7421110182600××××××，该单位的支票号为01107725的中信银行转账支票，在中信银行记录状态为"领用"，即未使用状态。计国芳向重庆市渝中区法院提起诉讼，请求判令：1. 鑫格公司偿还尚欠计国芳的借款本金50万元并支付相应的利息（利息构成包括：以150万元为基数，从2009年6月19日起至2009年9月8日止，按照月利率2.5%计算的利息，以及以50万元为基数，从2009年9月9日起至该笔50万元款项付清时止，按照月利率2.5%计算的利息）；2. 袁山东及信用担保公司对鑫格公司上述债务向计国芳承担连带清偿责任。

【案件焦点】

计国芳是否向鑫格公司履行了其作为出借人的出借借款的义务。

【法院裁判要旨】

重庆市渝中区人民法院经审理认为：计国芳提交的证据不足以证明其已经按约履行完毕了向鑫格公司出借150万元借款的出借义务。具体理由如下：

首先，计国芳按约向鑫格公司提供的150万元转账支票并未进入银行实际转账，即鑫格公司并未通过该张转账支票获得借款150万元，则计国芳未按照协议约定的出借方式向鑫格公司提供借款。转账支票本身并不等同于资金，其仅是资金的载体；计国芳虽向鑫格公司交付了转账支票，但计国芳的出借义务仍需以转账支票进入银行转账后，鑫格公司收到其出借的款项后方为完成。

其次，信用担保公司于2009年9月4日通过银行电子汇划方式向鑫格公司划款100万元；而鑫格公司于2009年9月9日即以银行现金转账划款方式向计国芳划款100万元。三方当事人之间的上述划款行为可以证明该100万元资金的流向，但不足以证明计国芳已向鑫格公司履行了150万元的出借义务。退一步讲，即使该100万元是信用担保公司代计国芳向鑫格公司履行出借义务而划拨的款项，鑫格公司也向计国芳偿还了该100万元借款。现计国芳起诉要求鑫格公司偿还借款本金50万元，并支付相应的利息，该诉讼请求并不涉及信用担保公司、鑫格公司以及计国芳三方前述划款行为中的款项100万元。据此，仅凭计国芳提交的前述100万元的划款依据并不足以证明计国芳已按约向鑫格公司履行了150万元的划款义务。

最后，计国芳在审理中还提交了鑫格公司及其法定代表人袁山东出具的承诺书以及信用担保公司对计国芳发出的催还款律师函作出的还款确认回复，但上述证据的内容均与本案中查明的事实不符，不足以证明计国芳作为上述融资借款担保协议的出借人已经按约履行完毕了对借款150万元出借义务的事实。

至于袁山东及信用担保公司是否应当向计国芳承担连带保证责任的问题。一审法院认为，计国芳提交的证据不足以证明其已经按约履行完毕了向鑫格公司出借150万元借款的支付义务，即本案所涉主债权债务并未实际发生，则袁山东及信用担保公司作为主债务的连带保证人亦不存在任何清偿责任，故一审法院对计国芳要求袁山东及信用担保公司承担连带清偿责任的诉讼请求不予支持。

重庆市渝中区人民法院依照《中华人民共和国合同法》第一百九十六条、第二百一十条以及《中华人民共和国民事诉讼法》第一百四十二条之规定，判决驳回计国芳的诉讼请求。

计国芳持一审起诉意见提起上诉。重庆市第五中级人民法院经审理认为：计国芳提交的证据证明其已经按约履行完毕了向鑫格公司出借150万元借款的出借义务。理由如下：

虽然没有直接证据证明计国芳履行完毕支付诉争借款的义务，但是从其他证据综合分析能够印证计国芳实际履行完毕支付诉争款项的事实：一是鑫格公司已出具还款承诺书，二是信用担保公司出具承诺履行保证责任函，三是鑫格公司已归还部分诉争款项。鑫格公司对于上述行为，不能给予合理的解释，应该视为其实际上收到了诉争借款。

重庆市第五中级人民法院依照《中华人民共和国民事诉讼法》第一百七十条第一款第（三）项的规定，判决如下：

一、撤销重庆市渝中区人民法院（2013）中区民初字第03498号民事判决；

二、重庆市鑫格建筑工程有限公司于本判决生效之日起十日内向计国芳归还借款本金50万元及相应的利息，利息计算方式为：2009年6月19日起至2009年9月8日止，以150万元为基数，按照中国人民银行规定的同期贷款基准利率四倍计算；2009年9月9日起至付清之日止，以50万元为基数，按照中国人民银行规定的同期贷款基准利率四倍计算；

三、重庆市信用担保有限公司、袁山东对重庆市鑫格建筑工程有限公司的第二项支付义务承担连带偿还责任；

四、驳回计国芳的其他诉讼请求。

重庆市鑫格建筑工程有限公司不服重庆市第五中级人民法院（2014）渝五中法民终字第00741号民事判决，向检察机关申诉。重庆市人民检察院向重庆市高级人民法院提出抗诉。重庆市高级人民法院指令重庆市第五中级人民法院再审。

重庆市第五中级人民法院再审认为：计国芳已经向鑫格公司履行完毕150万元的借款义务，理由如下：

在本案中，按照相关当事人的约定，从时间节点上看，信用担保公司应向计国芳归还欠款150万元在先，计国芳出借150万元资金给鑫格公司在后。而计国芳、鑫格公司、信用担保公司以及袁山东按照四方融资担保协议约定，由信用担保公司直接将150万元资金通过支票方式付给鑫格公司。这样一来，本案诉争借款应是由信用担保公司代替计国芳支付完成。基于本案中四方融资担保协议约定特定支付方式，计国芳举示了鑫格公司收到诉争钱款支票的收条，应视为计国芳完成了其履行支付诉争借款义务的举证。而鑫格公司法定代表人袁山东在没有收到150万元款项的情况下而出具还款承诺书的原因解释为“一是出于对于信用担保公司的信任，在没有向公司财务人员核实的情况下就出具了还款承诺书；二是出具还款承诺书的背景特殊，其涉嫌犯罪被采取刑事强制措施，精神压力大，疏于经营管理公司”，该解释与常理不符，不应当予以采信。加之计国芳向鑫格公司发律师函，催促其尽快归还借款，鑫格公司对此并未否认，且信用担保公司作为担保人之一，对其应履行的保证责任并未提出异议，且明确承诺代鑫格公司归还借款本息的时间。更重要的是，在计国芳催促鑫格公司还款后，鑫格公司向其以电子划账的方式支付100万元，进一步佐证了计国芳已经实际上履行完毕其支付150万元借款的义务。本案中，有证据显示鑫格公司与信用担保公司之间有较为密切的经济往来，结合鑫格公司法定代表人袁山东出具还款承诺书的行为，以及本案诉争借款支票并未实际承兑的事实，显然不能排除信用担保公司已经以其他方式履行完毕支付150万元款项的重大可能。

重庆市第五中级人民法院依照《中华人民共和国民事诉讼法》第二百零七条第一款、第一百七十条第一款第（一）项之规定，判决如下：

维持本院（2014）渝五中法民终字第00741号民事判决。

【法官后语】

本案争议焦点是计国芳是否已经向鑫格公司履行完毕150万元的借款义务。本案是民间借贷纠纷中较为特殊的一个案件，具有典型性，其对规范公司法人财务管理制度、防御个人借贷风险具有现实指导意义。本案诉争借款的支付履行人并不是实际债权人，而是第三方代为履行支付，更特殊的是这个约定代为履行支付诉争借款义务的第三方还是担保人。民间借贷纠纷案中，在一般情况下，主张履行完毕出借钱款义务的当事人需承担主要的举证责任，但是本案中基于当事人特殊的履约方式，出借人是无法举示直接证据证明其主张。重庆第五中级人民法院从举证责任分配、关键事实的认定以及全案证据的综合分析等方面，对本案作出了终审判决。

1. 本案主要当事人举证责任的合理分配

举证责任分配制度是我国民事诉讼证据制度这一核心的中心，不同的举证责任分配方案会引起截然不同的诉讼结果，如果分配不当，不仅会极大地损害一方当事人的合法权益，还会破坏法律的公平与正义。

本案中，计国芳请求法院判决鑫格建筑公司归还剩余借款50万元并支付相应的利息，其举示证据主要是四方融资担保协议、鑫格建筑公司出具的还款承诺书、鑫格建筑公司归还诉争借款本金100万元的收据、计国芳向鑫格建筑公司和信用担保公司发出的催款函及确认还款答复函。

本案诉争借款按照四方融资担保协议的约定应是由信用担保公司代替计国芳支付完成的，支付完成的证据理应由信用担保公司掌握。虽然计国芳作为150万元诉争借款的实际出借人，但其却并不可能具备出具向鑫格建筑公司支付完毕150万元借款证据的能力。

考虑到本案中四方融资担保协议约定诉争款项的特定支付方式，根据《最高人民法院关于民事诉讼证据的若干规定》第七条的规定："在法律没有具体规定，依本规定及其他司法解释无法确定举证责任承担时，人民法院可以根据公平原则和诚实信用原则，综合当事人举证能力等因素确定举证责任的承担。"计国芳举示了鑫格建筑公司收到诉争钱款支票的收条，应视为计国芳完成了其履行支付诉争借款义务的举证。

2. 鑫格公司收到诉争借款的事实形成证据锁链

本案中，按照四方融资担保协议约定，由信用担保公司直接将150万元资金通过支票的方式付给鑫格公司，而该支票承兑期限仅有十天。鑫格公司在领取支票后，应该及时到银行承兑。如果支票无法承兑，鑫格公司作为计国芳150万元资金的债务人，应该及时向计国芳反馈转账支票无法承兑的信息，以利于计国芳尽快督促信用担保公司履行其代为出借钱款的义务。

事实上，鑫格公司并未在支票承兑期内及时承兑，且没有证据表明鑫格公司及时告知计国芳支票无法承兑的事实。对于计国芳而言，其作为150万元的借款的出借人，在收到鑫格公司出具的支票收条且在承兑期内没有收到支票无法承兑信息的情况下，其有充分理由相信鑫格公司已经实际上如数收到信用担保公司代为支付的款项。

此外，有证据显示鑫格公司与信用担保公司之间有较为密切的经济往来，结合鑫格公司法定代表人袁山东出具还款承诺书的行为，以及本案诉争借款支票并未实际承兑的事实，显然不能排除信用担保公司已经以其他方式履行完毕支付150万元款项的重大可能。

3. 综合全案证据，可以认定出借人履行完毕付款义务

民间借贷纠纷中，如果诉争款项出借人虽然没有直接证据证明其已经履行完毕支付借款义务，但是借款人未曾收到借款依然承诺还款甚至履行部分还款义务的，

抑或是债务担保人没有在合理期限内就主债务提出异议甚至答复履行保证责任的，借款人或担保人不能就上述行为给出合理解释或不能提出反证的，应综合全案证据，按照各方证据证明力大小就诉争借款的支付履行与否作出最终认定。

鑫格公司法定代表人袁山东在没有收到150万元款项的情况下而出具还款承诺书的原因解释为："一是出于对于信用担保公司的信任，在没有向公司财务人员核实的情况下就出具了还款承诺书；二是出具还款承诺书的背景特殊，其涉嫌犯罪被采取刑事强制措施，精神压力大，疏于经营管理公司。"这显然只是一种说辞，亦难以让人信服，且无直接证据证明其观点。

计国芳向鑫格公司发律师函，催促其尽快归还借款，鑫格公司对此并未否认收到诉争借款并承诺还款期，这有悖常理。而信用担保公司作为担保人之一，计国芳同样向其发函催促其履行保证责任，信用担保公司并未提出异议，且明确承诺代鑫格公司归还借款本息的时间。在计国芳催促鑫格公司还款后，鑫格公司向其以电子划账的方式支付100万元，从证据层面进一步佐证了信用担保公司已经向鑫格公司变更了履行方式，而计国芳相当于履行完毕支付给鑫格公司150万元借款的义务。

综上所述，当事人之间约定支票转账履行付款义务，出借人无法举示直接证据证明其履行完毕支付义务，尽管支票未被实际承兑，但其举示间接证据能够形成证据锁链，足以证明其实际履行完毕支付借款义务的，债务人仍应承担还款责任。

编写人：重庆市第五中级人民法院　郝绍彬　刘德宝

11

委托代理借款与借名贷款的区分认定

——山东临淄农村商业银行股份有限公司诉孟昭永等借款担保合同案

【案件基本信息】

1. 裁判书字号

山东省淄博市中级人民法院（2016）鲁03民再字第2号民事判决书

2. 案由：借款担保合同纠纷

3. 当事人

原告（上诉人）：山东临淄农村商业银行股份有限公司（原淄博市临淄区农村信用联社孙娄信用社，以下简称临淄农商行）

被告（被上诉人、申请再审人）：孟昭永

被告：李维亮、薛国

第三人（被上诉人）：孟昭富

【基本案情】

2006 年 6 月 8 日，临淄农商行与孟昭永、李维亮、薛国签订借款担保合同一份，合同载明，孟昭永由李维亮、薛国提供担保向临淄农商行借款 5 万元，借款月利率均为千分之九点七五，逾期在原利率水平上加收百分之五十，借款期限自 2006 年 6 月 8 日至 2007 年 6 月 7 日。截至 2008 年 8 月 20 日，孟昭永未归还临淄农商行借款本金元 5 万元及利息 10700 元，故临淄农商行起诉要求孟昭永及李维亮、薛国归还借款 5 万元及相应利息，并承担诉讼费用。

原审在送达过程中，应依法送达给孟昭永、李维亮、薛国的起诉状及其他法律手续均由孟昭富在 2008 年 8 月 19 日代为签收。2008 年 9 月 10 日 9 时，原审公开开庭进行了审理。临淄农商行的委托代理人到庭参加诉讼，孟昭永、李维亮、薛国均未到庭参加诉讼。

【案件焦点】

本案中名义借款人与实际借款人的责任如何认定。

【法院裁判要旨】

山东省淄博市临淄区人民法院经审理认为：孟昭永欠原告借款 5 万元是事实，孟昭永未及时归还借款本息，对此纠纷应负全部责任，原告要求孟昭永归还借款本息，应予支持，李维亮、薛国为孟昭永借款提供连带责任保证，对孟昭永借款应负连带清偿责任。据此判决：一、孟昭永支付原告借款本金 5 万元；二、孟昭永支付原告借款利息（至 2008 年 8 月 20 日前为 10700 元，之后利息按合同约定逾期利息计算），与本金一并付清；三、李维亮、薛国对上述一、二项负连带清偿责任。

孟昭永申请再审。山东省淄博市临淄区人民法院再审认为：涉案贷款合同中借款人和担保人的中间联系人均指向孟昭富，孟昭永、李维亮、薛国三人均指证系孟昭富要求为其提供借款户名和担保；而孟昭富无正当理由拒不到庭说明情况；临淄农商行无正当理由拒不按照法庭要求通知信贷员刘兆新出庭质证，也未能提交收款方银行账户的开立申请和收款方提取贷款的签字材料，应依法承担相应的法律后果。对孟昭永再审期间提交的新证据，临淄农商行未能提出反驳证据，且孟昭富亲笔所写的证据及李维亮、薛国均证实该笔贷款为孟昭富向临淄农商行所贷，孟昭富为实际用款人且信贷员刘兆新对上述事实知情。临淄农商行信贷人员刘兆新在签订和实际发放争议贷款时，明知该笔借款实际用款人为孟昭富，借款合同是以孟昭永的名义签订，故该借款合同的借款人应为孟昭富，而非孟昭永，承担偿还借款本金及利息的义务主体为孟昭富。李维亮、薛国为孟昭富借款提供连带责任保证是其二人真实意思表示，临淄农商行实际向孟昭富发放了贷款，合同签订过程中存在的瑕疵不能免除二人的担保责任，其二人应对本案借款承担保证责任。据此，判决：

一、撤销原一审判决；

二、驳回山东临淄农村商业银行股份有限公司要求孟昭永支付借款本金5万元及借款利息的诉讼请求；

三、李维亮、薛国支付山东临淄农村商业银行股份有限公司借款本金5万元及借款利息（至2008年8月20日前为10700元，之后利息按合同约定逾期利息计算）。李维亮、薛国承担保证责任后，有权向债务人（实际借款人）孟昭富追偿。

临淄农商行不服提起上诉。山东省淄博市中级人民法院经审理认为：本案争议的焦点是名义借款人与实际借款人的责任如何承担的问题。对于该问题，首先，应明确借款担保合同的效力。本案中虽然存在借名贷款且临淄农商行的信贷人员明知的违规行为，但上述违规行为并未违反法律或者行政法规的强制性规定。且孟昭永作为完全民事行为能力人，其对使用其身份资料并亲自与临淄农商行签订借款合同产生的法律后果应当能够预见，因此应承担所产生的不利法律后果。故上述违规行为的存在，并不影响孟昭永与临淄农商行之间签订的借款担保合同的效力。其次，从合同相对性原则看，既然孟昭永与临淄农商行之间签订的借款担保合同为有效合同，那么该借款合同项下的权利义务应仅对合同缔约方产生约束力，至于孟昭永将借款交由何人使用以及如何支配借款，均不影响借款合同主体的认定。因此，违规贷款固然将产生一定法律后果，但依照法律规定，这种法律后果不影响借款担保合同的效力以及合同主体的认定。最后，应严格把握借名贷款与委托代理借款的区别。本案中虽然孟昭永提交录音证据证明临淄农商行的信贷员刘兆新明知孟昭永所借款项实际由孟昭富使用，但这只能说明临淄农商行的信贷人员在贷款发放过程中存在违规行为，并不足以认定孟昭永与孟昭富系委托代理关系。且孟昭永仅辩称孟昭富以其名义向临淄农商行借款，并未主张系代理孟昭富向临淄农商行借款，亦未提供相关委托代理的证据。因此，本案应认定为孟昭永系以自己名义帮助孟昭富借款，而非代理孟昭富向临淄农商行借款。综上，孟昭永与临淄农商行签订的借款担保合同合法有效，借款担保合同的主体为孟昭永，故孟昭永应负还款责任。原再审一审判决认定驳回临淄农商行要求孟昭永支付借款本金5万元及借款利息的诉讼请求不当，应予纠正。据此，再审二审判决：

一、撤销再审一审判决；

二、维持原一审判决。

【法官后语】

本案涉及的主要问题在于如何正确区分认定委托代理借款和借名贷款。

委托代理借款是指某法人或其他组织的工作人员或个人受其他法人或其他组织或个人委托，代理该委托人以其自身名义向金融机构借款，所借款项由其他法人或其他组织或个人实际使用的行为。对于委托代理借款的认定，应注意审查其是否具有以下特征：金融机构是否直接将借款人所借款项转入他人账户或者专设账户；或者金融机构是否有接受他人还款、还息及支付其他费用的行为；或者金融机构与他人之间是否曾就还款达成过协议；是否存在金融机构知道或应当知道他人是实际用款人的其他情形。对于不具备上述特征的案件，应严格坚持合同的相对性原则，按普通借名贷款，由借款人承担责任。

关于委托代理借款的法律关系及还款主体的确定，根据《合同法》第四百零二条，委托代理借款涉及的金融机构（第三人）、借款人（受委托人）、用款人（委托人）相互之间的法律关系和还款主体确认适用本条规定。笔者认为金融机构、借款人、用款人分别构成了下列法律关系：1. 金融机构与借款人之间是借贷法律关系；2. 用款人与借款人形成了委托合同中的代理关系；3. 用款人与金融机构在符合上述委托代理借款特征情况下，二者就形成了借贷关系。因此，确认还款的主体应严格把握合同的相对性原则，不能简单地把个人借名贷款而由他人使用的情形全部认定为委托代理借款并以此确认用款人为还款主体，只有符合《合同法》第四百零二条、第四百零三条规定，并且具备了委托代理借款的特征，才能确定用款人为还款主体，否则还款的主体就是借款人。根据上述内容，借名贷款中的借款合同作为一种合同现象，当然适用委托代理的理论及规定，但是必须严格把握二者的区别。委托代理借款的成立要件，必须确有充分证据证明名义借款人系代理实际用款人签订借款合同。名义借款人作为受托人，实际用款人作为委托人，两者之间有书面、口头代理合同或形成事实上的代理关系。在第三人（银行）与名义借款人订立合同时就清楚地知道名义借款人与实际用款人之间的代理关系，该合同就形成委托代理借款，该合同直接约束实际用款人和银行。不过在本案中，虽然孟昭永提交录音证据证明临淄农商行的信贷员刘兆新明知孟昭永所借款项实际由第三人孟昭富使用，但这只能说明临淄农商行的信贷人员在贷款发放过程中存在违规行为，并不足以认定孟昭永与孟昭富系委托代理关系。且孟昭永仅辩称孟昭富以其名义向临淄农商行借款，并未主张系代理孟昭富向临淄农商行借款，亦未提供相关委托代理的证据。因此，本案应认定为孟昭永系以自己名义帮助孟昭富借款（借名贷款），而非代理孟昭富向临淄农商行借款（委托代理借款）。再审二审撤销再审一审判决，维持原一审判决，具有事实和法律依据。

编写人：山东省淄博市中级人民法院　荣明潇

山东省淄博市临淄区人民法院　刘泯江

12

违约金与罚息能否同时得到支持

——中国民生银行股份有限公司青岛分行诉王海霞等金融借款合同案

【案件基本信息】

1. 裁判书字号

山东省日照市五莲县人民法院（2016）鲁1121民初字第194号民事判决书

2. 案由：金融借款合同纠纷

3. 当事人

原告：中国民生银行股份有限公司青岛分行

被告：王海霞、孙华、孙海峰、唐霞、润方强、迟桂萍、日照市开元铸业有限公司、五莲县金奥特工贸有限公司、五莲县宏润汽车附件厂

【基本案情】

2013年8月1日，被告王海霞向原告中国民生银行股份有限公司青岛分行（以下简称原告）借款1500000元，约定年利率为8.4%。至2014年7月30日，被告王海霞尚欠本金及利息、罚息1394424.97元。2016年3月28日，原告起诉至五莲县人民法院，要求判令被告王海霞、孙华（被告王海霞之夫）偿还原告借款本金1190100元，利息、罚息204324.97元，违约金11901元，合计1406325.97元及2015年10月15日至实际给付之日的利息、罚息；其他被告承担连带清偿责任；律师费、案件受理费、保全费、邮寄费等费用由被告承担。

庭审过程中，原告提交借款合同一份，合同约定："借款人发生违约事件时，借款人应对应债权金额的20%向出借人支付违约金。"同时还约定："借款人贷款发生逾期或者本合同约定违约情形的，应当向出借人支付逾期利息与违约罚息，逾期利率按照约定利率上浮50%收取，违约罚息按照约定利率上浮100%收取。"据

此，原告要求被告同时支付违约金与罚息。

针对原告的诉讼请求，被告辩称违约金与罚息不能同时主张，要求法院驳回原告要求给付违约金的主张。

【案件焦点】

违约金与罚息能否同时得到支持。

【法院裁判要旨】

山东省日照市五莲县人民法院经审理认为：本案中，根据双方借款合同的约定，借款人未按合同约定的还款时间偿还借款或者出现视为合同到期情形时贷款人有权同时计收逾期利息并加收罚息，该逾期贷款利率及罚息利率为合同执行利率的1.4倍。由此可见，为惩罚借款人违约，借款人不但要支付逾期利息还要同时支付与逾期利息利率相同的罚息，该罚息是对借款人逾期不还款的惩罚。而违约金兼具补偿和惩罚的双重属性，其一方面填补违约方对于守约方造成的实际损失，另一方面对于违约方进行惩罚，以确保合同得到实际履行。因此，罚息的性质与违约金的惩罚性质是一致的，违约方不能因一个违约行为同时受到性质相同的惩罚，在此种情况下，对原告主张的11901元的违约金，本院不予支持。

山东省日照市五莲县人民法院依照《中华人民共和国合同法》第八条、第四十四条、第六十条第一款、第二百零六条、第二百零七条，《中华人民共和国担保法》第十三条、第二十一条、第三十一条，《中华人民共和国民事诉讼法》第一百四十四条的规定，判决如下：

一、被告王海霞、孙华偿付原告中国民生银行股份有限公司青岛分行借款本金1190100元、利息及罚息204324.97元，共计1394424.97元，及2015年10月15日之后的利息及罚息（按《联合体授信合同》约定利率计算），于本判决生效后十日内付清；

二、被告孙海峰、唐霞、润方强、迟桂萍、五莲县金奥特工贸有限公司、日照市开元铸业有限公司、五莲县宏润汽车附件厂对上述债务承担连带清偿责任；在承担清偿责任后，有权向被告王海霞、孙华追偿；

三、驳回原告中国民生银行股份有限公司青岛分行的其他诉讼请求。

原、被告双方均未提出上诉。

【法官后语】

第一，关于违约金性质的分析。违约金是由当事人约定或法律规定的，在一方当事人不履行或不完全履行合同时向另一方当事人支付的一笔金钱或其他给付。我国《合同法》第一百一十四条对违约金作了规定，该条第二款允许债务人以“造成的损失”为基准请求法院或仲裁庭对约定的违约金进行增减，显然是将违约金同损害赔偿联系了起来。当约定的违约金低于造成的损失的情况下，违约金体现赔偿性；当违约金高于造成损失的情况下，违约金兼有赔偿与惩罚的双重功能，违约金与损失相等部分，违约金体现为赔偿性，超过损失的部分，违约金体现为惩罚性。以补偿为主、以惩罚为辅是我国《合同法》第一百一十四条规定的违约金的性质。因此，违约金制度系以赔偿非违约方的损失为主要功能，而不是旨在严厉惩罚违约方。

第二，罚息的性质。所谓罚息是指由银行规定的贷款人未按规定期限归还银行贷款，银行按与当事人签订的合同对失约人的处罚利息。那么本案的双重违约金如何适用？是多种违约责任并用，还是选择适用与具体违约情形相关联的特定性违约金？显然，一种违约情形只受一种性质违约责任的追究更符合我国《合同法》的基本原则，也更符合当事人意思表示的初衷。如果对逾期还款适用两次责任追究，意味着一种违约行为要承担双重违约责任，对还款人不公平。本案借款合同约定的“借款人未按照合同约定的还款时间归还借款，贷款人按照中国人民银行有关规定对逾期贷款计收罚息”（特定性违约金）与“按照借款总额的20%向贷款人支付违约金”（概括性违约金）是相互排斥的，应当只能选择其中一种予以适用。

第三，关于合同约定效力的分析。合同自由并非绝对，需以合同正义予以规制，以防止违约金条款成为一方压榨另一方和获取暴利的工具。尽管我国《合同法》并不要求违约金数额与违约损失额完全一致，但也并非意在使两者差异悬殊而导致两者成为相互迥异的两个事物。违约金的数额与违约损失的数额应当大体一致，是商品交换等价原则的要求在法律上的反映，是合同正义的重要内容和我国《合同法》追求的理想之一。如果任由当事人约定过高的违约金且以意思自治为由予以支持，在有些情况下，无异于鼓励当事人通过不正当的方式取得暴利，也可能促使一方为取得高额违约金而故意引诱对方违约。有鉴于此，法院审理案件过程中可以对不合理的违约金数额进行调整，以维护民法的公平和诚实信用原则，并使违约方从高额且不合理的违约金责任的束缚中解脱出来，避免出现对一方利益不当或过度保护而对另一方制裁过于严厉的裁判结果。

第四，违约金与罚息选择适用的分析。违约责任与违约情形间存在对应或牵连关系，当事人在设定违约责任时，是经过利益平衡和损失补偿考虑的，应根据违约的具体情节选择最具针对性的违约责任条款。本案中，在同时约定罚息和违约金责任情形下，如何选择其中一种适用，应通过利益衡量的方法予以分析。我国《合同法》既然将违约金视为违约的损失赔偿，那么我们首先需要关注的是因为逾期还款给银行造成的损失为多少。当被告方逾期还款时，对原告银行而言该钱款不能参加资金周转产生经济效益，迟延还款给原告银行造成的是资金占用损失，主要就是不能将被被告占用的资金再贷款后产生的利息。本案借款合同中约定：借款人未按照合同约定的还款时间归还借款，贷款人按照中国人民银行有关规定对逾期贷款计收逾期利息。逾期贷款利率为合同执行利率的1.5倍。借款人不按期支付利息的，贷款人对借款人未支付的利息计收复利。由于判决被告按照双方约定的逾期贷款利率标准向原告银行支付利息和复利，原告银行的实际损失已经得到填补。为对被告违约行为进行惩罚，应选择并不"过分高于造成的损失"的罚息标准计算违约金，而不能适用双方约定的"过分高于造成的损失"（借款总额的20%）的标准计算违约金。

综上分析，在支持原告银行主张的逾期利息、复利及对违约方惩罚的罚息诉讼请求的情况下，不宜再另行支持原告方主张的违约金诉讼请求。

编写人：山东省日照市五莲县人民法院 赵颖颖

13

借条未载明借款人时应如何认定债权人

——深圳市建筑装饰（集团）有限公司诉王炳、雷生英民间借贷案

【案件基本信息】

1. 裁判书字号

福建省厦门市中级人民法院（2016）闽02民终字第1878号民事裁定书

2. 案由：民间借贷纠纷

3. 当事人

原告（上诉人）：深圳市建筑装饰（集团）有限公司（以下简称深装公司）

被告（被上诉人）：王炳、雷生英

第三人：厦门市吉兴集团建设有限公司（以下简称吉兴公司）

【基本案情】

2011年9月18日，厦门市海沧区“加州海岸庄园二期”工程项目木工班组工人王敏在该项目工地施工过程中被砸伤头部，受伤诊断为：特重型颅脑损伤。厦门市人力资源和社会保障局认定第三人吉兴公司的工人王敏因上述事故构成工伤。王敏于2014年6月22日因医治无效死亡。2011年11月10日至2014年5月9日，被告王炳（王敏的弟弟）和被告雷生英（王敏的配偶）陆续向“公司”借款共计人民币935000元，并出具了借条20份、收据1份，该借条和收据现由原告持有。收据由王炳书写，载明“今收到公司给王敏（工伤）营养费、生活费、住宿费等15000元（壹万伍仟元整）。收款人：王敏弟弟王炳代办。2014. 05. 09。”王炳在其名字处签名捺印。20份借条的内容与收据类似，雷生英特别授权委托代理人对借条、收据均予以认可。2014年7月22日，吉兴公司加州海岸庄园二期工程项目部作为甲方与被告雷生英、周绪琼、王桂缘、王琳作为乙方签订《协议书》，约定：“……二、经乙方自愿提出，甲、乙双方一致同意对就死者（王敏）死亡一事作出一次性补贴。三、各方确认：死者王敏自工伤之日起截至本协议签订之日所实际发生的医疗费等各项花费，已由甲方全部付清（已付清），不存在任何未支付的款项或需要承担的费用。本协议签订后，乙方不得再就此事以任何理由和方式向甲方主张任何费用补贴或支付款项。乙方（或王炳）在甲方（公司）所有借条/收据全部作废，乙方（或王炳）不欠甲方（公司）任何款项，甲方（公司）不能据此再以任何理由和方式向乙方（或王炳）主张任何费用或欠款项。否则，甲方应向乙方支付上述一次性补助金20%的违约金，且就此事主张所发生的任何费用全部由甲方承担。四、甲、乙双方经协商后一致同意：由甲方（包括通过保险理赔金的方式）向乙方一次性支付丧葬补助金、一次性伤残补助金、保险理赔金、一次性死亡赔偿金、被抚养人赡养费及抚养费（即供养亲属抚恤金）、精神补偿费等全部费用合计人民币：¥1000000（大写：壹佰万元整），此费用包含其身后的一切事物等全部费用，乙方成员自愿接受以上所述费用并确认不再有其他需要补助或补偿的项目和费用。五、本协议双方签字即生效。协议生效后（两日内）甲方预先支付人民币伍拾万元补助金至乙方指定的账号。逾期则由甲方向乙方支付违约金（按伍拾万元的日千分之五计算）。乙方收到上述伍拾万元补助金后应立即安排王敏的后事并提供一切应该由乙方提供的材料，全力配合甲方至保险机构办理理赔事宜。全部保险理赔完成取得赔偿款后，再由甲方或保险机构把剩余伍拾万元支付至乙方指定的账号。乙方收取的款项包括保险理赔金和甲方补助款合计为壹佰万元整，保险机构赔偿的全部金额如果不足伍拾万元，则由甲方补足伍拾万元给乙方；保险机构赔偿的全部金额如果超过伍拾万元，则超过部分归属甲方并由甲方支配。如超过部分已由乙方收取，乙方应在收到后3日内将超过部分退还给甲方，逾期退还，按未退部分的日千分之五向甲方支付违约金。……七、本协议生效后，甲方与王敏的劳动关系即刻终止，王敏工伤经医治无效身故的处理即告终止，乙方就此事保证不以任何形式、任何理由再向甲方要求任何其他费用。甲、乙双方之间不再有任何权利、义务，以后因此事衍生的任何结果亦由乙方自行承担，甲方对此不再承担任何责任。”2014年7月22日，吉兴公司加州海岸庄园二期工程项目部作为甲方与被告雷生英作为乙方签订补充协议书，约定：“一、乙方同意甲方一次性补助金（王敏死亡）协议书后，经甲、乙双方协商如下费用由甲方全部承担：1. 王敏死后医院料理后事费用：3830元，王敏尸体冷藏押金费用：4000元，小计：7830元。2. 王敏死亡前四个月公司未提供费用，由家属王炳垫付房租、王敏医院护理用品等费用，小计：3000元。3. 王敏尸体在殡仪馆一切费用由甲方全部支付。4. 直系亲属交通费：4人×2000元/人，亲属交通费：17人×300元/人，小计13100元。5. 直系亲属4人目前办理手续期间：住宿费用、生活费（50元/人/天）全部由甲方承担（由甲方安排人员提前支付）。6. 家属后续办理保险机构手续期间，每月支付人民币1000元房租费用，直到手续办理完为止。”上述两份协议甲方的签字代表为陈某超，第三人吉兴公司对该两份协议予以认可，并于2014年7月24日向被告雷生英转账支付500000元。

另查明，2011年12月21日，原告深装公司、第三人吉兴公司作为分包单位和工程总包单位与案外人厦门加州海岸房地产开发有限公司就“加州海岸庄园（二期）2－01#楼干挂石材幕墙、玻璃幕墙工程”签订《加州海岸庄园（二期）幕墙施工协议书》。庭审中，第三人吉兴公司确认案外人陈某超系其公司班组长，负责项目现场管理，死者王敏工伤死亡赔偿事宜由吉兴公司负责。两被告主张王敏受伤后，都是与吉兴公司协商沟通，陈某超都是以吉兴公司名义全程参与。2014年5月9日、2014年7月25日陈某超分别转账15000元和20000元至被告王炳账户。庭审中，被告主张陈某超转账15000元系陈某超借给王炳的。

再查明，2015年3月1日，第三人吉兴公司申请本院向厦门大学附属中山医院调取两被告报销王敏受伤、治疗一事报销医疗费用的相关凭证。2015年3月9日，厦门大学附属中山医院向本院出具了《王敏住院期间医药费用结算情况证明》："王敏从2011年9月8日入院，于2014年6月22日死亡，住院总费用910940.08元，预交金700000元，社保工伤报销861651.21元，于2014年7月28日将预交金余额650711.13元退还给其弟弟王炳，转入王炳的建行卡上，其卡号为6227001935720××××××，特此证明。"

【案件焦点】

借条持有人所持有的借条未载明借款人，应如何认定债权人。

【法院裁判要旨】

福建省厦门市集美区人民法院经审理认为：本案中原告和第三人主张死者王敏与原告存在劳动关系，两被告主张死者王敏与第三人存在劳动关系。死者王敏虽未签订书面劳动合同，但第三人确认死者王敏工伤赔偿事宜由其负责，并为死者王敏申报工伤，厦门市人力资源和社会保障局亦以此确认王敏的工伤，且在死者王敏家属与第三人签订的《协议书》中第七条明确约定第三人与王敏劳动关系即刻终止。故根据上述事实可以认定死者王敏与第三人吉兴公司存在劳动关系。退一步说，即便原告才是死者王敏真正的用人单位，原告与第三人双方之间责任分担可另行协商解决，协商不成可依法另行主张。第三人作为死者王敏的用人单位，应对王敏的工伤事故承担相应的工伤保险责任，第三人在王敏受伤治疗期间向王敏家属支付款项既是履行其义务也符合生活常理，且与讼争借条和收据的内容相契合：（1）借款时间。本案讼争借条和收据的借款时间发生在2011年11月10日至2014年5月9日，而该段时间正是王敏受伤后至死亡前的治疗期间。（2）借款用途。讼争借条和收据的借款用途主要为王敏（工伤）医疗费，部分为营养费、护理费、住宿费用、家属生活费、车旅费、房租费等，而这些费用正是王敏受伤治疗期间的合理支出。(3）借款金额。王敏在厦门大学附属中山医院住院期间的总费用为 910940.08 元，讼争借条和收据的借款金额为 930000 元，两项金额相差不到 20000 元。且根据死者王敏家属与第三人签订的《协议书》中第三条约定："死者王敏自工伤之日起截至本协议签订之日所实际发生的医疗费等各项花费，已由第三人全部付清（已付清），不存在任何未支付的款项或需要承担的费用。"依据该约定第三人已付清死者王敏的医疗费用等各项费用，若讼争借款为原告所支付，则原告与第三人向两被告重复支付 900000 余元的费用，而原告与第三人作为王敏工伤事故的工程总分包单位均参与事故处理，重复支付如此巨额费用明显与常理不符。(4）款项支付。本案讼争收据载明两被告于 2014 年 5 月 9 日今收到公司给王敏（工伤）营养费、生活费、住宿费等 15000 元，2014 年 5 月 9 日陈某超转账 15000 元至被告王炳账户。2014 年 7 月 22 日，陈某超代表第三人与被告雷生英等签订《补充协议书》约定吉兴公司向被告雷生英再支付部分费用，2014 年 7 月 25 日陈某超转账 20000 元至被告王炳账户。陈某超系第三人的员工，又参与两份协议的签订，两次转账的时间又与上述约定付款时间节点相吻合。第三人主张陈某超转账 15000 元系陈某超转账给王炳，既未有陈某超本人的证人证言，也未有其他证据予以证明，明显与事实不符，本院不予支持。

综上，《中华人民共和国民事诉讼法》第一百一十九条规定："起诉必须符合下列条件：(一）原告是与本案有直接利害关系的公民、法人和其他组织……"原告虽持有借条和收据，但该借条和收据并未载明债权人的具体名称而是简略表述为"公司"或"贵司"，因此无法根据借条和收据直接确定原告为出借人。而根据前述从借款原因、借款时间、借款用途、借款金额、借款经过等因素的综合分析，原告所提供的证据尚不足以证明其为讼争借条和收据的出借人，两被告对原告的债权人资格提出抗辩认为实际债权人为第三人吉兴公司具有相应事实依据，故原告深装公司不是本案适格的原告。

厦门市集美区人民法院依照《中华人民共和国民事诉讼法》第一百一十九条、第一百五十四条第一款第（三）项，《最高人民法院关于适用〈中华人民共和国民事诉讼法〉的解释》第二百零八条第三款的规定，裁定如下：

一、驳回原告深圳市建筑装饰（集团）有限公司的起诉。

二、本案案件受理费13150元，全部退还。本案保全费用5000元，由原告深圳市建筑装饰（集团）有限公司负担（已预缴）。

深装公司持原审起诉意见提起上诉。福建省厦门市中级人民法院经审理认为的意见与一审意见一致。据此依照《中华人民共和国民事诉讼法》第一百七十条第一款第（一）项、第一百七十一条之规定，判决如下：

驳回上诉，维持原裁定。

【法官后语】

在生活实践中有时会出现当事人因为彼此信任、借款金额小等原因未在借条上签署出借人的名字，由此导致发生纠纷时对债权人的身份发生争议。结合本案例，笔者欲探讨两个问题：一是借条未载明借款人，借条持有人是否可以提起诉讼。二是对于此类情况中债权人的身份应如何进行认定。

1. 借条未载明借款人，借条持有人是否可以提起诉讼

借条若未载明借款人，虽然依据借条可以判断可能存在民间借贷，但由于债权人无法确定，自然也就无法判断借条持有人是否与被告存在民间借贷关系。但从生活实践来看，民间借贷中由于当事人的法律素质、交易习惯简易化、交易方式非正式、借款金额、关系亲疏等因素，借条未载明债权人姓名的情形亦有发生。且在实际生活当中，非真正债权人持有未载明债权人借条的情形较为罕见，提起诉讼的更是少有发生。因此当事人持有借条一般可推定其与出借人之间存在民间借贷关系。从民诉法规定来看，《民事诉讼法》第一百一十九条第（一）项规定："起诉必须符合下列条件：（一）原告是与本案有直接利害关系的公民、法人和其他组织。"所谓"原告是与本案有直接利害关系"包括两种情形：第一种情形是请求法院保护的民事权益属于原告；第二种情形是请求法院保护的民事权益受原告管理或保护。① 但在立案阶段仅是进行形式审查，并不要求对当事人提供的证据进行实体审查，依据前述分析借条持有人已可推定与被告存在借贷关系，持有借条便已达到形式审查的标准，人民法院可予以立案。至于债权人是否为借条持有人可以通过审理

① 江必新主编：《新民事诉讼法理解适用与实务指南》，法律出版社2015年版，第452页。

阶段进行确认，无须在立案阶段进行过多审查，这既方便当事人救济其权利，也减少立案审查的难度。本案中，借条虽未载明原告的名称，但原告以此提出民间借贷纠纷诉讼，符合法律规定，应当予以受理。

2. 债权人资格的认定

依据前述分析，从日常生活经验判断，借条持有人为真正债权人的概率较高，但这仅是一种推定，被告对此可以提出质疑。基于程序救济对等原则，被告对于借条持有人的债权人资格可以提出抗辩。但被告就抗辩主张应承担举证责任，提出相应的事实依据。如被告未能举证，仅是无依据、无理由否定借条持有人的债权人资格，则可以依据优势证据原则，认定借条持有人的主张。被告的举证要到足以推翻借条持有人的主张的程度，在诉讼中可以从两个方面入手：或是否定借条持有人的主体资格，或是否定债权人实际另有他人。若被告的举证足以证明其主张，则借条持有人此时需承担证明其债权人资格的举证责任，否则需承担举证不能的法律后果。

本案正是按照上述逻辑展开，原告虽持有借条，但借条并未载明债权人的具体名称，只能推定原告可能是债权人。由于讼争借款是因为被告家属工伤死亡而发生的借贷，根据被告提供的证据，讼争借条从借款原因、借款时间、借款用途、借款金额、借款经过等方面综合分析，都能与被告的陈述相吻合，而原告仅是持有借条原件，对于借条书写、款项支付、经办人员等关键事实都不能提供证据予以证明，因此被告的证据已足以证明真正债权人另有他人，原告并非真正的债权人，因此法院依法裁定驳回原告的起诉。

编写人：福建省厦门市集美区人民法院　林达

14

用人单位与劳动者签订的委托贷款合同中服务期条款的效力及违约责任承担

——网之易信息技术（北京）有限公司诉万琪借款合同案

【案件基本信息】

1. 裁判书字号

北京市第三中级人民法院（2016）京03民终字第12212号民事判决书

2. 案由：借款合同纠纷

3. 当事人

原告（被上诉人）：网之易信息技术（北京）有限公司（以下简称网之易公司）

被告（上诉人）：万琪

【基本案情】

2012年11月9日，网之易公司（委托贷款人，乙方）与万琪（借款人，甲方）、建行华贸支行（代理人，丙方）签署《委托贷款合同》，约定：乙方委托丙方向甲方发放贷款80万元；甲方应将借款用于购房；借款期限为五年，即从2012年11月9日起至2017年11月8日；贷款利率按照年利率3.25%计算，逾期利率按年利率4.875%计算，均为固定利率；结息方式为按月结息，结息日为每个月的第20日；还款采用等额本息还款法，即甲方按相等的金额按月偿还贷款本息；除非甲乙双方另行达成书面协议并书面通知丙方，本合同项下甲方的还款应按照先还息后还本、利随本清的原则偿还；甲方与其用人单位解除或终止劳动合同关系的，甲方应当在双方劳动合同关系解除或终止之日前归还全部贷款本金和利息及违约金；甲方提前归还本金应按照实际用款期间及合同约定的贷款利率计算利息；甲方的所有还款均应通过丙方向乙方归还，而不应直接还给乙方；基于乙方委托丙方向甲方发放委托贷款的前提是甲方承诺并保证自第一次放款之日起计，在乙方或乙方关联公司连续工作满五年；如果甲方在服务期内离职（包括但不限于甲方主动申请离职，依照法律或公司规章的规定被乙方或乙方关联公司提前解除或终止劳动合同以及协议解除劳动合同），尚未偿还完合同约定的全部贷款本金和利息的，乙方有权宣布《委托贷款合同》规定的全部还款期限立即到期，甲方应在限定期限内归还全部贷款本金、利息；不论甲方是否已偿还完全部贷款和利息，只要在服务期内离职的，就应向乙方支付贷款本金总额的30%作为违约金。上述合同签订后，建行华贸支行于2012年11月9日向万琪发放了贷款。

万琪于2014年12月19日自网之易公司离职，并办理完毕离职手续，离职原因为自动请辞。2014年12月8日，万琪提前清偿了《委托贷款合同》项下贷款，建行华贸支行出具结清证明。

网之易公司认为万琪离职距放款之日尚不足五年，在此情况下，万琪应至迟在其离职之日依约支付网之易公司违约金，按照借款本金的30%计算，为人民币24万元。但经网之易公司多次催促，万琪至今未予支付。故网之易公司诉至法院，要求万琪支付网之易公司违约金24万元。

万琪辩称，网之易公司的诉讼请求所依据的合同条款，应当适用《中华人民共和国劳动合同法》（以下简称《劳动合同法》），根据《劳动合同法》相关规定，用人单位不得与劳动者约定第二十二条、第二十三条之外的违约金，该条款违反了《中华人民共和国合同法》（以下简称《合同法》）第五十二条第（五）项之规定，属于无效条款。

【案件焦点】

用人单位与劳动者签订的委托贷款合同中服务期条款的效力及违约责任承担。

【法院裁判要旨】

北京市朝阳区人民法院经审理认为：民事活动应当遵循自愿、公平、等价有偿、诚实信用的原则。网之易公司与万琪签订的《委托贷款合同》系双方当事人的真实意思表示，合同内容不违背法律、行政法规的强制性规定，应属合法有效。依据《委托贷款合同》的约定，万琪于2014年12月19日自网之易公司离职，离职原因为自动请辞，距建行华贸支行放款之日起不足五年，应向网之易公司支付违约金。双方约定按照贷款本金的30%支付违约金过分高于万琪离职给网之易公司造成的损失，该院综合考虑万琪的过错程度及网之易公司的损失情况，将违约金标准予以调整。

北京市朝阳区人民法院依照《中华人民共和国民法通则》第四条，《中华人民共和国合同法》第八条、第一百零七条、第一百一十四条之规定，作出如下判决：

一、万琪于判决生效之日起10日内向网之易信片刻技术（北京）有限公司支付违约金12万元；

二、驳回网之易信片刻技术（北京）有限公司公司其他诉讼请求。

万琪持原审意见提起上诉。北京市第三中级人民法院判决：

驳回上诉，维持原判。

【法官后语】

本案主要涉及用人单位与劳动者签订的委托贷款合同中服务期条款的效力及违约责任承担问题。本案中，各方之间签订的《委托贷款合同》符合委托贷款的法律特征，因此该合同实质上是网之易公司和万琪之间的民间借贷关系。现双方因合同履行产生争议，作为委托人的网之易公司以借款合同为由提起本案诉讼具有事实和法律依据。

在《委托贷款合同中》中双方约定了劳动者的服务期条款，对于用人单位和劳动者之间关于专项技术培训服务期以外的其他类型服务期（主要是特殊待遇服务期）和违约金约定的效力，理论和实践中有肯定说和否定说两种截然不同的观点。笔者认为，综合考虑《劳动合同法》中未明确否定特殊待遇服务期、保护用人单位通过提供特殊待遇进行人才竞争、服务期的本质更加接近于民事合同、劳资双方优劣势地位处于动态变化中，以及现行部分地方立法的承认五方面因素，应当承认用人单位和劳动者关于专项技术培训服务期以外的特殊待遇服务期以及违约金约定的效力。

具体到违约金的数额，考虑到违约金在我国的性质是赔偿性为主，惩罚性为辅，法院结合借款人的过错程度、出借人的损失情况、劳动合同的履行情况（剩余服务期与原约定服务期的比例）等，根据公平原则和诚实信用原则以及法律法规对民间借贷有关利率和违约金的约定，法院对双方约定的违约金数额进行适当调整，并最终作出判决。

编写人：北京市第三中级人民法院　巴晶焱　张濡元

15

债务承担为无因行为，承担人不得以承担债务的原因对抗债权人

——中房金控（北京）投资基金有限公司诉钱小虎等借款合同案

【案件基本信息】

1. 裁判书字号

北京市高级人民法院（2016）京民终字第233号民事判决书

2. 案由：借款合同纠纷

3. 当事人

原告（上诉人）：中房金控（北京）投资基金有限公司（以下简称中房金控公司）

被告（被上诉人）：钱小虎、苏州隆鼎创业投资企业（有限合伙）（以下简称苏州隆鼎创投）、王靖安

【基本案情】

2013年5月28日，苏州隆鼎创投与钱小虎签订《借款合同》，约定苏州隆鼎创投向钱小虎提供共计1亿元的借款，借款期限为1年，借款利息按照年利率25%计算。此后，苏州隆鼎创投分两笔向钱小虎支付5000万元。2014年2月11日，苏州隆鼎创投与钱小虎签订《合同终止协议》，约定提前终止《借款合同》，钱小虎承诺向苏州隆鼎创投偿还《借款合同》项下本息。2014年6月26日，苏州隆鼎创投、钱小虎、中房金控公司、王靖安签订《补充协议》。约定：截至2014年6月19日，钱小虎尚欠付苏州隆鼎创投借款本金5000万元及相应利息706万元，款项共计5706万元；经苏州隆鼎创投、钱小虎、中房金控公司、王靖安友好协商，现钱小虎将《借款合同》及《合同终止协议》项下的全部债务（款项共计5706万元）转移给中房金控公司，中房金控公司受让上述债务，承担还款责任并继续支付利

息，王靖安愿意就上述债务的偿还承担担保责任；中房金控公司同意以其在沧州运河区新华中路沧州中防金宝地下商业街的房产销售收入优先偿还给苏州隆鼎创投；钱小虎与中房金控公司之间的任何其他协议或债权债务均与本协议无关；本协议生效后，中房金控公司不应以其与钱小虎或第四方之间的任何其他协议或债权债务的无效、撤销或解除为由，拒绝履行本协议约定的还款义务。中房金控公司向一审法院起诉请求：撤销中房金控公司与钱小虎、苏州隆鼎创投、王靖安签订的《补充协议》。主要理由：中房金控公司与钱小虎、苏州隆鼎创投、王靖安签订的《补充协议》主要内容是钱小虎将其在《借款合同》项下对苏州隆鼎创投产生的债务5706万元无对价转移给了中房金控公司，作为原债务人的钱小虎变身为原债务的担保人，没有实际退出原债权债务关系。中房金控公司基于2014年5月4日与钱小虎及其相关企业签订了《投资并购重组协议》，其中约定如果中房金控公司为钱小虎相关企业融资担保后可以处置其关联企业资产，各方在《补充协议》"债务偿还"部分再次明确可以销售处理"沧州地下商场"项目。同时，中房金控公司也基于对原债务人钱小虎自身实力的信任及其承诺的担保还款保障，没有约定该笔债务5706万元转移的实际对价。钱小虎在《补充协议》签订过程中的隐瞒"沧州地下商城"被查封且严重资不抵债、毫无剩余价值事实的欺诈行为。

【案件焦点】

苏州隆鼎创投在签订《补充协议》时是否对中房金控公司存在欺诈，而中房金控公司与钱小虎之间的意思表示瑕疵，是否影响中房金控公司的责任承担。

【法院裁判要旨】

北京市第三中级人民法院经审理认为：《补充协议》明确钱小虎、苏州隆鼎创投签署《合同终止协议》，而该《合同终止协议》写明了苏州隆鼎创投与钱小虎终止《人民币借款合同》的原因系钱小虎多次违约，钱小虎未能完成红筹重组、第三方瑞士信贷指定的会计师事务所撤场且瑞士信贷确定不对晶鼎化工进行私募投资。可见苏州隆鼎创投与钱小虎没有隐瞒《合同终止协议》的故意，中房金控公司主张苏州隆鼎创投、钱小虎就此向其隐瞒构成欺诈，缺乏事实依据。关于中房金控公司主张钱小虎在协议签订过程中故意隐瞒其提供的作为还款来源的"沧州地下商业街"被超额查封且毫无剩余价值一项。《补充协议》第二条第一款约定："在2014

年7月30日前，丙方（中房金控公司）向甲方（苏州隆鼎创投）偿还部分借款本金人民币30000000元，并同意以其在沧州运河区新华中路沧州中防金宝地下商业街的房产销售收入优先偿还给甲方（苏州隆鼎创投）。”中房金控公司主张该条应视为钱小虎承诺将“沧州地下商业街”作为中房金控公司的还款来源。而从该条的文义可见，该条系约定苏州隆鼎创投就该房产的销售收入有优先受偿权，该条应为就苏州隆鼎创投的权利约定。中房金控公司虽主张该房产系钱小虎承诺转让给中房金控公司，但中房金控公司如何取得该房产及销售收入并未在该《补充协议》中约定，《补充协议》亦未约定中房金控公司的还款需要以其取得“沧州地下商业街”为前提或者以此为限，而《补充协议》第四条第一款明确约定中房金控公司与钱小虎之间的任何其他协议或债权债务均与本协议无关，现钱小虎以“沧州地下商业街”被查封等主张《补充协议》撤销，缺乏事实及法律依据，法院不予采信。根据《补充协议》约定，该协议主要内容为中房金控公司向苏州隆鼎创投表示愿意替钱小虎偿还债务，钱小虎、王靖安作为保证人。《补充协议》中对于中房金控公司的承债条件并无约定，亦未约定中房金控公司承担该债务的对价，《补充协议》实质为中房金控公司、钱小虎、王靖安就钱小虎所负债务向苏州隆鼎创投进行的债务偿还约定。即使中房金控公司签订该《补充协议》系基于其与钱小虎之间的其他约定或承诺，但《补充协议》本身对此没有体现，现有证据也不足以证明苏州隆鼎创投知道或者应当知道中房金控公司的承债条件，更无证据证明苏州隆鼎创投就《补充协议》同意任何附加条件；且《补充协议》明确约定钱小虎与中房金控公司之间的任何其他协议或债权债务均与《补充协议》无关，并约定《补充协议》生效后，中房金控公司不应以其与钱小虎或第四方之间的任何其他协议或债权债务的无效、撤销或解除为由，拒绝履行本协议约定的还款义务。中房金控公司现主张本协议的签订系受到欺诈，缺乏事实及法律依据，法院无法采信。

北京市第三中级人民法院依照《中华人民共和国合同法》第五十四条、第五十五条，《中华人民共和国民事诉讼法》第一百五十二条，《最高人民法院关于适用〈中华人民共和国民事诉讼法〉的解释》第九十条之规定，判决：驳回中房金控（北京）投资基金有限公司的诉讼请求。

中房金控公司不服一审判决提起上诉，请求撤销一审判决，撤销中房金控的与钱小虎、苏州隆鼎创投、王靖安签订的《补充协议》。理由是：钱小虎在《补充协议》签订过程中隐瞒“沧州地下商城”被查封且严重资不抵债、毫无剩余价值的事实。一审法院认为《投资并购重组协议》与《补充协议》没有直接联系，但该《投资并购重组协议》系在钱小虎与苏州隆鼎创投借款行为发生后、《补充协议》签署前形成的，《投资并购重组协议》是《补充协议》的基础。钱小虎在签订《补充协议》时故意掩盖“沧州地下商场”项目被查封且严重资不抵债的事实，在《补充协议》签订过程中，相关当事人故意告知中房金控公司虚假情况或故意隐瞒真实情况，诱使中房金控公司作出错误意思表示。综合本案相关证据，钱小虎夸大企业实力、虚构“红筹上市”等利好消息，在苏州隆鼎创投因陷于“欺诈借款”要求终止协议的情况下，苏州隆鼎创投为避免自己损失或扩大对自己债权的保护，急需“接盘人”的出现，各方均存在隐瞒欺诈的事实。

北京市高级人民法院依照《中华人民共和国民事诉讼法》第一百七十条第一款第（一）项规定，判决如下：

驳回上诉，维持原判。

【法官后语】

本案的关键证据是《补充协议》，应明确其性质及法律后果。《补充协议》经苏州隆鼎创投、钱小虎、中房金控公司、王靖安各方签字、盖章，依法成立并生效。根据《补充协议》的约定，其主要内容为中房金控公司向苏州隆鼎创投表示愿意替钱小虎偿还债务，钱小虎、王靖安作为保证人。因此，该《补充协议》实质为中房金控公司、钱小虎、王靖安就钱小虎所负债务向苏州隆鼎创投进行的债务偿还约定，即中房金控公司作为第三人替代原债务人钱小虎承受债务人地位加入债的关系，属免责的债务承担。虽然钱小虎、王靖安亦在《补充协议》中签字，但是以保证人身份加入《补充协议》，其与苏州隆鼎创投之间建立的担保法律关系与中房金控公司、钱小虎、苏州隆鼎创投之间形成的债务承担关系不是同一法律关系。从《补充协议》的约定表明，各方对债务承担、担保的意思表示是真实、明确的。债务承担为无因行为，虽然债务承担通常有其原因，但该原因约定并非债务承担协议的一部分，无论此种原因约定无效、被撤销或者解除，均不影响债务承担协议的效力，纵使承担人与债务人之间存在欺诈等意思表示瑕疵，但在转让债务的意思表示获得债权人同意的情况下，依然发生债务承担的效果，承担人不得以承担债务的原因对抗债权人，当承担人与债权人订立债务承担协议时，债务即于协议成立并生效时移转于该承担人。况且，根据《补充协议》第四条的约定，钱小虎与中房金控公司之间的任何其他协议或债权债务均与本协议无关，本协议生效后，中房金控公司不应以其与钱小虎或第四方之间的任何其他协议或债权债务的无效、撤销或解除为由，拒绝履行本协议约定的还款义务。因此，除非有证据证明苏州隆鼎创投在签订《补充协议》过程中对中房金控公司存在欺诈行为，否则钱小虎与中房金控公司的相关原因行为或约定，均不能构成《补充协议》的撤销条件。关于苏州隆鼎创投在签订《补充协议》时是否对中房金控公司存在欺诈行为。中房金控公司主张《投资并购重组框架协议》中约定中房金控公司有权处置钱小虎及其相关企业的资产用于还款担保，其中包括沧州中防地下空间投资有限公司的“沧州地下商城”项目，钱小虎在签订《补充协议》过程中存在隐瞒“沧州地下商城”被查封且严重资不抵债的事实，诱使其签订《补充协议》，《补充协议》应予撤销。对此，即便《投资并购重组框架协议》中存在此类约定，但苏州隆鼎创投并非该协议的签约人，且《补充协议》对于中房金控公司的承债条件并无约定，故以所谓“沧州地下商城”项目作为还款担保并非中房金控公司在《补充协议》中的承债条件。相反，各方在《补充协议》第二条约定，2014年7月30日前，中房金控公司向苏州隆鼎创投偿还部分借款本金3000万元，并同意以其在沧州运河区新华中路沧州中防金宝地下商业街的房产销售收入优先偿还给苏州隆鼎创投。上述约定说明，中房金控公司在签订《补充协议》时向苏州隆鼎创投明确表示“沧州地下商城”项目已经在中房金控公司控制之下。因此，中房金控公司签订《补充协议》并非基于苏州隆鼎创投向其隐瞒“沧州地下商城”被查封且严重资不抵债的情况所致，中房金控公司以钱小虎在签订《补充协议》过程中存在隐瞒“沧州地下商城”被查封且严重资不抵债的事实为由请求撤销《补充协议》的上诉主张，没有法律依据。在《补充协议》中已经明确了该协议的签订背景，中房金控公司明知借款发放及签订《合同终止协议》的事实，而在《合同终止协议》中明确写明了苏州隆鼎创投与钱小虎终止《借款合同》的原因系钱小虎多次违约，以及钱小虎“未能完成红筹重组、第三方瑞士信贷指定的会计师事务所撤场且瑞士信贷确定不对晶鼎化工进行私募投资”。以上事实证明，苏州隆鼎创投亦未隐瞒签署《合同终止协议》的事实。

编写人：北京市高级人民法院 杨绍煜

16

诉讼时效期间届满债务人主动偿还部分债务的，诉讼时效效力认定问题

——山东乐陵农村商业银行股份有限公司诉赵维岭、赵玲借款合同案

【案件基本信息】

1. 裁判书字号

山东省德州市庆云县人民法院（2016）鲁1423民初字第161号民事判决书

2. 案由：借款合同纠纷

3. 当事人

原告：山东乐陵农村商业银行股份有限公司（以下简称乐陵农商银行）

被告：赵维岭、赵玲

【基本案情】

2007年12月20日，赵维岭与乐陵农商银行签订《借款合同》，约定从乐陵农商银行处借款40000元，借款期限自2007年12月20日始至2009年12月20日止。借款利率为9.69‰，同时对双方的违约责任也作出约定，并对逾期利率作出了约定。同时约定借款的方式为保证担保。乐陵农商银行于当日出具了《借款凭证》，载明贷款金额40000元，约定还款日期为2008年12月20日。赵维岭在《借款凭证》上签名确认。同日，乐陵农商银行与赵维岭、赵玲三方当事人签订了《最高额保证合同》，约定由赵玲对赵维岭自2007年12月20日至2008年12月20日在乐陵农商银行处最高额为40000元的借款及相应利息提供连带责任保证，保证期间为主合同约定的债务人履行债务期限届满之日起二年。借款到期后被告未偿还本金，利息已付至2008年12月26日。赵维岭之子赵峰于2015年7月23日为赵维岭偿还借款本金20000元，2015年8月20日再次偿还借款本金4000元。乐陵农商银行当庭

将诉讼请求的本金数额变更为16000元。

赵维岭认为由于乐陵农商银行主张的该笔借款时间过长，其已经记不清，并认为该笔借款实际不存在。即便该笔借款存在，其诉讼时效也早已经超过了，并且期间没有产生时效中断、中止的情形，应依法驳回乐陵农商银行的起诉。

赵玲认为即便存在该笔借款，其保证期间已经经过，赵玲不应该承担保证责任；赵玲作为保证人，可以援用主债务人诉讼时效已经经过的抗辩。所以，请法庭依法驳回乐陵农商银行诉求。

乐陵农商银行主张在借款到期后，其工作人员始终勤勉尽责，不间断地对赵维岭及赵玲行使催收权利；赵维岭原是乐陵市人民法院工作人员，在其退休前曾为乐陵农商银行催收其他债务提供过较大的帮助和便利，因此乐陵农商银行的工作人员在向其催收过程中未采取法定的书面催收方式；至乐陵农商银行起诉前期及起诉以后赵维岭委托其儿子赵峰偿还了本金2.4万元。据此，证明因诉讼时效的中断，导致没有超过诉讼时效。赵维岭认为，自借款到期后，乐陵农商银行从未向赵维岭进行过催要，与其职业无关，也未向赵玲主张过保证责任；两次还款并非赵维岭委托其子赵峰所为，而是赵峰在没有充分了解的情况下，瞒着赵维岭进行的还款；案外人赵峰的两笔还款均发生在本案诉讼时效经过多年以后，所以该两次还款行为不能形成诉讼时效的中断，赵峰的行为也无法形成对原债务的重新确认。

【案件焦点】

本案的争议焦点在于：诉讼时效期间已经届满，债务人又主动偿还部分债务，能否产生诉讼时效中断的效力，又是否意味着债务人对剩余债务放弃诉讼时效的抗辩。

【法院裁判要旨】

山东省德州市庆云县人民法院经审理认为：原告与被告赵维岭及被告赵玲之间构成借款合同及保证担保关系，该借贷行为及担保行为系各方当事人的真实意思表示，且不违背法律规定，应为合法有效。依据上述法律关系，被告赵维岭负有按期偿还借款的义务，被告赵玲对该笔借款承担连带责任保证义务，原告对被告享有合法债权。但根据法律规定，债权的行使受诉讼时效期间及保证期间的限制，债权人未在诉讼时效期间内向债务人及保证人主张债权的将丧失胜诉权，债权人未在保证期间内要求保证人承担保证责任的，保证人免除保证责任，且保证人享有债务人的抗辩权。

关于诉讼时效问题，本案应当适用两年的普通诉讼时效期间，自借款期限届满之日起计算。原告提供的《借款合同》约定借款期限为2007年12月20日至2009年12月20日，而《借款凭证》载明的约定还款日期为2008年12月20日，该笔借款的还款日期应以《借款凭证》内容为准，诉讼时效期间应自2008年12月20日开始计算。被告赵维岭于2008年12月26日向原告支付利息，构成诉讼时效的中断，从2008年12月26日起诉讼时效期间重新计算。在无法定中断、中止事由情况下，诉讼时效期间应于2010年12月26日届满。原告仅陈述借款到期后其工作人员多次找被告催要借款，但未能提供证据予以证明，原告所称因被告赵维岭原系乐陵法院工作人员故未向其进行书面催收的理由不能成立。据此，本院认定2010年12月26日前没有发生诉讼时效中断、中止的事由，截至该日诉讼时效期间已经届满。被告赵维岭之子赵峰于2015年为被告还款的行为发生在诉讼时效期间届满4年之后，无法产生诉讼时效中断的效力，也不能证明被告对剩余债务放弃诉讼时效的抗辩。因此，被告赵维岭对剩余债务提出诉讼时效的抗辩具有法律依据。

关于保证期间，当事人已明确约定由被告赵玲对赵维岭自2007年12月20日至2008年12月20日在原告处最高额40000元的借款本息提供连带责任保证，保证期间为债务人履行债务期限届满之日起两年，因此被告赵玲承担连带保证责任的保证期间应当截止到2010年12月20日。原告未能举证证明其在保证期间内要求被告赵玲承担保证责任，被告赵玲以已超过保证期间为由主张免除保证责任具有法律依据。同时，被告赵玲依法享有被告赵维岭对原告的诉讼时效抗辩权。

综上所述，原告怠于行使权利，所享有的债权已超过诉讼时效期间和保证期间，导致实体权利不再具备法律保护条件，丧失胜诉权利，依法应当承担对自己不利的法律后果，对原告的诉讼请求依法应予驳回。依照《中华人民共和国民法通则》第一百三十五条、第一百三十七条、第一百三十八条、第一百三十九条、第一百四十条，《中华人民共和国担保法》第二十条第一款、第二十六条第二款，《最高人民法院关于审理民事案件适用诉讼时效制度若干问题的规定》第二十条第一款之规定，判决如下：

驳回原告山东乐陵农村商业银行股份有限公司的诉讼请求。

【法官后语】

本案处理的重点、难点主要为：诉讼时效期间已经届满，债务人又主动偿还部分债务，能否产生诉讼时效中断的效力，又是否意味着债务人对剩余债务放弃诉讼时效的抗辩?《中华人民共和国民法通则》第一百三十八条规定，超过诉讼时效期间，当事人自愿履行的，不受诉讼时效限制。笔者认为超过诉讼时效的债务即法律保护之债成为自然之债后，债务人愿意重新为自己设定偿还义务应有明确的意思表示。债务人偿还部分自然债务的行为不能认为是对偿还剩余债务义务的确认，是否愿意偿还剩余债务债务人具有自主选择权。因此，诉讼时效期间届满后，债务人主动偿还部分债务，债务人对剩余债务仍然享有诉讼时效抗辩权。另外，诉讼时效中断的前提必须是中断的事由发生在诉讼时效期间内，诉讼时效期间已经届满，自然不可能再发生中断的情况。

编写人：山东省德州市庆云县人民法院　张景溪

17

第三方债务催收行为是否发生诉讼时效中断的效力

——中信银行股份有限公司北京富华大厦支行诉田松金融借款合同案

【案件基本信息】

1. 裁判书字号

北京市第二中级人民法院（2016）京02民终字第9754号民事判决书

2. 案由：金融借款合同纠纷

3. 当事人

原告（上诉人）：中信银行股份有限公司北京富华大厦支行（以下简称中信银行）

被告（被上诉人）：田松

【基本案情】

2011年9月，中信银行与田松签订了《中信银行个人汽车消费贷款即抵押合同》。该合同约定，田松向中信银行借款227500元，用于购买汽车，贷款年利率为9.98%，贷款期限为12个月，贷款到期日为2012年9月15日。2011年9月15日，中信银行依约向放款账户发放贷款227500元。2011年9月23日，田松将其购买的英菲尼迪G37汽车抵押给中信银行，并办理了抵押登记。合同履行过程中，田松未按约定还款付息。2012年9月15日贷款到期，田松尚欠借款本金227088.93元、利息2266.35元。后中信银行授权北京威远运通管理顾问有限公司对贷款逾期客户进行催收。北京威远运通管理顾问有限公司称，2012年至2015年对田松进行了多次催收。田松否认该公司一直向其催收的事实，称其于2015年10月才第一次接到催收电话，中信银行起诉已经超过了诉讼时效。

【案件焦点】

中信银行授权的第三方向逾期客户进行催收的行为是否发生诉讼时效中断的效力。

【法院裁判要旨】

北京市东城区人民法院经审理认为：中信银行授权北京威远运通管理顾问公司催收的委托书、催收记录、催收台账以及该公司员工于淼的证人证言尚不能证明其向田松主张过债权，即诉讼时效不存在中止或中断的情况。当事人向人民法院请求保护民事权利的诉讼时效期间为两年，超过两年又无诉讼时效中止、中断或延长事由的，当事人权利的行使存在一定障碍，在对方进行诉讼时效抗辩时，将无法获得法律的保护。本案中，中信银行未能在诉讼时效期间向田松主张债权，现田松提出诉讼时效抗辩，理由正当，于法有据，应予以支持。

北京市东城区人民法院依据《中华人民共和国民法通则》第一百三十五条、第一百三十七条、第一百四十条与《中华人民共和国民事诉讼法》第六十四条之规定，作出如下判决：

驳回原告中信银行股份有限公司北京富华大厦支行的诉讼请求。

中信银行提起了上诉。北京市第二中级人民法院经审理认为：本案的争议焦点为中信银行起诉是否超过诉讼时效期间。双方约定的借款到期日为2012年9月15日，故本案诉讼时效应自2012年9月16日起算。中信银行提交的证据不能证明自2012年9月16日起至2014年9月15日止的两年诉讼时效期间内曾向田松主张债权。

中信银行主张委托第三方进行催收，但第三方未采取有效的形式如采取公证方式对催收过程进行保全证据。鉴于中信银行与第三方之间形成的委托关系，现仅凭第三方员工的证人证言这一孤证，难以认定中信银行主张的催收事实成立。综合上述分析，中信银行于2016年起诉已超过诉讼时效期间，本院对其诉讼请求不予支持。

北京市第二中级人民法院依照《中华人民共和国民事诉讼法》第一百七十条第一款第（一）项之规定，作出如下判决：

驳回上诉，维持原判。

【法官后语】

诉讼时效的目的，在于督促那些躺在权利上睡觉的人们，是对不行使权利的制裁。而诉讼时效的中断是诉讼时效的例外，即在诉讼时效期间内，出现了与权利人不行使权利相反的法定事由，使得已经经过的诉讼时效归于消灭，重新计算时效。

然而，权利人中断诉讼时效的事由，必须符合法律的规定，否则将无法产生诉讼时效中断的效果。《中华人民共和国民法通则》第一百四十条规定，诉讼时效因提起诉讼、当事人一方提出要求或者同意履行义务而中断。对于权利人“提出要求”之情形的认定，较为复杂，《最高人民法院关于审理民事案件适用诉讼时效制度若干问题的规定》第十条明确规定了几种情形，包括：1. 当事人一方直接向对方当事人送交主张权利文书，对方当事人在文书上签字、盖章或者虽未签字、盖章但能够以其他方式证明该文书到达对方当事人的；2. 当事人一方以发送信件或者数据电文方式主张权利，信件或者数据电文到达或者应当到达对方当事人的；3. 当事人一方为金融机构，依照法律规定或者当事人约定从对方当事人账户中扣收欠款本息的；4. 当事人一方下落不明，对方当事人在国家级或者下落不明的当事人一方住所地的省级有影响的媒体上刊登具有主张权利内容的公告的。

具体到本案，中信银行委托第三方向逾期贷款客户田松进行催收，并无不当，但该第三方公司的催收行为较为随意，在催收过程中未采取有效形式留存催收的相关证据，如催收通知送达的证据、电话催收的录音证据、上门催收的视频等，以致在诉讼中中信银行没有证据能够证明该第三方的催收到达田松，故无法产生诉讼时效中断的效果。

编写人：北京市东城区人民法院　冯宁

二、保　证

18

当债务人被法院裁定破产清算后，连带责任保证人应如何承担保证责任

——国家开发银行股份有限公司诉彭小峰、周山保证合同案

【案件基本信息】

1. 裁判书字号

北京市高级人民法院（2016）京民初字第29号民事判决书

2. 案由：保证合同纠纷

3. 当事人

原告：国家开发银行股份有限公司（以下简称国家开发银行）

被告：彭小峰、周山

【基本案情】

2010年11月4日，塞维高科（借款人）与国家开发银行（贷款人，经办分行为国家开发银行江西分行）签订《人民币资金借款合同》（以下简称《人民币借款合同》），之后双方又签订《借款合同变更协议》，对《人民币借款合同》项下相关内容多次进行变更，双方最终确定的内容为：一、借款金额为人民币36200万元。二、借款期限自2010年11月16日起至2018年11月15日止，共计8年。三、借款人的权利和义务。借款人应按本合同约定偿付借款本息。四、担保。由保证人彭小峰、周山提供连带责任保证；由抵押人塞维高科以其合法拥有的可以抵押的生产

用地国有土地使用权及附属建筑物提供抵押担保；由抵押人塞维高科以其现有的和将有的机器设备提供抵押担保；由出质人塞维高科以其依法可以出质的不低于2亿元金额的销售合同项下销售收入应收账款权利提供质押担保。五、借款人的违约事件和违约责任。……当借款人发生本条第（一）项1~6中的违约事件时，贷款人有权要求借款人限期纠正，或采取下列一项或多项措施：1. 本合同项下贷款自贷款人宣布借款人违约之日起，借款余额按照中国人民银行公布的同期限档次人民币贷款基准利率计息；2. 停止贷款资金的发放和支付；3. 宣布贷款提前到期，同时要求借款人限期偿还已发放的贷款本息，并有权从借款人开立的账户中直接扣收还款资金，直到借款人在本合同项下的债务得到全部清偿（在签订本合同时，借款人即已授权贷款人行使上述直接扣收还款资金的权利）；4. 单方面解除合同；5. 实现贷款人在担保合同项下享有的担保权益；6. 采取国家法律法规允许的或本合同约定的其他措施。六、因借款人违约而发生诉讼的，贷款人为该项诉讼支付的律师费应由借款人承担。双方对借款利率、逾期利率、计结息方式、还款计划和还款程序、还款顺序等也进行了约定。塞维高科、国家开发银行在《人民币借款合同》及其各变更协议上签字盖章。其中，在2011年4月25日《借款合同变更协议》中，被告彭小峰以塞维高科法定代表人身份签字。在2013年6月19日、2013年9月10日、2013年9月27日签订的《借款合同变更协议》中均约定抵押人、出质人和保证人同意借款合同进行上述变更后，继续就变更后的借款合同项下全部本金、利息、罚息、复利、补偿金、违约金、赔偿金及实现债权的费用按担保合同的约定提供担保。被告彭小峰及被告周山均以保证人身份在上述协议中签字。

2010年11月4日，塞维高科（借款人）与国家开发银行（贷款人，经办分行为国家开发银行江西分行）签订《外汇借款合同》，后双方又签订相应的变更协议，对《外汇借款合同》项下相关内容多次进行变更，双方最终确定的内容为：一、贷款承诺金额为6000万美元。二、贷款期限为6年，从2010年11月16日起至2016年11月15日止，其中宽限期限为1年，从2010年11月16日起至2011年11月15日止。三、借款人的权利和义务。借款人应按本合同约定偿付借款本息。四、担保。由保证人彭小峰、周山提供连带责任保证；由塞维高科提供抵押担保和质押担保，内容与《借款合同变更协议》内容一致。五、借款人的违约事件和违约责任。借款人违反本合同约定等，贷款人有权要求借款人限期纠正；借款人未按期纠正的，贷款人有权采取下列一项或多项措施：（一）停止发放贷款；（二）宣布贷款提前到期，同时要求借款人限期偿还已发放的贷款本息，并有权从借款人开立的账户中直接扣收还款资金（在签订本合同时，借款人即已授权贷款人行使上述直接扣收还款资金的权利）；（三）单方面解除合同。因借款人的违约行为而发生诉讼的，贷款人为该项诉讼支付的律师费应由借款人承担。双方对借款利率、逾期利率、计结息方式、还款计划和还款程序、还款顺序等也进行了约定。塞维高科、国家开发银行在《外汇借款合同》及其各变更协议上签字盖章。其中，在2011年4月25日《外汇借款合同变更协议》中，被告彭小峰以塞维高科法定代表人身份签字。在2011年9月15日、2013年6月19日、2013年9月27日签订的《借款合同变更协议》中均约定抵押人、出质人和保证人同意借款合同进行上述变更后，继续就变更后的借款合同项下全部本金、利息、罚息、复利、补偿金、违约金、赔偿金及实现债权的费用按担保合同的约定提供担保。被告彭小峰及被告周山均以保证人身份在上述协议中签字。

2010年11月4日，贷款人国家开发银行（经办分行为国家开发银行江西分行）与保证人彭小峰、周山共同签订与《人民币借款合同》《外汇借款合同》相对应的《保证合同》，约定的主要内容有：为确保上述借款合同（以下简称主合同）履行，保证人愿意向贷款人提供担保。一、担保范围。保证人愿意就借款人偿付主合同项下全部借款本金、利息、罚息、补偿金、违约金、赔偿损失金和实现债权的费用向贷款人提供担保。随着主合同项下借款本金的清偿，本合同项下担保的本金数额相应减少。二、保证方式。保证人以其所有的全部个人财产及夫妻所有的全部共有财产在本合同的担保范围内向贷款人提供连带责任保证。不论借款人是否为主合同提供物的担保，如借款人未按主合同约定清偿本合同担保范围内的债务，贷款人有权直接要求保证人承担保证责任。保证人应在接到贷款人要求履行保证责任的书面通知后30日内代为清偿。三、保证期间。主合同项下每笔债务履行期届满之日起两年。该合同附《保证人（自然人）家庭财产一览表》。国家开发银行、彭小峰、周山均在《保证合同》上签字盖章。

上述合同签订后，国家开发银行依约向塞维高科出借了人民币贷款36200万元及外汇贷款6000万美元。但塞维高科至今尚有《人民币借款合同》项下人民币23700万元本金及相应利息、罚息、复利，《外汇借款合同》项下2400万美元及相应利息、罚息、复利未还。截至2015年11月17日，上述欠款本金及利息、罚息、复利金额共计人民币413786058.49元。彭小峰、周山亦未对塞维高科上述债务履行担保义务。

2015年11月17日，江西省新余市中级人民法院裁定塞维高科破产重整。2016年9月29日，江西省新余市中级人民法院裁定确认本案原告国家开发银行的债权成立。其所附《江西赛维LDK太阳能高科技有限公司债权表（第二批）》第230项债权申报人为“国家开发银行股份有限公司”，申报金额为人民币413786058.49元，法院认定金额为人民币413786058.49元。2016年9月30日，江西省新余市中级人民法院裁定批准塞维高科重整计划，终止塞维高科重整程序。其所附《江西赛维LDK太阳能高科技有限公司重整计划》中载明：四、债权分类及调整方案。（一）有财产担保债权组。按照《中华人民共和国企业破产法》的规定，有财产担保的债权人就担保财产享有优先受偿的权利，具体调整情况如下：8. 债权人名称国家开发银行股份有限公司，有财产担保债权金额413786058.49元，就担保财产优先受偿额413786058.49元，转入普通债权金额0，优先受偿率100%。

2016年3月10日，国家开发银行江西分行与江西人民律师事务所签订《委托代理协议及保密协议》，约定国家开发银行与彭小峰、周山贷款保证合同纠纷案件，委托江西人民律师事务所律师代理诉讼（包括一审、二审、执行及诉讼保全）。案件在管辖法院立案后15个工作日内，国家开发银行向江西人民律师事务所支付前期费用人民币5万元。2016年7月27日，国家开发银行江西分行向江西人民律师事务所支付律师费人民币5万元。

原告国家开发银行诉讼请求：1. 依法判令两被告连带偿还《人民币资金借款合同》项下借款本金人民币23700万元及利息15453933.61元（利息自2014年9月21日起暂计算至2015年11月17日），最终应偿付利息计算至债务还清时止。2. 依法判令两被告连带偿还《外汇借款合同》项下借款本金人民币15297.6万元及利息8356124.88元（合同借款本金余额为2400万美元，截至2015年11月17日应付利息1310970.33美元，上述美元按照2015年11月17日中国人民银行公布的银行间外汇市场人民币汇率中间价换算，1美元兑换人民币6.374元），最终应偿付利息计算至债务还清时止。3. 依法判令两被告连带偿付国家开发银行因本案支付的律师费人民币5万元。4. 本案诉讼费、保全费均由两被告全部承担。

【案件焦点】

当债务人被法院裁定破产清算后，连带责任保证人应如何承担保证责任。

【法院裁判要旨】

北京市高级人民法院经审理认为：国家开发银行与彭小峰、周山共同签订的《保证合同》，系各方当事人的真实意思表示，且未违反法律法规的强制性规定，故应认定合法有效。签约各方均应依约履行《保证合同》义务。因国家开发银行依约发放贷款后，借款人塞维高科未按期偿付借款本金及相应利息，故国家开发银行有权依据合同约定宣布贷款提前到期，并要求借款人偿还所欠借款本息。因被告彭小峰、被告周山作为本案保证人经本院合法传唤无正当理由拒不到庭参加诉讼，亦均未对《保证合同》的签订；其在《人民币借款合同》的相应变更协议、《外汇借款合同》的相应变更协议上签字行为；本案贷款的发放；国家开发银行在《人民币借款合同》《外汇借款合同》《保证合同》项下债权，以及国家开发银行依据《人民币借款合同》《外汇借款合同》约定宣布贷款提前到期等事实向本院提出书面或口头答辩意见和异议，故国家开发银行依据《保证合同》约定，要求彭小峰、周山承担相应的连带保证责任正当、合法，本院予以支持。因塞维高科已被江西省新余市中级人民法院裁定破产重整，依照《中华人民共和国企业破产法》第五十八条第二款："债务人、债权人对债权表记载的债权无异议的，由人民法院裁定确认。"第四十六条："未到期的债权，在破产申请受理时视为到期。附利息的债权自破产申请受理时起停止计息。"国家开发银行对债务人塞维高科的未到期债权，应截至2015年11月17日破产申请受理及法院裁定破产重整之日停止计息，故江西省新余市中级人民法院裁定确认的国家开发银行享有的截至2015年11月17日（塞维高科破产申请受理及法院裁定破产重整之日）的破产债权金额为人民币413786058.49元，与本案原告国家开发银行诉讼请求中计算的截至2015年11月17日欠款本金及相应利息、罚息、复利总额相同，依照《最高人民法院关于适用〈中华人民共和国民事诉讼法〉的解释》第九十三条第一款："下列事实，当事人无须举证证明：……（五）已为人民法院发生法律效力的裁判所确认的事实……"之规定，本院对国家开发银行的该部分诉讼请求金额予以确认。

虽然依照《中华人民共和国企业破产法》第四十六条之规定，对于债权人的未到期债权，在破产申请受理时视为到期，附利息的债权自破产申请受理时起停止计息，但此项规定是法律针对破产程序中破产债权作出的特殊规定，即债权人依法可以申报的债权为破产申请受理时对债务人享有的债权。而在民事活动中产生的债权，不仅包括应当清偿的本金，还应当包括自债务发生之日起至债务清偿之日止的利息等。债权人对此亦享有给付请求权。故此项规定是为了在债务人企业破产清算中，各个债权人的合法权益能够得到法律平等保护、平等受偿而制定的。而对于债务人的保证人，依照《中华人民共和国担保法》第一条规定："为促进资金融通和商品流通，保障债权的实现，发展社会主义市场经济，制定本法。"第二十一条第一款："保证担保的范围包括主债权及利息、违约金、损害赔偿金和实现债权的费用。保证合同另有约定的，按照约定。"担保法的立法目的是有效保障相应债权人全部债权的实现，相对应的保证人的担保范围应为债务人的全部债务。《最高人民法院关于适用〈中华人民共和国担保法〉若干问题的解释》第四十四条第一款规定："保证期间，人民法院受理债务人破产案件的，债权人既可以向人民法院申报债权，也可以向保证人主张权利。"《中华人民共和国物权法》第一百七十六条规定，被担保的债权既有物的担保又有人的担保的，债务人不履行到期债务或者发生当事人约定的实现担保物权的情形，债权人应当按照约定实现债权。本案《保证合同》、系列借款合同及其相关变更协议中，保证人彭小峰和保证人周山均承诺为上述合同项下全部本金、利息、罚息、复利、补偿金、违约金、赔偿金及实现债权的费用按担保合同的约定提供担保，且《保证合同》关于"保证方式"约定："保证人以其所有的全部个人财产及夫妻所有的全部共同财产在本合同的担保范围内向贷款人提供连带责任保证。不论借款人是否为主合同提供物的担保，如借款人未按主合同约定清偿本合同担保范围内的债务，贷款人有权直接要求保证人承担保证责任。"故本案保证人彭小峰、保证人周山均应对涉案上述系列借款合同及其相关变更协议项下塞维高科的全部债务包括欠款本金及至款项实际付清之日止的利息、罚息、复利及实现债权的费用等承担连带清偿责任。依照《中华人民共和国担保法》第三十一条、《中华人民共和国企业破产法》第五十一条第一款之规定，保证人彭小峰、保证人周山在承担上述连带清偿责任后，有权以其对债务人塞维高科的求偿权向塞维高科破产管理人申报债权。

北京市高级人民法院依照《中华人民共和国担保法》第一条、第二十一条第一款、第三十一条，《最高人民法院关于适用〈中华人民共和国担保法〉若干问题的解释》第四十四条第一款,《中华人民共和国物权法》第一百七十六条,《中华人民共和国企业破产法》第五十一条第一款,《中华人民共和国民事诉讼法》第一百四十四条的规定,缺席作出如下判决:

一、被告彭小峰、被告周山于本判决生效后十日内向原告国家开发银行股份有限公司支付《人民币资金借款合同》项下借款本金人民币23700万元及利息、罚息、复利(以人民币23700万元为基数计算,截至2015年11月17日为人民币15453933.61元;自2015年11月18日起至款项实际付清之日止,按照该合同约定的计息标准计算)、《外汇借款合同》项下本金人民币15297.6万元(本金2400万美元按照2015年11月17日中国人民银行公布的银行间外汇市场人民币汇率中间价换算,1美元兑换人民币6.374元计算)及利息、罚息、复利(以人民币15297.6万元为基数计算,截至2015年11月17日为人民币8356124.88元;自2015年11月18日起至款项实际付清之日止,按照该合同约定的计息标准计算);

二、被告彭小峰、被告周山于本判决生效后十日内向原告国家开发银行股份有限公司支付本案律师费人民币5万元;

三、被告彭小峰、被告周山在承担本判决第一项、第二项确定的清偿责任后,有权以其对江西赛维LDK太阳能高科技有限公司的求偿权向江西赛维LDK太阳能高科技有限公司破产管理人申报债权;

四、驳回原告国家开发银行股份有限公司的其他诉讼请求。如果未按本判决指定的期间履行给付金钱义务,应当依照《中华人民共和国民事诉讼法》第二百五十三条规定,加倍支付迟延履行期间的债务利息。案件受理费、诉讼保全费,由被告彭小峰、被告周山共同负担。

本案宣判后,双方当事人均未提起上诉。

【法官后语】

本案争议焦点问题是当债务人被法院裁定破产清算后,连带责任保证人应如何承担保证责任。

在目前的司法实践中对此问题尚存争议。主要体现两方面问题:其一,当债务人被法院裁定破产清算后,连带责任保证人承担保证责任的范围;其二,保证人应当承担的利息计算期间。

1. 与本案存在不同的判例意见

上海市高级人民法院于2010年11月29日审结的上诉人（原审被告、保证人）浙江班班纸业有限公司与被上诉人（原审原告、债权人）东方国际集团上海荣恒国际贸易有限公司保证合同纠纷上诉案，曾在最高人民法院《公报案例》中刊登。其中，一审法院认为“鉴于主债务人均已进入了重整程序，且荣恒贸易公司已就本案的全部债权分别向三主债务人申报了债权，班班纸业公司在本案中承担了其保证责任后，可就其已承担的部分代位荣恒贸易公司申报债权。荣恒贸易公司亦应向三主债务人的管理人报告受偿的具体内容”。“根据法律规定，附利息的债权自破产申请受理时起停止计息。因此，本案主债务的利息依法应计算至三主债务人的破产申请受理时止，班班纸业公司作为担保人，其应承担的担保范围应以主债务人的债务为限。”一审判决保证人班班纸业公司向债权人荣恒贸易公司支付借款本金及至主债务人的破产申请受理时止的利息；班班纸业公司在承担了保证责任后，有权就其已清偿部分向主债务人追偿。一审判决后，班班纸业公司提出上诉。上海市高级人民法院二审认为：“如果保证人在破产程序尚未终结前履行了保证责任，而债权人在破产程序中又获得了部分受偿，确有可能出现同一债务双重受偿的结果。若债权人在双重受偿后，未将双重受偿部分主动返还给保证人，亦可能会产生新的纠纷和诉讼。为了保证债权人担保债权的及时实现，同时又避免双重受偿等情况的发生，本院确认，保证人在破产程序尚未终结前可暂时停止向债权人清偿，待破产程序终结后再根据破产受偿情况，向债权人作出相应的清偿，债权人向保证人主张的权利应当以破产程序中未受清偿的部分为限。一审法院虽然在判决理由中已经考虑到了避免双重受偿的问题，但实体处理上却未能予以体现，致使判决结果仍然可能出现双重受偿情况，对此本院予以纠正。”故二审改判撤销一审判决；上诉人浙江班班纸业有限公司应于浙江荣昌纸业有限公司破产程序终结后十日内偿付被上诉人东方国际集团上海荣恒国际贸易有限公司在浙江荣昌纸业有限公司破产程序中未受清偿的债权（债权额为借款本金以及该款至三主债务人的破产申请受理之日止的利息，扣除破产程序中受偿的部分）。

2. 本案的认定理由和判决结果则表明了对此问题的不同观点

(1) 关于连带责任保证人承担保证责任的范围问题

我们认为，虽然依照《中华人民共和国企业破产法》第四十六条之规定，对于债权人的未到期债权，在破产申请受理时视为到期，附利息的债权自破产申请受理时起停止计息。但是，此项规定是法律针对破产程序中，债权人申报破产债权时，具体作出和计算破产债权的特殊规定，即债权人依法可以申报的债权为破产申请受理时对债务人享有的债权。而在民事活动中产生的债权，不仅包括应当清偿的本金，还应当包括自债务发生之日起至债务清偿之日止的利息等。债权人对此也应享有给付请求权。因此，《企业破产法》第四十六条规定，是为了在债务人企业破产清算中，各个债权人的合法权益能够得到法律平等保护、平等受偿而制定的。而对于债务人的保证人，特别是负有连带保证责任的保证人，依照《中华人民共和国担保法》第一条规定："为促进资金融通和商品流通，保障债权的实现，发展社会主义市场经济，制定本法。"第二十一条第一款规定："保证担保的范围包括主债权及利息、违约金、损害赔偿金和实现债权的费用。保证合同另有约定的，按照约定。"担保法的立法目的是为了有效保障相应债权人全部债权的实现，相对应的保证人的担保范围应为债务人的全部债务。《最高人民法院关于适用〈中华人民共和国担保法〉若干问题的解释》第四十四条第一款规定："保证期间，人民法院受理债务人破产案件的，债权人既可以向人民法院申报债权，也可以向保证人主张权利。"《中华人民共和国物权法》第一百七十六条规定："被担保的债权既有物的担保又有人的担保的，债务人不履行到期债务或者发生当事人约定的实现担保物权的情形，债权人应当按照约定实现债权……"

具体到本案，由于在本案《保证合同》、系列借款合同及其相关变更协议中，保证人彭小峰和保证人周山均承诺为上述合同项下全部本金、利息、罚息、复利、补偿金、违约金、赔偿金及实现债权的费用按担保合同的约定提供担保，且《保证合同》关于"保证方式"约定"保证人以其所有的全部个人财产及夫妻所有的全部共同财产在本合同的担保范围内向贷款人提供连带责任保证。不论借款人是否为主合同提供物的担保，如借款人未按主合同约定清偿本合同担保范围内的债务，贷款人有权直接要求保证人承担保证责任"。因此，本案保证人彭小峰、保证人周山均应对涉案上述系列借款合同及其相关变更协议项下塞维高科的全部债务承担连带清偿责任。依照《中华人民共和国担保法》第三十一条"保证人承担保证责任后，有权向债务人追偿"《中华人民共和国企业破产法》第五十一条第一款"债务人的保证人或者其他连带债务人已经代替债务人清偿债务的，以其对债务人的求偿权申报债权”之规定，保证人彭小峰、保证人周山在承担上述连带清偿责任后，有权以其对债务人塞维高科的求偿权向塞维高科破产管理人申报债权。

（2）关于保证人应当承担的利息计算期间问题

根据上述分析及法律和法理依据，我们认为，保证人应承担连带保证责任的全部债务范围，应包括欠款本金、相应孳息及实现债权的费用等。而相应孳息应当是自款项出借之日起至款项实际付清之日止的全部利息、罚息、复利，而非仅至主债务人破产申请被法院裁定受理之日止的利息。因此，本案判决保证人彭小峰、保证人周山均应对涉案上述系列借款合同及其相关变更协议项下塞维高科的全部债务包括欠款本金及至款项实际付清之日止的利息、罚息、复利及实现债权的费用等承担连带清偿责任。

编写人：北京市高级人民法院　夏林林

19

连带保证中债权人在保证期间内起诉保证人后撤诉是否可认定保证人应承担保证责任

——林顺喜诉卢庆会保证合同案

【案件基本信息】

1. 裁判书字号

北京市第二中级人民法院（2016）京02民终字第8783号民事判决书

2. 案由：保证合同纠纷

3. 当事人

原告（被上诉人）：林顺喜

被告（上诉人）：卢庆会

【基本案情】

2012年5月23日，林顺喜（甲方）与庄庆玉（乙方）签订《个人借款合同》，约定：乙方向甲方申请借款人民币1000万元，借款期限自2012年5月23日起至2012年8月22日止；合同项下借款利率为月息2%。同日，卢庆会（甲方）与林顺喜（乙方）签订《信誉担保合同（1）》，约定：为保障乙方与借款人庄庆玉所签订的《个人借款合同》项下的债权，甲方愿意为主合同项下的债权向乙方提供保证担保；……甲方保证担保的范围为主债权本金及利息、逾期利息、违约金、损害赔偿金、乙方为实现债权而发生的费用以及其他所有主合同借款人的应付费用；甲方的保证方式为连带责任保证；甲方保证期间为自主合同约定的主债务履行期届满之日起两年，前款所述“主债务履行期届满之日”包括主合同借款人分期清偿债务的情况下，每一笔债务到期之日，还包括依主合同约定，出借人宣布提前到期之日；甲方保证具有法律规定的保证人资格和代为清偿能力，自愿承担并履行保证责任。

上述协议签订后，林顺喜向庄庆玉支付了借款1000万元。后因庄庆玉未按期偿还林顺喜借款，卢庆会亦未承担保证责任，林顺喜于2014年8月4日将庄庆玉、卢庆会诉至本院，要求判令庄庆玉偿还借款1000万元及利息120万元，判令卢庆会承担连带清偿责任。诉讼过程中，林顺喜撤回了对卢庆会的起诉，并与庄庆玉于2014年10月8日达成调解协议，本院据此出具13828号调解书，确认：庄庆玉于二〇一四年十月三十日前偿还林顺喜借款本金一千万元及利息（以一千万元为基数，自二〇一四年三月一日起至二〇一四年十月三十日止，按中国人民银行同期贷款利率的四倍计算）。

后因庄庆玉未按上述民事调解书约定的期限履行义务，林顺喜向本院申请强制执行。本院在执行过程中，未发现被执行人庄庆玉名下其他可供执行的财产信息。本院于2015年5月18日作出（2015）丰执字第00151号裁定书，裁定终结该次执行程序。

因庄庆玉未履行调解书的上述义务，卢庆会亦未向林顺喜承担保证责任，故林顺喜于2015年4月22日将卢庆会诉至本院。

【案件焦点】

林顺喜起诉卢庆会在保证期间内要求其承担保证责任后又撤诉，是否可认定卢庆会应承担保证责任，并开始计算保证债务的诉讼时效。

【法院裁判要旨】

北京市丰台区人民法院经审理认为：林顺喜与庄庆玉签订的《个人借款合同》以及双方于 2014 年 10 月 8 日达成的《民事调解书》真实合法有效，且该调解书已经发生法律效力。林顺喜与卢庆会签订的《信誉担保合同（1）》，系双方当事人真实意思表示，且未违反有关法律法规的强制性效力性规定，应为有效合同。庄庆玉未按《13828 号调解书》约定履行归还全部借款义务，卢庆会作为连带责任保证人应承担连带保证责任。故本院对林顺喜要求卢庆会对庄庆玉按照生效民事调解书所确定的尚欠林顺喜的借款本金及利息承担连带保证责任的请求予以支持，具体金额应当为庄庆玉未实际偿还部分。

针对卢庆会在本案中提出的林顺喜的保证债权已超过双方约定保证期间的辩称意见，本院认为，林顺喜已于保证期间内以诉讼方式向卢庆会主张了保证责任，其后虽撤回了对卢庆会的起诉，但并未明确表示免除卢庆会的保证责任。林顺喜在保证期间届满前主张了权利，已开始计算保证责任的诉讼时效，故根据《最高人民法院关于适用〈中华人民共和国担保法〉若干问题的解释》第三十四条第二款的规定，本案中林顺喜的起诉并未超过卢庆会的保证期间及诉讼时效，卢庆会的上述辩称意见不能成立。

综上，依照《中华人民共和国担保法》第十八条、第三十一条之规定，判决如下：

一、卢庆会于本判决生效之日起十日内对庄庆玉按照（2014）丰民（商）初字第 13828 号民事调解书所确定的尚欠林顺喜未偿还债务部分承担连带保证责任；

二、卢庆会承担上述保证责任后，有权向庄庆玉追偿；

三、驳回林顺喜的其他诉讼请求。

卢庆会不服一审民事判决提起上诉，于二审期间撤回上诉，北京市第二中级人民法院经审理裁定准许上诉人卢庆会撤回上诉，北京市丰台区人民法院（2015）丰民（商）初字第 09394 号民事判决书于 2016 年 10 月 31 日生效。

【法官后语】

本案争议焦点涉及的法律问题为连带保证中，保证期间与保证债务诉讼时效的衔接问题。根据我国《最高人民法院关于适用〈中华人民共和国担保法〉若干问题的解释》第三十四条第二款的规定，连带责任保证的债权人在保证期间届满前要求保证人承担保证责任的，从债权人要求保证人承担保证责任之日起，开始计算保证合同的诉讼时效。具体到本案即林顺喜起诉卢庆会后又撤诉是否满足了债权人要求保证人承担保证责任这一要件，若满足则保证期间的任务完成，保证债务诉讼时效开始起算，卢庆会关于保证期间超过的抗辩无效；若不满足则保证期间的截止日期为2014年8月22日，林顺喜于2015年4月27日诉至法院，已超过保证期间，卢庆会免除保证责任。

1. 保证期间的制度价值

理论界普遍认为，保证期间设立的目的就是基于保证合同为单务合同，通过设置一定的期间可避免保证人无止境地处于承担债务的不利状态或是长期处于随时可能承担债务的财产关系不确定状态。[①] 具体到本案就有观点认为根据当事人双方的约定保证期间截止至2014年8月22日，在保证期间虽然林顺喜起诉了保证人卢庆会，但是其撤诉的行为表明其放弃了对卢庆会的保证债权，2015年林顺喜再次起诉保证人卢庆会，若判决其胜诉会在客观上使卢庆会处于了长期不确定的财产状态，有违保证期间的法律目的。

对此观点，笔者认为，“与个人利益和社会利益相关的最为棘手的问题乃是这样一个问题，即如果上述利益不能同时得到满足，那么应当如何来确定它们的先后位序与确定它们的相对重要性呢？在对上述利益中的这个或那个利益的先后位序进行安排的时候，人们无疑要做出一些价值判断；然而这些价值判断可以或应当根据什么东西来决定呢？这就提出了一个利益评价的问题”。[②] 保证期间的制度价值不是单方面偏向性地保护保证人，而是为了将债权人与保证人的利益作出衡平。保证期间更为重要的目的是促使债权人及时行使权利，保障债权人利益的及早实现，并且尽快落实保证人承担保证责任后向主债务人的追偿权，避免时间过长，主债务人发生财产状况的急剧变化而使保证人的追偿权无法满足。在本案中，林顺喜于2014年8月4日以诉讼的方式向卢庆会主张保证债权，应当认定其作为债权人已积极主张了债权，其后的撤诉行为在实体法上并不代表其处分了自己对保证人在实体上的

---

① 高圣平：《担保法论》，法律出版社2009年版，第108页。

② ［美］博登海默：《法理学：法哲学与法律方法》，邓正来译，中国政法大学出版社2004年版，第414页。

请求权，出于保护债权人合法权益的目的，不应基于保证期间在保障保证人利益方面的制度价值而否定债权人依法享有的正当权益，尤其在当前信用体系不完善的社会背景下，债权人合法权益的保护应得到支持。

2. 撤诉是否具有溯及力

撤诉是原告撤回起诉的诉讼行为。[①] 撤诉是否具有溯及力的问题实际是原告撤诉后，是否可视为原告自始未起诉。笔者认为，该问题在民事诉讼法与民事实体法中的评价是不同的。

从诉讼法角度来讲，当事人撤诉表明其处分了自己的诉讼权利，并没有处分自己的实体权利，人民法院也没有对实体权利义务关系加以认定。[②] 撤诉原因可能有证据暂时不足、被告下落不明、当事人自愿庭外协商等，如在被告无法到庭而原告的证据又不足以证明其诉讼请求时，若强行性地通过公告送达来推动诉讼进程可能导致原告实体上的诉讼请求被驳回，根据一事不再理原则，其实体权益存在永久性丧失的风险，此时原告往往选择先行撤诉，待时机成熟，再根据《中华人民共和国民事诉讼法》第二百一十四条的规定向法院提起诉讼，正是其保护自身正当权益的理性措施。因此，基于撤诉后当事人可再次起诉、法院可再次审理的特征，撤诉在诉讼法上的效果可视为没有起诉，即撤诉具有法律溯及力。

从实体法角度来讲，当事人撤诉若具有溯及力，不仅与现行法律规定严重不符，而且在法理上会严重损害当事人的合法权益。以诉讼时效为例，根据《最高人民法院关于审理民事案件适用诉讼时效制度若干问题的规定》第十二条的规定："当事人一方向人民法院提交起诉状或者口头起诉的，诉讼时效从提交起诉状或者口头起诉之日起中断。"仅从法律条文本身的表述来看，只要当事人有起诉的事实，即会发生诉讼时效中断的法律后果，诉讼时效应重新计算。从法理上讲，在上述举例中，若将撤诉理解为自始没有起诉的话，原告很可能基于债权因诉讼时效超过而丧失胜诉权的考虑，不得不硬着头皮继续将诉讼进行下去，最终实体的诉讼请求可能被终局驳回，合法权益遭受损害。综上可知，从实体法上来讲，撤诉不应具有溯及力，撤诉不能视为未起诉。结合本案的案情，债权人林顺喜在保证期间内起诉保

---

① 张卫平：《民事诉讼法》，法律出版社2016年版，第317页。

② 张卫平：《民事诉讼法》，法律出版社2016年版，第317页。

证人卢庆会后又撤回起诉，这一行为从诉讼法的角度讲，林顺喜可再次起诉卢庆会而不受一事不再理的影响；从实体法的角度讲，林顺喜仅依据起诉行为即确定了卢庆会应承担保证责任，其撤诉行为并不能视为其在实体上放弃了对卢庆会追究保证责任的权利。因此，林顺喜于2014年8月4日起诉卢庆会，卢庆会即确定性地需要对林顺喜承担保证债务，保证期间于该日完成了其使命，保证债权的诉讼时效自该日起计算，林顺喜在2年内要求卢庆会承担保证责任的诉讼请求于法有据，应得到支持。

编写人：北京市丰台区人民法院　徐冲　田磊

20

保证责任及担保费的计算标准

——周晨晨诉郭宪聪、潘敏保证合同案

【案件基本信息】

1. 裁判书字号

北京市第二中级人民法院（2016）京02民终字第3672号民事判决书

2. 案由：保证合同纠纷

3. 当事人

原告（上诉人）：周晨晨

被告（被上诉人）：郭宪聪、潘敏

【基本案情】

2014年1月23日，出借人王建武与借款人郭宪聪、担保人金宝德公司签订《借款合同》，约定：郭宪聪向王建武借款人民币248万元，贷款用途为银行贷款，贷款期限两个月，自贷款发放之日起计算；郭宪聪每月应按借款金额的1.5%向王建武支付综合管理费，每月按借款金额的1.5%向金宝德公司支付担保费；郭宪聪未按约定足额偿还贷款本息的，王建武有权对逾期贷款本息按日万分之五向郭宪聪

收取滞纳金；本合同项下的贷款由金宝德公司为郭宪聪提供全程连带责任保证担保；郭宪聪未依约偿还到期本金、利息、综合管理费等，王建武有权要求金宝德公司代偿，金宝德公司代偿的，应书面通知郭宪聪，郭宪聪应在金宝德公司代偿后的三日之内向金宝德公司支付相当于代偿额的2倍款项（1倍作为违约金）等。在实际支付借款时，郭宪聪提出多借款1万元，合计借款249万元。同年3月5日，潘敏出具《担保书》，为金宝德公司在其父郭宪聪向第三人借款中提供的担保提供反担保，对借款人应付金宝德公司的担保费、违约金等提供连带责任保证担保，并确认以其所有的及名下的房产等资产向金宝德公司提供抵押担保。同年4月17日，因郭宪聪未依约偿付借款本息及滞纳金，王建武书面通知金宝德公司，要求代郭宪聪偿还借款本金249万元、综合管理费105825元、滞纳金31125元，共计2626950元。同年4月17日，金宝德公司与王建武、周晨晨签署《协议书》，约定：由周晨晨代金宝德公司向王建武代偿郭宪聪应付王建武的借款本金、利息、滞纳金等，并将其享有的保证责任追偿权、担保费及违约金的债权请求权等转让给周晨晨。同年4月18日，周晨晨向王建武支付代偿款2626950元。同年4月21日，金宝德公司出具《已代偿欠款及权利转让通知书》并快递给郭宪聪、潘敏，告知其代偿情况，并通知二人向周晨晨付款。周晨晨多次联系郭宪聪、潘敏付款，二人均不予支付，故其诉至法院要求被告：1. 支付其受让的金宝德公司代被告向出借人王建武偿还的借款本金及各项费用所形成的债权2626950元（含代偿借款本金249万元、代偿综合管理费105825元、代偿滞纳金31125元）；2. 支付其受让的被告应付金宝德公司的担保费（计算标准为：借款金额的1.5%/月，自2014年1月24日起算，计算至被告付清债务之日止，暂计算至2014年4月17日，担保费为105825元）、违约金（按同期银行贷款利率的四倍计算，但不低于代偿金额的30%，暂计算至起诉日，违约金为788085元）；3. 承担本案诉讼费、保全费等费用。

【案件焦点】

郭宪聪、潘敏应向周晨晨支付的担保费数额及计算标准。

【法院裁判要旨】

北京市丰台区人民法院经审理认为：王建武与郭宪聪、金宝德公司签订的《借款合同》，系当事人真实意思表示，不违反法律、行政法规的强制性规定，应属有效。当事人应当按照合同约定履行自己的义务。金宝德公司在借款到期后依约履行了保证责任，有权向债务人郭宪聪追偿。金宝德公司将其享有的追偿权，以及合同约定的担保费及违约金的债权转让给周晨晨，并履行了通知义务，周晨晨合法取得上述权利。潘敏根据其出具的《担保书》应为郭宪聪的上述债务承担连带保证责任。《最高人民法院关于审理民间借贷案件适用法律若干问题的规定》第三十条规定："出借人与借款人既约定了逾期利率，又约定了违约金或者其他费用，出借人可以选择主张逾期利息、违约金或者其他费用，也可以一并主张，但总计超过年利率24%的部分，人民法院不予支持。"本案中，出借人与借款人约定的综合管理费、滞纳金，总计超过年利率24%；自2014年1月24日起至2014年4月18日止，按照年利率24%计算，应为117860元，超过的部分，本院不予支持。同时，保证人只能在主债权范围内对债务人行使追偿权，故原告要求的第一项诉讼请求，本院支持的部分为2490000+117860=2607860元。借款人与担保人约定的担保费，应计算至保证责任终止之日，即金宝德公司向王建武偿还款项的2014年4月18日。故原告要求的自2014年1月24日起至2014年4月18日止的担保费104580元，本院予以支持；超出部分，本院不予支持。借款合同中借款人与担保人约定的违约金，本院调整为，自2014年4月21日起至款付清之日止，以2607860元为基数，按照中国人民银行公布的同期贷款基准利率的四倍计算。

北京市丰台区人民法院依照《中华人民共和国合同法》第七十九条、第八十条、第一百零七条、第一百一十四条第二款，《中华人民共和国担保法》第六条、第三十一条，《最高人民法院关于适用〈中华人民共和国担保法〉若干问题的解释》第四十三条，《最高人民法院关于审理民间借贷案件适用法律若干问题的规定》第三十条的规定，判决如下：

一、郭宪聪于本判决生效后十日内给付周晨晨代偿款2607860元；

二、郭宪聪于本判决生效后十日内给付周晨晨担保费104580元；

三、郭宪聪于本判决生效后十日内给付周晨晨违约金（自2014年4月21日起至款付清之日止，以2607860元为基数，按照中国人民银行公布的同期贷款基准利率的四倍计算）；

四、潘敏对上述债务承担连带保证责任；

五、潘敏承担保证责任后，有权向债务人郭宪聪追偿；

六、驳回原告周晨晨的其他诉讼请求。

周晨晨不服一审判决，就担保费问题提出上诉。请求撤销一审判决第二项、第四项，改判郭宪聪、潘敏增加支付担保费（自2014年4月19日起至实际清偿之日止，以249万元为基数，按照每月1.5%计算）；本案诉讼费用由郭宪聪和潘敏承担。北京市第二中级人民法院经审理认为：《借款合同》第一条第四款第（二）项仅约定了郭宪聪应向金宝德公司支付借款金额每月1.5%的担保费，但没有明确约定担保费的支付期间。《借款合同》第三条第一款系有关保证期间的约定。所谓保证期间，在连带保证情况下，是指根据当事人约定或者法律规定，债权人应当保证主张权利的期间。因此，该约定不能作为周晨晨主张郭宪聪应继续支付担保费的合同依据。上诉人周晨晨的上诉理由不成立，判决：

驳回上诉，维持原判。

【法官后语】

本案处理重点主要在于保证责任及担保费的计算标准。《担保法》第六条规定："本法所称保证，是指保证人和债权人约定，当债务人不履行债务时，保证人按照约定履行债务或者承担责任的行为。"即保证责任产生于债务人不履行债务时，如债务被债务人偿还，或被保证人代为清偿，则保证责任终止。担保费是担保公司因为客户承担担保责任而收取的费用，一般按照担保金额的百分比收取。担保费的计算期间与保证期间不属于同一范畴，所谓保证期间是指保证合同当事人的约定或依法律推定在主债务履行期届满后，保证人能够允许债权人主张权利的最长期限。在保证期间中，债权人应当向债务人提起诉讼或仲裁（在一般保证中）或向保证人（在连带保证中）主张权利。逾此期限，债权人未提起上述主张的，保证人则不承担保证责任。在保证期间内债权人向主债务人提起诉讼或仲裁的（一般保证中）或向保证人主张（连带保证中）保证债权，则保证期间因此而早于约定的期间提前结束，但保证责任并不因此而结束。即使超过保证期间，保证人仍然可能承担责任。担保费的合理性在于担保公司为债务人承担担保责任，具有一定的风险性，当债务被清偿时，担保责任终止，风险亦消失，故担保费的计算期间应为自贷款发放之日起计算至清偿之日止。

此外，目前关于担保费的收取标准，法律法规没有明确的规定，基本遵循意思自治原则，但《最高人民法院关于审理民间借贷案件适用法律若干问题的规定》将调整范围扩大至自然人、法人、其他组织之间及其相互之间进行资金融通的行为，因此，在司法实践中，法院会比照利息约定是否过高的标准裁量担保费的约定是否合理。具体到本案中，双方约定按照借款金额的1.5%/月支付担保费，未超过年利率24%的标准，故一、二审法院对此均予以支持。

编写人：北京市丰台区人民法院　王永斌　邵晓悦

21

无固定借款期限借款合同的保证期间认定

——付亚利诉冯永贵保证合同案

【案件基本信息】

1. 裁判书字号

北京市顺义区人民法院（2016）京0113民初字第14090号民事判决书

2. 案由：保证合同纠纷

3. 当事人

原告：付亚利

被告：冯永贵

【基本案情】

2014年11月14日，叶焕龙向付亚利借款并出具借条，该借条载明："今借付亚利现金贰拾万元整（200000）。借款人：叶焕龙；担保人：冯永贵；2014年11月14日；叶焕龙。"借条主文为付亚利本人书写，"叶焕龙"签名为叶焕龙本人签署，"冯永贵"签名为冯永贵本人签署。付亚利于2014年11月14日通过工商银行卡向叶焕龙银行卡转账18.6万元。关于剩余款项的支付，付亚利称其将剩余部分以现金的方式直接交付叶焕龙。冯永贵称约定借款金额为20万元，但当日付亚利实际给付叶焕龙19.1万元，预先扣除了三个月利息9000元，其认可转账金额18.6万元，但对于剩余款项如何交付不清楚。

冯永贵提交录音证据一份以证明：1. 本案为一般保证，保证人冯永贵享有先诉抗辩权；2. 录音中付亚利承认其与叶焕龙之间的借款期限实际为三个月，保证合同的保证期间应当自借款期届满后即2015年2月15日开始计算，至本案付亚利起诉时已经超过了6个月的保证期间。在保证期间内，付亚利未要求冯永贵承担保证责任，现保证合同已过保证期间，故冯永贵作为保证人得以免除保证责任。

庭审中，付亚利自认，2014年11月14日打完涉诉借条后的两三个月，其开始找叶焕龙要求还钱，并同时找冯永贵要求还钱，其主要是通过打电话找叶焕龙，叶焕龙总说给但就是一直拖着，直到2016年年初，叶焕龙就失联了。2016年9月23日，付亚利向本院提起诉讼，要求冯永贵承担保证责任。

【案件焦点】

本案是一般保证还是连带责任保证，保证合同是否已经超过保证期间。

【法院裁判要旨】

北京市顺义区人民法院经审理认为：依据《中华人民共和国担保法》第十九条的规定，当事人对保证方式没有约定或者约定不明确的，按照连带责任保证承担保证责任。被告冯永贵辩称双方为一般保证合同关系，证据不足，本院不予采信。关于涉诉借款的履行期，借条本身并未约定还款期限，出借人可随时要求借款人返还借款。原告付亚利自认，从2014年11月14日打完涉诉借条后的两三个月，其多次找借款人叶焕龙要求还款，故涉诉借款的履行期自原告付亚利首次要求叶焕龙还款之日届满，最迟可推定为2015年2月15日。关于保证合同的保证期间，根据《中华人民共和国担保法》第二十六条的规定，连带责任保证的保证人与债权人未约定保证期间的，债权人有权自主债务履行期届满之日起六个月内要求保证人承担保证责任，保证期间内债权人未要求保证人承担保证责任的，保证人免除保证责任。原告付亚利未提供证据证明其在保证期间内要求被告冯永贵承担保证责任，至本案起诉时已经超过涉案保证合同的保证期间。故原告付亚利要求被告冯永贵承担保证责任的主张，依据不足，本院不予支持。

综上，依照《中华人民共和国担保法》第十九条、第二十六条，《中华人民共和国合同法》第二百零六条，《最高人民法院关于适用〈中华人民共和国担保法〉

若干问题的解释》第三十三条之规定，判决如下：

驳回原告付亚利的全部诉讼请求。

一审判决作出后，原、被告双方均未提出上诉，本判决现已生效。

【法官后语】

本案保证人在借条上以担保人身份签名，其保证人身份并无争议。案件主要有两个争议焦点：1. 本案是一般保证还是连带责任保证；2. 保证合同的保证期间是否已经超过。

1. 本案是一般保证还是连带责任保证

保证合同分为两类，一般保证和连带责任保证。一般保证是指当事人在保证合同中约定，债务人不能履行债务时，由保证人承担保证责任。一般保证的保证人享有先诉抗辩权，即一般保证的保证人在主合同纠纷未经审判或者仲裁，并就债务人财产依法强制执行仍不能履行债务前，可以拒绝承担保证责任。连带责任保证是指当事人在保证合同中约定保证人与债务人对债务承担连带责任。连带责任的保证人不享有先诉抗辩权，即连带责任保证的债务人在主合同规定的债务履行期届满没有履行债务的，债权人可以要求债务人履行债务，也可以要求保证人在其保证范围内承担保证责任。

当事人对保证方式没有约定或者约定不明确的，根据《担保法》的第十九条之规定，推定按照连带责任保证承担保证责任。

本案关于保证的约定其实是借款合同中的一个条款，冯永贵以担保人身份签名，并未明确约定保证责任的形式，故应当推定为连带责任保证。冯永贵提交的录音证据并未明确说明冯永贵的保证责任是一般保证。故冯永贵是连带责任保证，其不得主张先诉抗辩权。

2. 无固定期限借款合同保证条款的保证期间

所谓保证期间，是指当事人约定或者法律规定的保证人承担保证责任的时间期限。保证人在与债权人约定的保证期间或者法律规定的保证期间内承担保证责任。保证人与债权人约定保证期间的，按照约定执行。未约定的，保证期间为六个月。

根据《担保法》第二十六条之规定，连带责任保证的保证人与债权人未约定保证期间的，债权人有权自主债务履行期届满之日起六个月内要求保证人承担保证责任。

在主合同约定保证期间和前款规定的保证期间，债权人未要求保证人承担保证责任的，保证人免除保证责任。因此，本案的关键就是确定主债务何时履行期届满。

本案的主债务即借条体现的借款本身。从借条表面看，借款合同并未约定还款期，为无固定期限借款合同。如何确定该类借款合同的履行期呢？根据《合同法》第二百零六条的规定，借款期没有约定的，借款人可以随时返还，贷款人可以催告借款人在合理期限内返还。如果没有特殊证据证明贷款人或出借人在起诉前向借款人主张返还借款，一般可以从借款人起诉时开始计算借款期限。但是，本案的债权人付亚利在法庭调查中，自认从2014年11月14日打完涉诉借条后的两三个月，其多次找借款人叶焕龙要求还款，故涉诉借款的履行期自原告付亚利首次要求叶焕龙还款之日届满，最迟可推定为2015年2月15日。从这一时间点再加上六个月的保证期间，至2015年8月15日前即为本案的保证期间。如果债权人付亚利在此期间未向保证人主张保证责任，那么保证人的保证责任就得以免除。然而本案并无证据显示付亚利曾在保证期间向冯永贵主张过要求冯永贵代为承担还款责任，至本案起诉时，已经超过了保证期间。故法院最终判决驳回原告付亚利的全部诉讼请求。

这起案件告诉我们，民事权利有一定的期间限制，权利人应当及时行使权利，并保留主张权利的证据及时向法院起诉，避免因为超过法定期间而造成权利失效。

编写人：北京市顺义区人民法院　谢彩凤

22

在借条上签名但无其他证据证明其为保证人的不宜认定为借款保证人

——李福全诉王鑫、孙桂青民间借贷案

【案件基本信息】

1. 裁判书字号

北京市顺义区人民法院（2016）京0113民初字第16610号民事判决书

2. 案由：民间借贷纠纷

3. 当事人

原告：李福全

被告：王鑫、孙桂青

【基本案情】

李福全与孙桂青系多年朋友，孙桂青经营售卖完美产品的商店，李福全通过孙桂青认识王鑫。2016 年 4 月 30 日，王鑫找到李福全借款 4 万元用于从孙桂青的商店进货，并于当日亲笔书写涉诉借条，借条载明："今借用李福全人民币（肆万元整）（40000 万元）此款用于完美进货。以上借款按 6% 利息月计算。当时利息为人民币贰仟肆佰元整（2400 元），当时扣除以上利息。我借款人认可。（总借款人民币肆万元）于 2016 年 5 月 30 日前全部还清。利息已付，还款时不存在利息问题。如不按时还款我本人负法律责任。借款人：王鑫　孙桂青；借款时间：2016 年 4 月 30 日晚 8 点 35 分。"李福全与王鑫均认可：涉诉借条上的签名为次日即 2016 年 5 月 1 日补签，署有"王鑫"的签名系王鑫本人签署，署有"孙桂青"的签名系孙桂青本人签署；涉诉借条上的"40000 万元"为笔误，应为"40000"元；涉诉借条上"如不按时还款我本人负法律责任"中的"我本人"系指王鑫。2016 年 5 月 1 日，李福全将 4 万元现金送到孙桂青的商店，将钱交给王鑫后，王鑫拿出 2400 元作为当月利息交给李福全，剩余款项入到孙桂青的商店账上作为王鑫的进货用款。借款发生后，王鑫又将接下来两个月的利息共计 4800 元分两次交给李福全的朋友郭某荣。

另查明：李福全先从孙桂青的弟弟孙福强、弟媳郭某荣处借款 4 万元，再转借王鑫。李福全认可上述郭某荣收取的利息是王鑫付给他的涉诉借款利息。

庭审中，李福全明确陈述，王鑫为借款人，孙桂青为担保人，如果不是孙桂青担保，其不可能借钱给王鑫，故二人应当一并承担还款责任。王鑫辩称本案与孙桂青无关，其愿一人承担全部责任，系李福全硬拉孙桂青在借条上签名。孙桂青未参加本案庭审，但其在本院诉前调解阶段称其之所以在借条上签名是因为"原告非让我在借条上签字，说让我证明一下王鑫跟李福全借钱了"。

【案件焦点】

孙桂青在借条上"借款人"处签名，是否应当承担保证责任。

【法院裁判要旨】

北京市顺义区人民法院经审理认为：保证合同为要式合同，应当以书面形式订立，李福全未提交证据证明其和孙桂青关于涉诉借款的保证责任存在书面约定。《最高人民法院关于审理民间借贷案件适用法律若干问题的规定》第二十一条规定，他人在借据上签字，但未表明其保证人身份或承担保证人责任，或者通过其他事实不能推定其为保证人，出借人请求其承担保证责任的，人民法院不予支持。孙桂青在涉诉借条的“借款人”处签名，并未以保证人身份签名或表明承担保证责任，孙桂青在本院主持的诉前调解谈话笔录中亦否认其为涉诉借款的保证人，且孙桂青未以实际行动履行保证责任，故通过其他事实亦不能推定孙桂青为涉诉借款的保证人。据此，李福全要求孙桂青承担保证责任于法无据，本院不予支持。

北京市顺义区人民法院依照《中华人民共和国合同法》第二百零六条、第二百零七条、第二百一十条，《中华人民共和国担保法》第十三条，《最高人民法院关于审理民间借贷案件适用法律若干问题的规定》第九条、第二十一条、第二十六条、第二十九条之规定，作出如下判决：

一、被告王鑫返还借原告李福全款4万元，并支付利息（利息以4万元为基数，按照年利率24%计算，自2016年8月1日起计算至实际给付之日止，并扣除已支付利息3600元），均于本判决生效之日起七日内执行；

二、驳回原告李福全的其他诉讼请求。

一审判决作出后，原、被告双方均未上诉，本案现已生效。

【法官后语】

传统的民间借贷更多地存在于熟人社会中，基于亲属、朋友、同事或者其他社会关系，他人或者作为借款人的保证人，或者作为借贷的见证人，或者作为中间人，或者处于其他原因而在借据上签字。然而在借据上签字是否就意味着应当承担保证责任呢？

对于这种情形，《最高人民法院关于审理民间借贷案件适用法律若干问题的规定》第二十一条规定：“他人在借据、收据、欠条等债权凭证或者借款合同上签字或者盖章，但未表明其保证人身份或者承担保证责任，或者通过其他事实不能推定其为保证人，出借人请求其承担保证责任的，人民法院不予支持。”也就是说，第一，仅有他人签名或者盖章，不足以认定保证人身份，他人无须承担保证责任。所谓“仅有”，是指在借款凭证或者借款合同中未表明保证人身份，也没有相应的保证条款并指向该签字或盖章人，同时没有其他证据证明该签字或者盖章人为保证人。第二，只有在通过其他事实不能推定其为保证人的情况下，才能作出他人不是保证人的判断。第三，仅有第三人的签字或者盖章，但是表明了签字或者盖章人是保证人，或通过其他条款或其他事实能够推定其为保证人的，则应当对借款承担担保责任。

本案中，孙桂青在借条上的“借款人”处签名，出借人李福全称因为和孙桂青相熟三十多年，和借款人王鑫不熟悉，如果不是孙桂青作保，其不会将钱借给王鑫。而王鑫则主张孙桂青与本案无关。孙桂青虽未参加本案庭审，但在本院主持的诉前调解阶段称其在借条上签字，是因为李福全让其签字作为借款的见证人。经过审理查明，李福全和孙桂青相识多年，李福全也是通过孙桂青认识的王鑫，而且本次借款也是经过孙桂青的撮合介绍，王鑫借款的用途是从孙桂青经营的商店进货，王鑫拿到借款后就直接将款项入到孙桂青的商店账户作为进货用款。整个借款过程，孙桂青都起到了重要作用，可以说，担保人、见证人、中间人都有可能。案外人郭某荣称孙桂青是借款保证人，其理由是听到孙桂青说过要代替王鑫还款的话，但是由于该案外人是李福全借款资金的提供者，对本案的判决结果存在利害关系，而且系传来证据，故其证言不能完全采信。另外，保证合同是要式合同，需要以书面形式订立，仅仅通过证人的口头证言，不足以认定孙桂青的保证人身份。从本案借条的文字表述看，借条约定“如不按时还款我本人负法律责任”，出借人李福全和借款人王鑫都确认其中的“我本人”就是指“王鑫”，并不包括孙桂青。在借条上，孙桂青并未表明其保证人身份或者表明其承担保证责任，双方也未通过其他形式约定孙桂青承担保证责任，且孙桂青亦未以实际行动表明其承担保证责任，故本案最终判决认定孙桂青不是本案借贷合同的保证人，不应承担保证责任。

编写人：北京市顺义区人民法院　谢彩凤

23

物保与人保相竞合时应如何处理

——中信银行股份有限公司成都分行诉王依宏等金融借款合同案

【案件基本信息】

1. 裁判书字号

四川省成都高新技术产业开发区人民法院（2016）川 0191 民初字第 1218 号民事判决书

2. 案由：金融借款合同纠纷

3. 当事人

原告：中信银行股份有限公司成都分行

被告：王依宏、温万春、卢兴跃、双流县和元茂食品商行、青羊区和元茂农牧商行

【基本案情】

2014 年 11 月，原、被告签订《中信银行个人价款合同》，主要约定：被告王依宏、温万春向原告借款 300 万元，借款期限自 2014 年 11 月 21 日起至 2015 年 11 月 21 日止，年利率为 7.8%。双方还约定了利率调整、罚息、复利、实现债权的费用承担等。被告王依宏、温万春以其位于成都市高新区紫荆西路 49 号 1 栋 1 单元 8 层 × 号的房屋、被告卢兴跃以其位于双流县西航港街道光电路 8 号 11 栋 1 –4 层 × 号的房屋为该笔贷款作抵押担保并办理了抵押登记。

被告双流县和元茂食品商行、青羊区和元茂农牧商行为被告王依宏、温万春该笔借款承担连带责任保证，保证期间为该合同生效之日起至该合同项下的债务履行期届满之日起两年。保证人放弃《中华人民共和国担保法》第二十八条及《中华人民共和国物权法》第一百七十六条项下的针对原告的所有抗辩及上述法条所可能获得的全部权利。

合同签订后，原告依约向被告王依宏、温万春发放了借款。被告王依宏、温万春未按约还款，尚欠原告本金300万元及相应的利息、罚息、复利（截至2016年8月11日的利息、罚息、复利为282915.9元）。

还查明，原告为提起本案诉讼，委托四川和骏律师事务所律师提供相关法律服务，并与其签订了《委托代理协议》，产生律师代理费105810元。

【案件焦点】

物保与人保竞合时应如何处理？

【法院裁判要旨】

四川省成都市高新技术产业开发区人民法院经审理认为：原、被告签订的《中信银行个人借款合同》《保证合同》，系原、被告双方的真实意思表示，合同内容清楚、条款明确，不违反法律法规的禁止性规定，应为合法有效，对当事人均具有约束力。上述合同签订后，原告按约向被告王依宏、温万春提供了借款，被告王依宏、温万春未按约归还借款本金及利息，其行为已构成违约，原告要求被告归还所欠全部借款本金、利息、罚息、复利的诉请，不违反双方的合同约定，一审法院均予以支持。对原告要求被告王依宏、温万春支付律师费的请求，因在双方之间签订的《中信银行个人借款合同》中对于上述费用的承担有明确约定，且原告在诉讼中提供了委托代理协议和律师费发票予以证明该费用实际产生为105810元，故一审法院予以支持。

被告双流县和元茂食品商行、青羊区和元茂农牧商行自愿为被告王依宏、温万春上述债务承担连带责任保证，对原告要求被告双流县和元茂食品商行、青羊区和元茂农牧商行对被告王依宏、温万春的上述债务承担连带责任的诉请，一审法院予以支持。被告王依宏、温万春以其位于成都市高新区紫荆西路49号1栋1单元8层×号的房屋、被告卢兴跃以其位于双流县西航港街道光电路8号11栋1－4层×号的房屋为被告王依宏、温万春该笔借款作抵押担保并办理了抵押登记，对原告要求对上述两套房屋享有优先受偿权的诉请，一审法院予以支持。因该案既有人的担保和亦有物的担保，关于原告实现债权的顺序问题，一审法院认为，保证人双流县和元茂食品商行、青羊区和元茂农牧商行在《中信银行个人借款合同》中约定放弃《中华人民共和国担保法》第二十八条及《中华人民共和国物权法》第一百七十六条项下的针对原告的所有抗辩及上述法条所可能获得的全部权利。即原告可以选择要求被告双流县和元茂食品商行、青羊区和元茂农牧商行先行承担连带责任，而对于被告王依宏、温万春位于成都市高新区紫荆西路49号1栋1单元8层×号房屋享有优先受偿权和原告中信银行股份有限公司成都分行对被告卢兴跃位于双流县西航港街道光电路8号11栋1-4层×号房屋享有优先受偿权的债权实现顺序。一审法院认为，根据《中华人民共和国物权法》第一百七十六条之规定，被告卢兴跃作为抵押人，并未与原告就顺序有约定，原告应先就债务人王依宏、温万春位于成都市高新区紫荆西路49号1栋1单元8层×号房屋享有优先受偿权以实现债权，而后在其债权不能完全受偿的余额范围内再就被告卢兴跃位于双流县西航港街道光电路8号11栋1-4层×号房屋享有优先受偿权。

四川省成都高新技术产业开发区人民法院于2016年9月13日作出（2016）川0191民初字第1218号民事判决，判决如下：

一、被告王依宏、温万春于本判决生效之日起十日内向原告中信银行股份有限公司成都分行归还借款本金300万元及利息、罚息、复利（利息、罚息、复利计算至2016年8月11日为282915.9元，应按原、被告签订的《中信银行个人借款合同》约定计算至被告王依宏、温万春付清之日止）；

二、被告王依宏、温万春于本判决生效之日起十日内支付原告中信银行股份有限公司成都分行律师费105810元；

三、被告双流县和元茂食品商行、青羊区和元茂农牧商行对被告王依宏、温万春的上述第（一）项、第（二）项还款义务承担连带责任；被告双流县和元茂食品商行、青羊区和元茂农牧商行在承担连带责任后，有权向被告王依宏、温万春追偿；

四、原告中信银行股份有限公司成都分行对被告王依宏、温万春位于成都市高新区紫荆西路49号1栋1单元8层×号房屋（权2133393）享有优先受偿权（在本院确认的债权范围内）；原告中信银行股份有限公司成都分行就被告王依宏、温万春上述房屋享有优先受偿权后，原告在债权不能完全受偿的余额范围内再对被告卢兴跃位于双流县西航港街道光电路8号11栋1-4层×号房屋（权0936609）享有优先受偿权。

宣判后，原、被告未提出上诉，判决已发生法律效力。

【法官后语】

关于物的担保与人的担保竞合的问题，在认识上有不同的观点。一种观点认为，根据《担保法》第二十八条第一款的规定："同一债权既有保证又有物的担保的，保证人对物的担保以外的债权承担保证责任。债权人放弃物的担保的，保证人在债权人放弃权利的范围内免除保证责任。"因此应当先以物的担保清偿债务，不足清偿范围再由保证人清偿债务；另一种观点认为，根据《物权法》第一百七十六条的规定："被担保的债权既有物的担保又有人的担保的，债务人不履行到期债务或者发生当事人约定的实现担保物权的情形，债权人应当按照约定实现债权；没有约定或者约定不明确，债务人自己提供物的担保的，债权人应当先就该物的担保实现债权；第三人提供物的担保的，债权人可以就物的担保实现债权，也可以要求保证人承担保证责任。提供担保的第三人承担担保责任后，有权向债务人追偿。"《最高人民法院关于适用〈中华人民共和国担保法〉若干问题的解释》第三十八条第一款规定："同一债权既有保证又有第三人提供物的担保的，债权人可以请求保证人或者物的担保人承担担保责任。当事人对保证担保的范围或者物的担保的范围没有约定或者约定不明的，承担了担保责任的担保人，可以向债务人追偿，也可以要求其他担保人清偿其应当分担的份额。"因此对于物保和人保并存时，应当以当事人约定优先，没有约定或约定不明时，首先以自物保清偿债务，不足清偿部分既可要求就第三人提供的物保清偿，也可要求保证人承担清偿责任。笔者赞同第二种观点，首先应以当事人的约定为依据，对于民事法律关系，应当尊重当事人的意思自治和合同约定。该案中，保证人双流县和元茂食品商行、青羊区和元茂农牧商行自愿放弃了《物权法》第一百七十六条项下的抗辩权利，原告因此获得了选择权，既可向保证人要求偿还债务，也可就物保实现债权，无须先就自物保实现债权，再要求保证人就不足部分清偿。对于该案中既有自物保又有他物保的问题，提供物保的第三人并未放弃抗辩权，在存在自物保的情况下，先就自物保实现债权既符合《物权法》第一百七十六条的规定，也符合借贷关系本身的相对性，先就债务人自身财产实现债权符合公平正义的精神，也有利于节省司法资源，减少之后第三人再对债务人行使追偿权造成的司法资源浪费。因此，在该案中，由于保证人放弃了抗辩权利，因此债权人既可先要求实现债务人自己提供的抵押担保，也可先要求保证人承担连带保证责任。但对于第三人卢兴跃提供的抵押担保，应在债权人就债务人自己提供的抵押担保受偿后仍无法实现债权时再予以优先受偿。

编写人：四川省成都高新技术产业开发区人民法院　方利敏

24

借款人经生效判决认定其有罪，担保人仍应承担保证责任

——杜万兵诉钟在福、沈明辉保证合同案

【案件基本信息】

1. 裁判书字号

四川省广安市邻水县人民法院（2016）川 1623 民初字第 1471 号民事判决书

2. 案由：保证合同纠纷

3. 当事人

原告：杜万兵

被告：钟在福、沈明辉

【基本案情】

钟在福、沈明辉系夫妻关系。杜万兵经钟在福介绍借款给甘文。借款由杜万兵支付给钟在福后，再由钟在福支付给甘文。借条亦由钟在福分别向杜万兵出具后，再转为由甘文向杜万兵出具总的借条。2012 年 5 月 30 日，甘文向杜万兵出具的 500000 元的借条中，钟在福作为担保人在借条上签字确认，该借条载明："今借到杜万兵人民币 50 万元，大写伍拾万元整。月息 3 分，用本人开发项目作为担保。甘文，2012. 5. 30；担保人：钟在福，证明属实，2012. 5. 30。"钟在福认为其在借条上签字只是证明借款属实及担保甘文支付利息，借条没有写明担保责任及以什么形式担保，双方没有形成合法有效的担保关系。

甘文经生效判决认定其构成非法吸收公众存款罪，其犯罪事实包含非法吸收杜万兵存款。

【案件焦点】

杜万兵与钟在福之间是否成立有效的保证合同法律关系。

【法院裁判要旨】

四川省广安市邻水县人民法院经审理认为：杜万兵与甘文之间成立了借款合同，合同系双方当事人的真实意思表示，不违反法律、行政法规的强制性规定，合法有效。杜万兵与钟在福之间成立保证合同，合同亦系双方当事人的真实意思表示，不违反法律、行政法规的强制性规定。主合同（借款合同）有效，从合同（保证合同）本身无瑕疵的情况下，应属有效合同。本案中，杜万兵与钟在福对保证方式没有约定，应当按照连带责任保证承担保证责任。借条没有约定还款期限，也没有约定保证期间，杜万兵可以催告甘文在合理期限内返还借款，并有权自该合理期限届满之日起六个月内要求钟在福承担保证责任。现借款人甘文未归还杜万兵借款，杜万兵有权要求钟在福在其保证范围内承担保证责任。

另外，钟在福为甘文的借款提供的担保并非其与沈明辉夫妻共同生活所必须，在沈明辉未在借条上对保证行为予以确认的情况下，钟在福以其个人名义为甘文借款提供担保所负的债务，属于其个人债务，而非夫妻共同债务，沈明辉不必对甘文的借款承担连带清偿责任。

四川省广安市邻水县人民法院依照《中华人民共和国合同法》第五十二条、第二百零六条，《中华人民共和国担保法》第十八条、第十九条、第二十一条、第二十六条、第三十一条，《最高人民法院关于审理民间借贷案件适用法律若干问题的规定》第二十九条之规定，作出如下判决：

一、被告钟在福于本判决生效之日起十日内偿还原告杜万兵借款本金480000元及支付利息，利息从2013年1月1日起按照年利率24%计算至借款还清之日止；

二、驳回原告杜万兵对被告沈明辉的诉讼请求。

以上判决作出后，杜万兵、钟在福、沈明辉均未上诉。

【法官后语】

本案处理的重点是对借款合同及保证合同效力的认定。杜万兵与甘文之间单个的借款行为仅仅是引起民间借贷这一民事法律关系的民事法律事实，并不构成非法吸收公众存款的刑事法律事实，因为非法吸收公众存款的刑事法律事实是数个“向不特定人借款”行为的总和，从而从量变到质变。《合同法》规定了合同无效的情形，其中符合“违反法律、行政法规的强制性规定”“以合法形式掩盖非法目的”

两种情形的合同无效。当事人在订立民间借贷合同时，主观上可能确实基于借贷的真实意思表示，不存在违反法律、行政法规的强制性规定或以合法形式掩盖非法目的。非法吸收公众存款的犯罪行为与单个民间借贷行为并不等价，民间借贷合同并不必然损害国家利益和社会公共利益，两者之间的行为极有可能呈现为一种正当的民间借贷关系，即贷款人出借自己合法所有的货币资产，借款人自愿借入货币，双方自主决定交易对象与内容，既没有主观上要去损害其他合法利益的故意和过错，客观上也没有对其他合法利益造成侵害的现实性和可能性。根据《合同法》的规定，建立在真实意思基础上的民间借款合同受法律保护。主合同（借款合同）有效，从合同（保证合同）本身无瑕疵的情况下，应属有效合同。

本案担保人认为其在借条上签字只是证明借款属实及担保借款人支付利息。从杜万兵与借款人甘文通过钟在福介绍借款，并通过钟在福向甘文提供借款，且借款先由钟在福向杜万兵出具借条，后转为由借款人甘文向杜万兵出具借条等行为来看，杜万兵要求钟在福提供担保，旨在降低贷款风险。钟在福同意作为担保人在借条上签字，并愿意为甘文支付利息提供担保，应当推定其充分了解保证行为的后果。若钟在福以证明人的身份免除其保证人的责任，则债权人旨在降低贷款风险的努力没有产生任何效果，有违诚实信用原则及公平原则。综上，借款人的借贷行为经生效判决认定构成犯罪，借贷合同并不当然无效。在主合同与从合同均有效的情况下，担保人应当承担保证责任。

编写人：四川省广安市邻水县人民法院　唐娟

25

担保人死亡后其担保责任不能免除

——天津鼎元担保有限公司诉袭祥凤等保证合同案

【案件基本信息】

1. 裁判书字号

天津市高级人民法院（2016）津民终字第131号民事判决书

2. 案由：保证合同纠纷

3. 当事人

原告（上诉人）：天津鼎元担保有限公司（以下简称鼎元公司）

被告（被上诉人）：袭祥凤、姜雅涵

被告：杨爱伟、天津市盛元和筑路材料有限公司（以下简称盛元和公司）、倪钢

【基本案情】

2013年7月19日，被告盛元和公司与天津银行津城支行签订《流动资金借款合同》：被告盛元和公司向天津银行津城支行借款人民币5000000元，借款期限为12个月，自2013年7月19日起至2014年7月19日止。借款利率为年利率7.8%，借款的担保方式为保证。

鼎元公司与天津银行津城支行签订《保证合同》。鼎元公司与盛元和公司签订《委托担保合同》。鼎元公司与杨爱伟、盛元和公司签订《抵押反担保合同》，对抵押房屋未办理抵押登记。鼎元公司与袭祥凤、盛元和公司签订《抵押反担保合同》，办理了房屋抵押登记。鼎元公司与姜勇、盛元和公司签订《抵押反担保合同》，办理了房屋抵押登记。倪钢、杨爱伟为鼎元公司出具《个人担保承诺函》。袭祥凤、姜勇为鼎元公司出具《个人担保承诺函》。

2013年7月23日，盛元和公司收到天津银行津城支行借款人民币5000000元。2014年1月、2014年3月天津银行津城支行向盛元和公司发出《催收贷款本息通知书》，盛元和公司及鼎元公司均盖章确认。

2014年4月，鼎元公司向天津银行津城支行代偿盛元和公司2014年一季度利息97500元、一季度罚息855.56元。2014年6月，鼎元公司代偿2014年二季度利息99666.67元、二季度罚息32.39元。2014年7月，鼎元公司代偿本金5000000元、利息27083.33元。

原告未向本院提供证据证明姜雅涵继承姜勇遗产的范围。

【案件焦点】

担保人死亡后其担保责任能否免除，抵押权是否因抵押人死亡而消灭，保证债务是否因保证人死亡而消灭。

【法院裁判要旨】

天津市第一中级人民法院经审理认为：鼎元公司与被告盛元和公司签订的《委托担保合同》，鼎元公司与袭祥凤、盛元和公司签订的《抵押反担保合同》，鼎元公司与姜勇、盛元和公司签订的《抵押反担保合同》，倪钢、杨爱伟、袭祥凤、姜勇为鼎元公司出具的《个人担保承诺函》，均系合同缔约方的真实意思表示，且不违反法律、行政法规的强制性规定，均为合法有效。

经天津银行津城支行向盛元和公司催收贷款，盛元和公司未能履行还款义务，鼎元公司作为保证人代盛元和公司向银行偿还借款本金、利息、罚息共计5225137.95元。鼎元公司要求盛元和公司偿还其代偿的借款本息，符合双方合同约定及法律规定，原告该项诉讼请求，事实清楚、证据充分，本院予以支持。

鼎元公司虽与杨爱伟、盛元和公司签订《抵押反担保合同》，但抵押房产并未办理抵押登记，根据法律规定，该抵押权未设立，本院不予支持。

关于鼎元公司主张姜雅涵作为姜勇的继承人对姜勇应当承担的债务承担连带保证责任的问题，姜勇作为本案讼争的借款保证的连带责任人，因已死亡，原告依法申请追加其女儿姜雅涵为本案被告参加诉讼，但原告未向本院提供证据证明姜雅涵继承姜勇遗产的范围，原告主张姜雅涵对本案债务承担连带偿还责任的诉讼请求因证据不足，本院不予支持，原告可待取得相关证据后另行主张权利。

天津市第一中级人民法院依照《中华人民共和国民法通则》第一百零八条，《中华人民共和国担保法》第十二条、第十八条、第三十一条、第三十三条，《中华人民共和国物权法》第一百八十七条，《中华人民共和国民事诉讼法》第一百四十四条的规定，作出如下判决：

一、被告天津市盛元和筑路材料有限公司于本判决生效之日起十日内偿还原告天津鼎元担保有限公司为其代偿的借款本金及利息共计人民币5225137.95元及自2014年7月17日起至本判决确定给付之日止以5225137.95元为基数按照中国人民银行同期贷款利率四倍计算的利息；

二、被告倪钢、被告杨爱伟、被告袭祥凤对上述给付事项承担连带清偿责任；

三、原告天津鼎元担保有限公司对被告袭祥凤以其为本案讼争借款担保设定的抵押物，即坐落于天津市河东区津塘路丰盈里4－303号的房地产证号为河东字第020216919号房地产，在其抵押担保范围内享有优先受偿权；

四、驳回原告天津鼎元担保有限公司的其他诉讼请求。

鼎元公司提起上诉。

天津市高级人民法院依照《中华人民共和国民事诉讼法》第一百七十条第一款第（一）项、第（二）项之规定，作出如下判决：

一、维持原判；

二、加判“上诉人天津鼎元担保有限公司对坐落于天津市河东区津塘路丰盈里4－304号姜勇名下的房产享有抵押权，在抵押担保范围内享有优先受偿权”。

【法官后语】

一般情况下，债务人去世后，其债务依然存在，债权人可以从其遗产中受偿。对于死者生前抵押的财产，不因所有权人死亡而导致抵押权消失。但对于保证人，其保证债务会因保证人死亡而消灭吗？本案因原告未提交遗产范围方面的证据而未支持其相应诉求，但判决表达了姜勇死后保证责任并未消灭的看法。

笔者认为，保证人死亡时不论主债务履行期是否届至，保证人死亡后都应以其遗产承担保证责任，其继承人应当在继承范围内承担责任，理由是保证人作出保证之时就意味着保证人用自已的所有财产提供担保。

第一，保证虽然属于信用担保，但保证人能为他人债务提供保证的基础是保证人具有代为清偿主债务的能力。保证的根源是保证人背后的清偿债务的能力，与其财产紧密相关。保证人死亡后，其生前财产转为遗产，财产和遗产都是一种客观存在，不具有任何的主观性，都具有偿还债务的功能。保证之债实质是一种金钱给付义务，归根结底是一种财产责任。因此，保证人死亡后保证责任随之消灭的观点不妥。

第二，保证义务是保证责任的前提，保证合同生效时保证义务随即产生，当保证事由产生时保证责任随之产生，这是学理上义务和责任之分在保证上的体现。现行法律没有规定保证人死亡后保证责任随之消灭，但也没有规定保证义务随之消灭。保证义务作为一种合同义务，在没有特别约定的情况下，合同主体死亡不是免除义务的法定事由，该义务在主债务履行完毕之前一直存在，不因合同主体死亡而消灭。因此，区分保证义务和保证责任意义不大，认为保证责任跟死亡时间有关缺少法律依据。

第三，保证合同一旦生效，各方主体都有相应的权利义务，这种权利义务伴随合同始终。保证人提供保证之前可能在其他经济往来中已经获得债权人或债务人带来的某种利益，提供保证是继续合作或者作为回报的表现。且法律赋予保证人追偿权，保证人的遗产用来偿还债务后，遗嘱执行人或者继承人可以向债务人追偿，保证人死亡后保证责任依然存在并不会导致各方权利义务的失衡。

第四，保证债务是从债务，但也是一种债务。继承法中被继承人生前债务包含其生前所有的个人合法债务。如果保证人死亡时主债务尚未到期，那么保证债务是或有债务，但对债权人而言，这种债务跟一般债务没什么不同。因此，应将这种保证债务归为上诉条文中的“债务”。

编写人：天津市高级人民法院　林世开

26

担保之债中夫妻共同债务的认定

——何雪梅诉贵州睿力集团铜仁房地产有限公司等民间借贷案

【案件基本信息】

1. 裁判书字号

重庆市第一中级人民法院（2016）渝01民申字第19号民事裁定书

2. 案由：民间借贷纠纷

3. 当事人：

原告（被申请人）：何雪梅

被告（再审申请人）：黄媛、姚迪

被告：贵州睿力集团铜仁房地产有限公司、贵州睿力房地产开发有限公司、重庆纬骏水泥制品有限责任公司、陈波、秦萍、何亮、陈建国、陈建华、陈林、曾娟

【基本案情】

2013年2月4日，贵州睿力集团铜仁房地产有限公司向何雪梅借款1000万元，

借款用途为流动资金借款。同日，贵州睿力房地产开发有限公司、重庆纬骏水泥制品有限责任公司与何雪梅签订《保证合同（法人)》，陈波、秦萍、陈建国、陈建华、陈林也与何雪梅签订《保证合同（自然人)》，曾娟作为陈林配偶，何亮作为秦萍配偶在《保证合同（自然人)》上签字。《保证合同（法人)》和《保证合同(自然人)》均约定保证方式为连带责任保证。借款时，黄媛与陈建华，姚迪与陈建国系夫妻关系，但黄媛、姚迪未在《保证合同（自然人)》上签字。后贵州睿力集团铜仁房地产有限公司未按约归还借款，何雪梅遂起诉要求贵州睿力集团铜仁房地产有限公司归还本息，保证人及其配偶承担连带责任。

再审复查查明，陈林有陈建军、陈建华、陈建国、陈波等子女，陈建华与黄媛、陈建国与姚迪系夫妻关系。贵州睿力集团铜仁房地产有限公司（法定代表人为陈建国，股东为陈林、贵州睿力房地产有限公司)、贵州睿力房地产有限公司（法人代表为陈建国，股东为陈林、陈建国、陈波)，重庆纬骏水泥制品有限责任公司(法定代表人为陈波，发起股东为陈建华、陈建国、陈建军、陈波）以及贵州睿力酒店有限公司（法定代表人为陈建华，股东为陈林、陈建华）均为关联公司。

【案件焦点】

陈建国配偶姚迪和陈建华配偶黄媛是否应承担连带还款责任。

【法院裁判要旨】

重庆市第一中级人民法院经审理认为：被告黄媛与陈建华，姚迪与陈建国系夫妻关系，根据《最高人民法院关于适用〈中华人民共和国婚姻法〉若干问题的解释（二)》第二十四条的规定，夫妻关系存续期间一方所负债务应当视为夫妻共同债务，除非在债务合同中明确约定为个人债务或债权人明知夫妻实行约定分别财产制。本案中，合同中并未明确约定借款（担保）为个人债务，黄媛与姚迪亦未主张与配偶被告约定分别财产制，故黄媛与姚迪应当对本案借款本息承担连带清偿责任。

重庆市第一中级人民法院遂于2015年4月7日作出（2014）渝一中法民初字第01549号民事判决：判决被告贵州睿力集团铜仁房地产有限公司归还借款本金及利息，被告贵州睿力房地产开发有限公司、重庆纬骏水泥制品有限责任公司、陈波、秦萍、何亮、陈建国、陈建华、陈林、曾娟、黄媛、姚迪对上述借款本息承担连带清偿责任，驳回原告何雪梅的其他诉讼请求。

被告姚迪、黄媛不服上述判决，向重庆市第一中级人民法院申请再审。

重庆市第一中级人民法院经再审复查后认为，保证合同通常具有单务性和无偿性，夫妻一方常基于人身信任、个人情感等原因作出保证，体现其不受配偶约束的独立人格，故夫妻一方对外担保之债一般不能认定为夫妻共同债务。然而，本案中借款人与保证人间具有关联关系，他们之间的保证不同于普通保证的无偿性。贵州睿力集团铜仁房地产有限公司的借款虽由陈建国、陈建华担保，但因借款人与保证人间具有关联关系且该担保行为是为了共同生产经营需要，保证人及其家庭亦从该担保行为中受益，故黄媛、姚迪均应对借款承担连带清偿责任。

重庆市第一中级人民法院于2016年7月26日作出（2016）渝01民申19号民事裁定，驳回姚迪、黄媛的再审申请。

【法官后语】

将担保之债认定为夫妻共同债务，要求担保人配偶承担连带责任突破了合同相对性，且因涉及合同法、担保法、婚姻法等众多部门法规，各部门法规的价值理念又有所冲突，导致适用中存在较大争议。

1. 担保之债能否认定为夫妻共同债务观点梳理

司法实务中对于夫妻一方对外担保之债能否认定为夫妻共同债务存在争议，主要有以下三种观点：一是认为应适用《最高人民法院关于适用〈中华人民共和国婚姻法〉若干问题的解释（二）》第二十四条的规定，夫妻关系存续期间一方所负债务应当视为夫妻共同债务，除非在债务合同中明确约定为个人债务或债权人明知夫妻实行约定分别财产制；二是认为保证合同具有单务性和无偿性，夫妻一方常基于人身信任、个人情感等原因作出保证，体现其不受配偶约束的独立人格，故因夫妻一方对外担保产生的债务通常不能认定为夫妻共同债务；三是认为应回归夫妻共同债务认定的本源，考虑两个标准酌情认定：（1）夫妻有无共同举债的合意，即如果夫妻有共同举债之合意，则不论该债务所带来的利益是否为夫妻共享，该债务均视为共同债务。（2）夫妻是否分享了债务所带来的利益。

笔者通过对中国裁判文书网进行案例检索发现，实践中支持第二种观点的做法居多。《最高人民法院民一庭关于夫妻一方对外担保之债能否认定为夫妻共同债务的复函》(〔2015〕民一他字第9号)中明确了复函中所涉案件不应当适用《最高人民法院关于适用〈中华人民共和国婚姻法〉若干问题的解释(二)》第二十四条的规定将夫妻一方对外担保之债认定为夫妻共同债务。此外，最高人民法院在(2014)民二终字第63号民事判决等多份裁判文书中均未将夫妻一方的担保之债认定为夫妻共同债务。浙江省温州市中级人民法院制定的《关于审理民间借贷纠纷案件若干问题的意见》(2012年8月7日)第十条亦规定:“夫妻一方以个人名义为他人借款提供保证或无对价受让债务，债权人主张夫妻应共同承担保证责任或偿还责任的，一般不予支持。”

2. 需考虑“实质受益”情况，回归本源酌情认定

笔者赞同第三种观点。对夫妻一方对外担保产生的债务能否认定为夫妻共同债务的问题，仍应回归夫妻共同债务认定的本源，结合个案情况具体考量，除关注夫妻双方是否具有举债的合意外，还应从实质上分析“家庭是否从中受益”，对于间接受益、隐形受益行为要有深刻的把握。如本案中，保证合同从表面上看具有单务性和无偿性，但因借款人与保证人间具有关联关系，担保行为乃为共同生产经营需要，保证人及其家庭亦从该担保行为中受益，且是一种间接获益行为，故应认定为夫妻共同债务。

3. 举证责任分配的问题

虽然婚姻家庭生活的私密性使外人很难搞清债务的真实状况，但因保证之债不同于一般债务，具有单务性和无偿性，且债权人在签订合同时常处于强势的一方，有充分的优势地位尽到合理注意义务(如要求保证人配偶也一同签订保证合同)，故若债权人要求保证人配偶对保证之债承担连带责任时，应对债权人苛以较高的举证要求。即债权人需举证证明担保人配偶知道或应当知道担保人的担保行为，并且认可此种担保行为；或者能够证明担保人的担保行为是为了夫妻、家庭共同生活或生产经营需要，或者夫妻、家庭从该担保行为中受益。若债权人举证不能，则应承担相应的不利法律后果。

编写人：重庆市第一中级人民法院　李俊冰

27

主债务人进入破产程序后连带保证人责任范围的确定及债权人债权方式的实现

——华夏银行服务有限公司台州分行诉浙江双友机电集团股份有限公司等保证合同案

【案件基本信息】

1. 裁判书字号

浙江省台州市中级人民法院（2016）浙10民终字第1872号民事判决书

2. 案由：保证合同纠纷

3. 当事人

原告（上诉人）：华夏银行股份有限公司台州分行（以下简称华夏银行）

被告（被上诉人）：浙江双友机电集团股份有限公司（以下简称双友机电公司）

被告：蔡开坚、许玉妹、中昌环保集团有限公司（以下简称中昌公司）、爱华控股集团有限公司（以下简称爱华集团公司）、浙江爱华房地产开发有限公司（以下简称爱华房地产公司）、项道铨、陈爱丽

【基本案情】

2013年9月13日，华夏银行与被告双友机电公司签订了编号为TZ01（高保）20130028号的《最高额保证合同》，合同约定被告双友机电公司在最高债权本金余额人民币3000万元整的范围内为借款人浙江中捷环洲供应链集团股份有限公司（以下简称中捷公司）项下债务提供连带责任保证担保。2014年3月13日，华夏银行与被告蔡开坚、许玉妹分别签订了编号为TZ01（高保）20140009号和TZ01（高保）20140010号的《个人最高额保证合同》，该两份合同约定，被告蔡开坚、许玉妹自愿在最高债权本金余额人民币5000万元整的范围内为借款人同华夏银行

连续签订的多个《流动资金借款合同》项下债务提供连带责任保证担保。两合同都对保证等其他事项作了约定。

上述最高额保证合同项下共发生三笔借款，分别是：1. 编号为TZ0210120140030号的《流动资金借款合同》，约定，合同项下贷款本金为人民币2000万元整，贷款年利率为6.15%等。2. 编号为TZ0210120140029号和TZ0210120140031号的《流动资金借款合同》，约定：每笔合同项下华夏银行向借款人发放流动资金贷款本金人民币各1500万元整，贷款年利率均为7.8%等。

同时，为确保债权实现，华夏银行与被告中昌公司、爱华集团公司、爱华房地产公司分别签订了编号为TZ0210120140030－13、11、12号的《保证合同》，与被告项道铨、被告陈爱丽分别签订了编号为TZ0210120140030－14、15号的《个人保证合同》，该五份合同均约定各被告自愿为借款人与华夏银行所签订的编号为TZ0210120140030号的《流动资金借款合同》（以下简称主合同）项下债务提供连带责任保证担保。上述合同签订后，华夏银行依约向借款人发放了贷款。2014年9月12日，华夏银行与借款人及被告双友机电公司、蔡开坚签订《展期协议》，约定合同项下展期金额各为人民币1500万元，年利率7.8%，展期后借款到期日为2015年3月13日，担保人均继续承担担保责任。华夏银行庭审中陈述，本案借款利息已支付至2014年10月13日。

另查明，2014年10月13日，中捷公司资不抵债，经玉环法院裁定受理其破产重整申请。2014年12月15日，华夏银行申报债权为借款本金5000万元。2015年6月2日，玉环法院裁定批准中捷公司重整计划草案。该重整计划草案对普通债权计划分三期清偿。2015年7月1日，华夏银行受偿第一期破产债权824万元，剩余债权尚未获清偿（分配款按比例分摊，三笔借款本金余额分别为：12528000元、12528000元、16704000元）。

原告起诉要求被告双友机电公司、蔡开坚、许玉妹清偿借款本金人民币25056000元及利息，被告蔡开坚、许玉妹、中昌公司、爱华集团公司、爱华房地产公司、项道铨、陈爱丽清偿借款本金人民币16704000元及利息。

被告双友机电公司答辩称：对借款担保事实无异议，但本案应中止审理，如不中止，附利息的债权自破产申请受理时起停止计息。

二审期间，华夏银行受偿第二期部分破产债权650万元。

【案件焦点】

主债务人破产后，主债权停止计息的效力是否及于保证人，保证人的责任范围是否受破产程序影响而减少。

【法院裁判要旨】

浙江省台州市锦江区人民法院经审理认为：华夏银行与中捷公司签订借款合同及与被告签订的保证合同均合法有效。中捷公司破产重整，华夏银行就涉案债权已向破产管理人申报并得以确认，同时又起诉要求各被告承担保证责任，根据《最高人民法院对〈关于担保期间债权人向保证人主张权利的方式及程序问题的请示〉的答复》的规定，对于债权人申报了债权，人民法院如径行判决保证人承担保证责任，应当在判决中明确应扣除债权人在债务人破产程序中可以分得的部分。对于本案借款利息，根据《中华人民共和国破产法》第四十六条规定，应计算至破产受理之日。为此，判决：

一、被告双友机电有限公司、蔡开坚、许玉妹于本判决发生法律效力且中捷公司破产程序终结后十日内偿还华夏银行股份有限公司台州分行借款本金25056000元在中捷公司破产程序中未受清偿的部分；

二、被告蔡开坚、许玉妹、中昌环保集团有限公司、爱华控股集团有限公司、浙江爱华房地产开发有限公司、项道铨、陈爱丽于本判决发生法律效力且中捷公司破产程序终结后十日内偿还华夏银行借款本金16704000元在中捷公司破产程序中未受清偿的部分；

三、驳回华夏银行股份有限公司台州分行的其余诉讼请求。

华夏银行持原审意见提起上诉。

浙江省台州市中级人民法院审理认定的事实与原审法院审理认定的事实一致。依照《中华人民共和国民事诉讼法》第一百七十条第一款第（一）项的规定，判决如下：

驳回上诉，维持原判。

【法官后语】

1. 主债务人破产后，主债权停止计息的效力及于保证人。理由：一是基于保证责任的从属性，保证责任范围不应大于破产债权。二是担保法对保证范围的规定仅限于主债务人应当承担的责任范围。三是担保制度得以有效运转在于债权人的风险转移以及担保人取得追偿权两大功能。在担保制度设计中，在优先考虑债权人利益的时候，对担保人的利益也应予以适当考虑。破产案件受理后对主债权停止计息，债权人受损失的仅是利息损失，如果债权人及时对保证人行使权利，即使保证债务也停止计息，债权人的损失也不会很大。如果对保证债务不停止计息，最终影响的是保证人的追偿权。因此，在法律没有规定情形下剥夺保证人的追偿权对保证人而言难言公平，也有违担保两大功能实现，社会效果也不会理想。

2. 破产债权在破产程序中部分受偿后再向保证人主张权利应如何处理？本案如果保证人在破产程序尚未终结前履行了保证责任，而债权人在破产程序中又获得了部分受偿，有可能出现同一债务双重受偿的情形。若债权人在双重受偿后，未将双重受偿部分主动返还给保证人，亦可能会产生新的纠纷和诉讼。基于对上述风险的防范考虑，对于这类案件，程序上是中止等待破产程序终结后方可审理还是径行判决在实务中有不同处理方式，本案裁判通过对《担保法》等的分析和论证，确定了本案诉讼无须中止审理，同时作出附履行条件的判决，保证了债权人权利，同时又避免可能出现的双重受偿的情况，这种裁判思路在实践中不失为一种妥当的做法。

编写人：浙江省温岭市人民法院　夏群佩

浙江省台州市中级人民法院　洪海波

28

反担保保证期间起算时间

——南通鑫凯界面工程科技有限公司诉南通华尔康医疗科技股份有限公司、吴永高保证合同追偿案

【案件基本信息】

1. 裁判书字号

江苏省南通市中级人民法院（2015）通中商终字第00366号民事判决书

2. 案由：保证合同追偿纠纷

3. 当事人

原告（上诉人）：南通鑫凯界面工程科技有限公司（以下简称鑫凯界面公司）

被告（被上诉人）：南通华尔康医疗科技股份有限公司、吴永高（以下简称华尔康公司）

【基本案情】

2012年5月5日，海门农商行与顾群、南通飞拓界面工程科技有限公司（鑫凯界面公司的前称，以下简称飞拓界面公司）、周德龙、王春龙订立《最高额个人担保借款合同》一份，约定：贷款人海门农商行，借款人顾群，担保人飞拓界面公司、周德龙、王春龙；最高本金余额不超过200万元；贷款存入顾群名下的某账户；担保方式为连带共同保证担保；担保范围为借款本金、利息、罚息、债权人实现债权的费用等。

同年5月8日，华尔康公司出具《反担保书》一份。全文如下：根据债务人顾群与债权人海门农商行签订的《最高额个人担保借款合同》，合同金额200万元，周德龙为上述债务进行连带保证担保。为保障担保人周德龙的合法权利，反担保人华尔康公司自愿为担保人周德龙提供反担保，如债务人逾期还款造成反担保权人周德龙损失的，反担保人华尔康公司自愿承担连带保证责任。该《反担保书》下方反担保人签章处由吴永高签名并加盖华尔康公司印章。

同日，吴永高出具《反担保书》一份：本人自愿为飞拓界面公司和周德龙给顾群向海门农商行德胜支行借款200万元担保的事项提供反担保。如逾期不还款，该笔借款造成周德龙的一切经济损失由本人承担连带保证责任。该《反担保书》下方反担保人签章处由吴永高签名。

2012年5月10日，海门农商行将200万元转入上述《最高额个人担保借款合同》约定的顾群的账户。

后因顾群不按时还本付息，海门农商行向保证人催收，飞拓界面公司代为偿还。

2013年6月，飞拓界面公司更名为鑫凯界面公司。

吴永高曾于2014年10月30日以鑫凯界面公司等为被告向一审法院提起民事

诉讼，其在起诉状中陈述“加上原告认可代顾群偿还银行贷款本息210万元”。

二审庭审中，各方当事人对顾群失踪的事实无异议。吴永高对于鑫凯界面公司主张的本息，除利息起算时间外，并无异议。

上述事实，由《最高额个人担保借款合同》、海门农商行出具的《代偿证明》各一份和《反担保书》两份等书证，以及双方当事人一致陈述为证。

【案件焦点】

鑫凯界面公司向吴永高主张保证责任是否超过保证期间，吴永高的保证责任是否成立，保证范围如何确定。

【法院裁判要旨】

江苏省海门市人民法院经审理认为：加盖华尔康公司印章的《反担保书》表述华尔康公司为周德龙提供反担保，另一份《反担保书》表述吴永高自愿为飞拓界面公司和周德龙提供反担保，故仅吴永高向飞拓界面公司提供了反担保，华尔康公司并未提供。吴永高的反担保人身份、保证责任方式、保证期间等应按照反担保书来确定。反担保书明确约定保证责任方式为连带保证责任，但未约定保证期间，故吴永高的保证期间应为六个月，自鑫凯界面公司为顾群代偿之日起计算。鑫凯界面公司为顾群代偿行为至2013年4月25日结束，距鑫凯界面公司提起诉讼已超过半年。因鑫凯界面公司未举证证明其在此期间要求吴永高承担保证责任，故吴永高的保证责任得以免除。

江苏省海门市人民法院依照《中华人民共和国担保法》第二十六条之规定，作出如下判决：

驳回南通鑫凯界面工程科技有限公司的诉讼请求。

鑫凯界面公司持原审起诉意见提起上诉。南通市中级人民法院审理认为：其一，根据担保法规定，主合同对主债务履行期限没有约定或者约定不明的，保证期间自债权人要求债务人履行义务的宽限期届满之日起计算。2013年4月25日，鑫凯界面公司代顾群向海门农商行偿还全部本息后，其即享有向顾群追偿的权利。吴永高所担保的主债务即为顾群应向鑫凯界面公司偿还代垫款项的债务。鑫凯界面公司与顾群之间并未对该债务约定履行期限，鑫凯界面公司有权随时要求顾群履行，只是应给顾群必要的准备时间即宽限期。结合顾群失踪的事实以及一般诉讼时效两年的规定，鑫凯界面公司提起诉讼向吴永高主张权利可视为其给予顾群的宽限期届满，保证期间应自起诉时计算六个月。其二，从吴永高2014年10月30日向海门市人民法院递交的诉状来看，其应明知鑫凯界面公司已为顾群代偿全部本息的事实，可以推断鑫凯界面公司最晚于2014年10月30日前就曾向吴永高主张过权利。综上，鑫凯界面公司向吴永高主张保证责任并未超过保证期间。

江苏省南通市中级人民法院依照《中华人民共和国担保法》第四条、第十八条、第二十六条，《最高人民法院关于适用〈中华人民共和国担保法〉若干问题的解释》第三十三条，《中华人民共和国民事诉讼法》第一百七十条第一款第（二）项之规定，作出如下判决：

一、撤销海门市人民法院（2015）门商初字第00056号民事判决；

二、吴永高于本判决生效之日起十日内给付南通鑫凯界面工程科技有限公司本金2110717.48元及利息（以2110717.48元为本金，按照中国人民银行同期一年期贷款利率，从2013年4月26日起计算至实际给付之日止）；

三、驳回南通鑫凯界面工程科技有限公司的其他诉讼请求。

【法官后语】

《中华人民共和国担保法》第二十六条第一款规定："连带责任保证的保证人与债权人未约定保证期间的，债权人有权自主债务履行期届满之日起六个月内要求保证人承担保证责任。"本案中，反担保双方当事人没有约定保证期间，保证期间应为六个月，但自何时开始起算，一、二审作出了不同的判断。一审直接从鑫凯界面公司为顾群代偿之日起计算保证期间，没有考虑反担保债务也存在主债务履行期问题。担保人履行代偿义务时，反担保债务开始形成，债务人对反担保债务的偿还需要一定时间，对于偿还的期限本案反担保各方当事人并没有约定。《最高人民法院关于适用〈中华人民共和国担保法〉若干问题的解释》第三十三条的规定："主合同对主债务履行期限没有约定或者约定不明的，保证期间自债权人要求债务人履行义务的宽限期届满之日起计算。"二审查明债务人顾群失踪，鑫凯界面公司要求其履行债务需要较长时间，鑫凯界面公司距离最后一次代偿之日不满两年即提起诉讼向吴永高主张权利，此时应视为其给予顾群的宽限期届满，六个月的保证期间自此才开始计算。故此，二审认为鑫凯界面公司向吴永高主张保证责任未超过保证期间，据此改判吴永高承担保证责任。

编写人：江苏省南通市中级人民法院　韩兴娟

29

对外担保合同未经国家外汇管理机关批准登记，不影响合同效力

——南洋商业银行有限公司诉山东省华宏制衣有限公司、王宏保证合同案

【案件基本信息】

1. 裁判书字号

山东省菏泽市中级人民法院（2015）菏商初字第93号民事判决书

2. 案由：保证合同纠纷

3. 当事人

原告：南洋商业银行有限公司（以下简称南洋银行）

被告：山东省华宏制衣有限公司（以下简称华宏公司）、王宏

【基本案情】

2012年11月14日，致诚国际有限公司（以下简称致诚公司，系在香港特别行政区注册成立的公司）与南洋银行签订票据交易及贸易融资主协议。南洋银行向致诚公司提供总额不超过港币2800万元的循环授信融资额度（包含信用证、信托提货及进口票据融资），致诚公司承诺依相关还款条件向南洋银行偿还贷款。2014年11月18日，王宏与南洋银行签订担保契约，华宏公司与南洋银行签订保证合同，均约定华宏公司和王宏为致诚公司的融资函所列全部债务承担连带保证责任。上述借款及担保合同签订后，南洋银行依约根据致诚公司的融资函的申请事项发放融资款。

2015年3月19日，南洋公司向香港特别行政区香港高等法院起诉致诚公司，请求致诚公司偿还以上融资函所涉及的债务。2015年4月23日香港高等法院作出判决，判决致诚公司向南洋公司支付下列款项：1. 本金1855954.93美元。2. 本金1835875.05美元项下利息自2015年3月14日至2015年4月23日（判决日）以年利率11.25%计算，自2015年4月24日起的利息按照香港法院判决年利率8%计算，直至所有债务全部清偿之日。截至2015年5月13日，致诚公司尚欠南洋银行票据融资本金1765790.19美元及利息1935.11美元。

【案件焦点】

对外担保合同未经国家外汇管理机关批准登记，担保合同是否有效。

【法院裁判要旨】

山东省荷泽市中级人民法院经审理认为：根据《中华人民共和国涉外民事关系法律适用法》第四条和《最高人民法院关于适用〈中华人民共和国涉外民事关系法律适用法〉若干问题的解释（一）》第十条的规定，涉及外汇管制等金融安全的，应直接适用该强制性规定。因此，本案应适用我国内地法律作为准据法。

《中华人民共和国外汇管理条例》第十九规定，提供对外担保，应当向外汇管理机关提出申请，由外汇管理机关根据申请人的资产负债等情况作出批准或者不批准的决定，申请人签订对外担保合同后，应当到外汇管理机关办理对外担保登记。《最高人民法院关于适用〈中华人民共和国担保法〉若干问题的解释》第六条规定：有下列情形之一的，对外担保合同无效：（一）未经国家有关主管部门批准或者登记对外担保的……根据以上规定可以看出，我国对内保外贷实施的是强制性管制制度，即对外担保合同须经国家有关管理机关批准或登记，否则对外担保合同无效。但自2014年6月1日起实施的《跨境担保外汇管理规定》第二十九条规定："外汇局对跨境担保合同的核准、登记或备案情况以及本规定明确的其他管理事项与管理要求，不构成跨境担保合同的生效要件。"即国家外汇管理局自2014年6月1日起已明确跨境担保登记或备案等手续不再作为效力性规定，而是管理性规定，违反该规定将受行政处罚。故本案当事人是否履行相关登记或备案手续，不影响合同效力。本案担保契约和担保合同应为有效合同。华宏公司和王宏应按照合同的约定对致诚公司拖欠原告南洋银行的进口票据融资本金1765790.19美元，利息

1935.11 美元承担连带担保责任。2015 年4 月23 日，香港特别行政区高等法院作出诉讼号为 HCA 573/2015 的终审判决，对致诚公司拖欠南洋银行的融资贷款数额进行了确认。截止至 2015 年 5 月 13 日，致诚公司尚欠南洋银行进口票据融资本金 1765790.19 美元，利息 1935.11 美元。

山东省菏泽市中级人民法院依照《中华人民共和国合同法》第一百零七条，《中华人民共和国担保法》第十八条，《中华人民共和国涉外民事关系法律适用法》第四条，《最高人民法院关于适用〈中华人民共和国涉外民事关系法律适用法〉若干问题的解释（一)》第十条的规定，判决如下：

一、于本判决生效后 10 日内山东省宏制衣有限公司、王宏清偿南洋商业银行有限公司本金 1765790.19 美元及利息 1935.11 美元［以上共计人民币 10804867.35 元，按照2015 年5 月13 日国家外汇管理局美元兑人民币汇率中间价 611.23 折算。利息计算至 2015 年 5 月 13 日，自 2015 年 5 月 14 日起按照香港法院判决年利率（现为年利率 8%）计算至本判决确定的履行期限届满之日止］；

二、驳回南洋商业银行有限公司的其他诉讼请求。

案件受理费人民币 86629 元、诉讼保全费人民币 5000 元，共计 91629 元，由华宏公司、王宏共同负担。

【法官后语】

首先，关于本案适用的准据法问题。《中华人民共和国涉外民事关系法律适用法》第四条和第五条规定：中华人民共和国法律对涉外民事关系有强制性规定的，直接适用该强制性规定；外国法律的适用将损害中华人民共和国社会公共利益的，适用中华人民共和国法律。《最高人民法院关于适用〈中华人民共和国涉外民事关系法律适用法〉若干问题的解释（一)》第十条对属于上述强制性规定进行了界定，其中一项情形即涉及外汇管制等金融安全。因此，本案应适用中华人民共和国法律作为处理争议的准据法。

其次，本案所涉及保证纠纷系在内地注册成立的华宏公司和自然人王宏作为保证人，为在香港注册成立的致诚公司向南洋银行的借款提供保证，属于典型的内保外贷。根据《中华人民共和国外汇管理条例》第十九条的规定，提供对外担保，应当向外汇管理机关提出申请，由外汇管理机关根据申请人的资产负债等情况作出批准或者不批准的决定，以及《最高人民法院关于适用〈中华人民共和国担保法〉若干问题的解释》第六条规定：“有下列情形之一的，对外担保合同无效：(一)未经国家有关主管部门批准或者登记对外担保的……”可以看出，我国对内保外贷实施的是强制性管制制度，即对外担保合同须经国家有关管理机关批准或登记，否则对外担保合同无效。因此，华宏公司为致诚公司进行担保时应向外汇管理局履行登记或备案手续。

但自2014年6月1日起实施的《跨境担保外汇管理规定》第二十九条规定：外汇局对跨境担保合同的核准、登记或备案情况以及本规定明确的其他管理事项与管理要求，不构成跨境担保合同的生效要件。即国家外汇管理局自2014年6月1日起已明确跨境担保登记或备案等手续不再作为效力性规定，而是管理性规定，违反该规定将受行政处罚。故本案当事人是否履行相关登记或备案手续，不影响合同效力。

编写人：山东省菏泽市中级人民法院　姜健

30

担保债务不属于夫妻共同债务

——山东寿光农村商业银行股份有限公司诉王长正等借款担保合同案

【案件基本信息】

1. 裁判书字号

山东省寿光市人民法院（2016）鲁0783民初字第2143号民事判决书

2. 案由：借款担保合同纠纷

3. 当事人

原告：山东寿光农村商业银行股份有限公司（以下简称寿光农村商业银行）

被告：王长正、柴爱梅、王晓亮、侯云凤、王明亭、刘小云、王晓东、苗俊玲

【基本案情】

王长正、柴爱梅系夫妻关系，经王晓亮、王明亭、王晓东担保，于2013年6月8日向寿光农村商业银行贷款500000元，到期日为2014年5月20日。借款到期后，经寿光农村商业银行催收，王长正、柴爱梅拒不归还借款本息，担保人王晓亮、王明亭、王晓东亦未履行担保责任。寿光农村商业银行认为，侯云凤、刘小云、苗俊玲分别系王晓亮、王明亭、王晓东之妻，担保行为发生在夫妻关系存续期间，理应与王晓亮、王明亭、王晓东共同承担担保责任。寿光农村商业银行提供的个人最高额联合保证借款合同能证实王长正、王晓亮、王明亭、王晓东组成四户联保，王晓亮、王明亭、王晓东同意作为王长正上述借款的担保人，其提供的借款借据亦能证实寿光农村商业银行已将500000元款项实际交付于王长正，但其提供的共同清偿及连带责任保证书上仅有王晓亮、王明亭、王晓东的签字，未有其妻侯云凤、刘小云、苗俊玲的签字。

【案件焦点】

王晓亮、王明亭、王晓东的担保债务是否是夫妻共同债务，侯云凤、刘小云、苗俊玲作为担保人之妻，是否应当承担担保责任。

【法院裁判要旨】

山东省寿光市人民法院经审理认为：当事人对自己的主张有责任提供证据。寿光农村商业银行与王长正、王晓亮、王明亭、王晓东之间签订的个人最高额联合保证借款合同、与王长正签订的借款借据、与柴爱梅签订的共同清偿及连带保证担保书均合法有效，被告王晓亮、王明亭、王晓东作为共同保证人，寿光农村商业银行要求其对上述借款本息承担连带清偿责任，符合法律规定，本院予以支持，其主张侯云凤、刘小云、苗俊玲对本案借款本息承担连带清偿责任，因未提供证据证实，本院不予支持。

山东省寿光市人民法院依照《中华人民共和国合同法》第一百零七条、第二百零六条、第二百零七条，《中华人民共和国担保法》第十八条、第二十一条、第三十一条、《最高人民法院关于适用〈中华人民共和国婚姻法〉若干问题的解释（二）》第二十四条，《中华人民共和国民事诉讼法》第六十四条第一款、第一百一十四条之规定，判决如下：

一、被告王长正、柴爱梅返还原告山东寿光农村商业银行股份有限公司借款本金347102.32元，支付利息107156.3元（利息计算至2016年5月2日，以后利息按合同约定的方式计算至判决确定的履行之日），以上本息共计454258.62元，于本判决生效后十日内履行；

二、被告王晓亮、王明亭、王晓东对上述债务承担连带清偿责任，保证人承担保证责任后，有权向被告王长正、柴爱梅追偿；

三、驳回原告山东寿光农村商业银行股份有限公司的其他诉讼请求。

【法官后语】

本案处理重点在于判别夫妻一方为他人担保形成的债务是否属于夫妻共同债务。

第一种观点认为，债务形成于夫妻关系存续期间，可以推定为夫妻共同债务，应由侯云凤、刘小云、苗俊玲与担保人王晓亮、王明亭、王晓东共同承担连带责任。法律依据是《最高人民法院关于适用〈中华人民共和国婚姻法〉若干问题的解释（二）》第二十四条规定："债权人就婚姻关系存续期间夫妻一方以个人名义所负债务主张权利的，应当按照夫妻共同债务处理。但夫妻一方能够证明债权人与债务人明确约定为个人债务，或者能够证明属于婚姻法第十九条第三款规定情形的除外。"审判实践中，不少人会认为只要夫妻一方不能证明存在两种除外情形，即使夫妻一方的个人债务，对外也应按照夫妻共同债务处理。

第二种观点认为，该担保之债系王晓亮、王明亭、王晓东的个人行为，不属于夫妻共同债务，应由王晓亮、王明亭、王晓东单独承担责任。夫妻共同债务具有两个基本特征：一是须产生于双方夫妻关系存续期间，即双方结婚之日起至离婚时止的期间。但婚前为结婚共同生活购置物品所负债务，应当为夫妻共同债务。二是须用于夫妻共同生活或共同生产、经营活动，包括履行抚养、赡养义务等。因此认定婚姻关系存续期间的债务是个人债务还是共同债务，还应当考虑以下两个标准：1. 夫妻有无共同举债的合意。2. 夫妻是否分享了举债所带来的利益。另外，我国《婚姻法》第四十一条规定："离婚时，原为夫妻共同生活所负的债务，应当共同偿还。共同财产不足以清偿的，或财产归各自所有的，由双方协议清偿；协议不成的，由人民法院判决。"夫妻共同债务是为了夫妻双方共同生活或者从事生产经营活动所负的债务，一般包括夫妻在婚姻关系存续期间为解决共同生活所需要的衣、食、住、行、医等活动、履行法定义务和共同生产经营过程中所负的债务。夫妻个人债务则指夫妻约定为个人负担的债务或者一方从事与家庭共同生活无关的生产经营活动时所负的债务。

《最高人民法院民一庭关于夫妻一方对外担保之债能否认定为夫妻共同债务的复函》(〔2015〕民一他字第9号）规定，夫妻一方对外担保之债不应当适用《最高人民法院关于适用〈中华人民共和国婚姻法〉若干问题的解释（二)》第二十四条规定认定为夫妻共同债务。由上述答复可见，担保债务不属于夫妻共同债务。本案中，王晓亮、王明亭、王晓东的担保债务未用于夫妻共同生活，且其妻未分享举债所带来的利益，故该担保债务不是夫妻共同债务，侯云凤、刘小云、苗俊玲无须承担担保责任。

值得注意的是，审判实践中，不能以担保债务不属于夫妻共同债务为由，对债权人要求担保人配偶承担担保责任的诉讼请求都予以驳回，应区分不同情况。《最高人民法院关于适用〈中华人民共和国担保法〉若干问题的解释》第二十二条第一款规定："第三人单方以书面形式向债权人出具担保书，债权人接受未提出异议的，担保合同成立。"本案中，如果原告提供的共同清偿及连带保证担保书上有担保人配偶的签字，担保人配偶同意为借款人承担担保责任的，则应判决担保人配偶承担担保责任。

处理夫妻共同债务时应兼顾债权人信赖利益的保护和妇女儿童权益的维护，对婚姻关系存续期间夫妻一方以个人名义所负债务性质的考量，应区分规制不同的法律关系，分别适用予以解决，切忌僵化。审判实践中应当根据不同的案件事实，合理分配举证责任，严格审查银行提供的证据，对担保人配偶是否应当承担担保责任区分不同情况，依法判决。

编写人：山东省寿光市人民法院　王春红

31

同一债权既有第三人保证担保又有第三人物的担保，债权人放弃物保的法律后果是否及于人保

——云南兴融股权投资基金管理有限公司诉昆明宝树飞腾汽车贸易有限公司、曾琦追偿权案

【案件基本信息】

1. 裁判书字号

云南省高级人民法院（2016）云民终字第520号民事判决书

2. 案由：追偿权纠纷

3. 当事人

原告（被上诉人）：云南兴融股权投资基金管理有限公司（以下简称兴融公司）

被告（上诉人）：昆明宝树飞腾汽车贸易有限公司（以下简称宝树公司）、曾琦

【基本案情】

2014年6月22日，宝树公司与兴融公司签订《委托保证合同》，约定兴融公司同意就宝树公司通过案外人小微公司向其投资人会员申请的融资，为宝树公司向与其形成债权债务关系的投资人会员以保证的方式提供最高本金总额不超过1500万元的担保等内容。同日，兴融公司与宝树公司签订《保证合同》，约定兴融公司承诺依照《委托保证合同》约定履行担保义务，兴融公司就《融资服务合同》约定的融资款项代宝树公司赔偿债权人的损失后，有权向宝树公司追偿等内容。曾琦与兴融公司签订《保证反担保合同》，约定曾琦为上述《委托保证合同》向兴融公司提供连带保证的反担保等内容。后，宝树公司向兴融公司支付保证金25万元。

2014年6月24日，宝树公司与通过案外人小微公司金融交易平台融资15笔共计1400万元，融资期限分别为6个月。该债务到期后，宝树公司未按期还款，兴

融公司于2014年12月26日至次年1月6日合计本金及利息14122666.78元。2015年1月29日，宝树公司向兴融公司出具了《代偿确认单》，确认了上述代偿事实。小微公司确认上述款项已清分至各个投资人账户。

另查明，案外人金正达公司以其享有权利的房屋为宝树公司与兴融公司签订的《委托保证合同》提供抵押权反担保，并进行了登记，反担保债权数额为1500万元。本案诉讼过程中，兴融公司申请撤回其对文山州金正达电器商贸有限公司的起诉并出具的《情况说明》，载明“2012年我公司解除了登记在我公司名下的金正达公司的五套房产的抵押权登记，我公司不再行使相应抵押权，同意金正达公司对该房产自行处置”，庭审中，兴融公司认可其放弃金正达公司提供的抵押反担保。

【案件焦点】

兴融公司放弃金正达公司抵押反担保后，在金正达公司反担保范围内，曾琦应否就兴融公司代宝树公司偿还的本息承担连带清偿的保证责任。

【法院裁判要旨】

云南省昆明市中级人民法院经审理认为：曾琦与兴融公司签订的《保证反担保合同》真实、合法、有效，依据《中华人民共和国物权法》第一百七十六条之规定，第三人提供的抵押担保与曾琦的连带保证担保属同一顺序，兴融公司是否放弃物的担保并不影响曾琦的连带保证担保，曾琦的该项答辩不能成立，不予支持。

昆明市中级人民法院判决：一、昆明宝树飞藤汽车贸易有限公司于判决生效之日起十日内向云南兴融股权投资基金管理有限公司偿还代偿款14122666.78元……；二、曾琦对昆明宝树飞藤汽车贸易有限公司的上述欠款承担连带清偿责任，曾琦承担责任后，有权向昆明宝树飞藤汽车贸易有限公司追偿；三、驳回云南兴融股权投资基金管理有限公司的其他诉讼请求。

宝树公司、曾琦持原审答辩意见提起上诉。云南省高级人民法院经审理认为：涉案《委托保证合同》《保证反担保合同》内容符合法律规定，系有效合同。鉴于宝树公司在涉案借款期限届满后并未向案外人偿还本金及利息，依照《中华人民共和国担保法》第六条、第三十一条之规定，兴融公司有权向债务人宝树公司追偿上述款项。对兴融公司（债权人）与宝树公司（债务人）之间的债权债务关系，曾琦、金正达公司分别提供了合法有效的第三人保证担保和第三人抵押担保，兴融公司亦有权依照《中华人民共和国物权法》第一百七十六条之规定要求曾琦承担担保责任以实现其债权。本案中，兴融公司虽明确表示放弃案外人金正达公司提供的抵押担保，但宝树公司、曾琦在诉讼中提及的《中华人民共和国担保法》第二十八第二款已被在后颁布的《中华人民共和国物权法》第一百七十六条修订，《中华人民共和国物权法》第一百七十六条规定在第三人物的担保与保证并存时，债权人可以就物的担保实现债权，也可以要求保证人承担保证责任，二者并无先后顺序，按照“后法优于前法”的原则，本案应当适用《中华人民共和国物权法》第一百七十六条之规定，故兴融公司是否放弃物的担保并不影响曾琦的连带保证担保，曾琦仍应依约承担连带清偿责任。

云南省高级人民法院判决：

驳回上诉，维持原判。

【法官后语】

本案涉及的是同一债权既有第三人保证担保又有第三人物的担保，债权人放弃物保的法律后果是否及于人保的问题。

现实中常有同一债权既有人保又有物保的情形，《担保法》第二十八条采用的是“保证人优待主义”的立法原则，即保证人只对物保以外的债权承担保证责任，若债权人放弃物保的，保证人在债权人放弃权利的范围内免除保证责任。2000年《最高人民法院关于适用〈中华人民共和国担保法〉若干问题的解释》颁布实施，该解释第三十八条专门规定了第三人提供物保和人保并存时，债权人可以请求保证人或者物的担保人承担担保责任，同时也继续坚持了如果债权人主动放弃债务人提供的物保或怠于行使担保物权的，保证人在债权人放弃权利的范围内减轻或者免除保证责任的“保证人优待主义”的原则，因此“物保优于人保”是过去处理此类问题的基本原则。

随着我国民事立法的推进，2007年《物权法》颁布，该法第一百七十六条将同一债权上并存的物保与人保进行了详细的区分：除当事人另有约定的外，若物保系债务人提供，则该物保仍有优先性，即“债务人自己提供物的担保的，债权人应当先就该物的担保实现债权”，既然存在先行后续的关系，此时若债权人主动放弃物保或怠于行使担保物权的，保证人可在相应范围内免除保证责任；若物保系第三人提供，债权人就提供物保的第三人和保证人享有平行的追索权利，即“第三人提供物的担保的，债权人可以就物的担保实现债权，也可以要求保证人承担保证责任”，但并未明确规定债权人主动放弃该类物保的，保证人应否继续全额承担保证责任的法律后果。

本案中，兴融公司（债权人）依照《物权法》第一百七十六条的前述规定具有选择或同时要求曾琦（保证人）、金正达公司（抵押人）进行追索的权利，但在审理过程中兴融公司申请撤回对金正达公司的起诉，并书面明确表示放弃金正达公司提供的抵押担保，此时保证人曾琦应否继续承担保证责任人是本案争议的焦点。我们认为，按照“新法优于旧法”的原则，《物权法》第一百七十六条对《担保法》第二十八条及《最高人民法院关于适用〈中华人民共和国担保法〉若干问题的解释》第三十八条规定的“物保优于人保”原则进行了修改，现阶段物保与人保并存时并不必然产生物保优先的法律后果，物保对于人保的优先性仅在该物保系债务人提供的前提下存在，因此《担保法》第二十八条第二款及《最高人民法院关于适用〈中华人民共和国担保法〉若干问题的解释》第三十八条第三款规定的债权人放弃或怠于行使担保物权时保证人在一定范围内免除保证责任，仅存在于前述债务人提供的物保与人保并存的前提下，而不适用第三人提供的物保与人保并存债权人的平行追索模式。虽然《物权法》第一百七十六条并未明确规定债权人放弃了第三人提供的物保后人保的法律后果，但基于该规定赋予债权人可就物的担保实现债权也可以要求保证人承担保证责任的平行追索权，从民事法律关系意思自治及保障合法利益的基本原则出发，宜认定此时的保证人仍应依约承担保证责任，以利于理顺债权债务关系并保障债权人的合法权益得以实现。

编写人：云南省高级人民法院　刘希

32

未经股东会决议的公司为股东或者实际控制人提供的担保是否有效

——中国农业银行股份有限公司无锡锡山支行诉海安远东新材料有限公司等金融借款合同案

【案件基本信息】

1. 裁判书字号

江苏省无锡市中级人民法院（2016）苏02民终字第3037号民事判决书

2. 案由：金融借款合同纠纷

3. 当事人

原告（被上诉人）：中国农业银行股份有限公司无锡锡山支行（以下简称锡山支行）

被告（上诉人）：海安远东新材料有限公司（以下简称远东公司）

被告：无锡嘉联不锈钢有限公司（以下简称嘉联公司）、陈光、池永连、江苏龙升节能科技股份有限公司（以下简称龙升公司）

【基本案情】

锡山支行与嘉联公司分别于2014年11月4日、12月17日，2015年3月9日、4月13日共签订四份《借款合同》，约定嘉联公司向锡山支行累计借款1970万元。2014年12月17日，锡山支行与远东公司签订《最高额保证合同》，约定远东公司为嘉联公司与锡山支行自2014年12月17日起至2017年12月16日止办理借款业务所形成的债务，在最高额2500万元范围内提供连带责任保证担保。该合同由远东公司法定代表人陈光签名并加盖公章。在签订上述保证合同时，陈光向锡山支行提交了股东会决议一份，内容是“现有嘉联公司向锡山支行申请办理流动资金贷款业务，经我远东公司全体股东商议，一致同意对该笔业务中不超过2500万元的敞口授信作保证担保”，该协议上仅有远东公司部分股东签名、盖章。嗣后，锡山支行依约放款，因嘉联公司未能按约还本付息，远东公司等未承担担保责任，锡山支行向法院提起诉讼，请求判令：嘉联公司归还借款本金1970万元并支付该款项的利息；远东公司等对上述本息承担连带清偿责任。

审理中，远东公司提交了公司章程一份，以证明该公司实际股东为六人，而案涉股东会决议中仅有两位股东签字、盖章，因此该股东会决议并未获得全体股东的一致同意，且在进行表决时，作为远东公司股东之一的被担保人嘉联公司并未回避，嘉联公司参与表决的行为亦与公司法的规定相悖，故案涉股东会决议无效，远东公司不应承担担保责任。

【案件焦点】

股东会决议存在瑕疵情形是否影响《最高额保证合同》的效力。

【法院裁判要旨】

江苏省无锡市锡山区人民法院经审理认为：《中华人民共和国公司法》第十六条第二款规定：公司为公司股东或者实际控制人提供担保的，必须经股东会或者股东大会决议。上述公司法的立法本意在于限制公司主体行为，防止公司的实际控制人或者高级管理人员损害公司、小股东或其他债权人的利益，故其实质是公司内部控制程序，不能以此约束交易相对人，故上述规定为管理性强制性规定。因合同法及相关司法解释均已明确，在违反法律或行政法规中的效力性强制性规范时方认定合同无效，故即使陈光向锡山支行提供的股东会决议存在参与表决股东人数不足、被担保股东未回避等瑕疵情形，但因仅违反公司法的管理性强制性规定，不能据此认定《最高额保证合同》无效。此外，因远东公司的公司章程中并未规定公司提供担保需经股东会决议通过，故即使股东会决议存在瑕疵，锡山支行基于对远东公司法定代表人陈光的身份及其持有的该公司法人印章及公章的信赖，有理由相信陈光有权代表远东公司签订案涉《最高额保证合同》，陈光以远东公司名义与银行签订案涉《最高额保证合同》的行为构成表见代理，该合同成立并合法有效，远东公司应当承担相应的担保责任。

江苏省无锡市锡山区人民法院依照《中华人民共和国合同法》第五十二条、第一百零七条、第二百零五条、第二百零六条、第二百零七条，《中华人民共和国担保法》第十四条、第十八条，《中华人民共和国公司法》第十六条，《最高人民法院关于适用〈中华人民共和国合同法〉若干问题的解释（二）》第十四条之规定，作出如下判决：

一、嘉联公司于本判决生效之日起 10 日内向锡山支行归还借款本金共计 1970 万元并支付逾期利息；

二、陈光、池永连、龙升公司对本判决第一项中确定的嘉联公司的债务及本案诉讼费用承担连带保证责任；

三、远东公司对本判决第一项中确定的嘉联公司的债务中的借款本金 1970 万元、逾期利息、律师费损失中的 188414 元及本案诉讼费用中的 109328 元在最高额 2500 万元范围内承担连带保证责任；

四、驳回锡山支行的其他诉讼请求。

远东公司不服原审判决提起上诉。江苏省无锡市中级人民法院经审理认为：远东公司的公司章程中并未对法定代表人有权签署合同类型作明确规定，故不能认为陈光签订《最高额保证合同》的行为超越权限。退一步说，即便认为陈光超越权限签订所涉保证合同，锡山支行也无法从现有资料中认识到其存在超越权限的情形，属于善意相对方，陈光的行为构成表见代理。《中华人民共和国公司法》第十六条关于“公司为公司股东或者实际控制人提供担保的，必须经股东会或者股东大会决议”的规定属于管理性强制性规定，而非合同法及相关司法解释所规定的效力性强制性规定，违反该法条的，不能产生担保无效的法律后果。故本案中，远东公司虽在未经股东会决议通过的情况下为其股东嘉联公司提供担保，但不能因此而认定《最高额保证合同》无效，《最高额保证合同》成立并合法有效。综上所述，远东公司的上诉请求不能成立，应予驳回；一审判决认定事实清楚，适用法律正确，应予维持。

江苏省无锡市中级人民法院依照《中华人民共和国民事诉讼法》第一百七十条第一款第（一）项的规定，判决如下：

驳回上诉，维持原判。

【法官后语】

《公司法》第十六条第二款的立法本意在于限制公司主体行为，防止公司的实际控制人或者高级管理人员损害公司、小股东或其他债权人的利益，故其实质是规定公司内部控制程序，规定公司股东、实际控制人的特殊义务，但是并不能以此直接约束交易相对人，从该条款的性质和立法目的来看，该规定为管理性强制性规定，而非效力性强制性规定，违反上述规定并不必然导致公司对外签订的担保合同无效。为了维护交易安全和保护善意第三人的利益，在担保债权人与公司签订担保合同时已对公司章程等文件尽到了合理审慎的审查义务情况下，即使公司作出的为股东或者实际控制人提供担保的股东会决议存在瑕疵或未作出相关决议，只要不与公司章程中关于公司担保程序的特别规定相冲突，该公司与债权担保人签订的担保合同仍然有效。

编写人：江苏省无锡市锡山区人民法院　吕纯阳

33

借款担保合同中自助行为和追认行为的正确区分与认定

——张炳森诉山东临淄农村商业银行股份有限公司不当得利案

【案件基本信息】

1. 裁判书字号

山东省淄博市中级人民法院（2016）鲁03民终字第3248号民事判决书

2. 案由：不当得利纠纷

3. 当事人

原告（上诉人）：张炳森

被告（被上诉人）：山东临淄农村商业银行股份有限公司（以下简称临淄农商行）

【基本案情】

2005年11月29日武晓亮与被告临淄农商行签订期限一年的100000元借款合同，以原告张炳森和李耘名义担保，同日又以原告的名义与被告签订期限一年的100000元借款合同，由周锴、杨春光担保。2013年6月27日原告付清上述两笔贷款本息464546.71元。后原告主张担保合同、借款合同不是其签名，归还借款是受到利诱、胁迫，起诉要求被告返还464546.71元并承担自2013年6月27日至实际归还日的利息（按照银行同期贷款利率计算）。

【案件焦点】

原告的还款行为属于自助行为还是追认行为，其主张被告返还不当得利是否成立。

【法院裁判要旨】

山东省淄博市临淄区人民法院经审理认为：原、被告签订的借款合同、担保合同并非原告订立，也没有原告的授权，本不对原告发生法律效力，且原告履行合同时，借款合同、担保合同均已超过诉讼时效和担保时效，但由于原告对合同的履行是一种明确的追认行为，是对诉讼时效和担保时效权利的放弃，从而使借款合同和担保合同对原告发生法律效力；原告主张归还借款是受到利诱、胁迫，既没有提供证据支持，也没有在归还借款后一年内提出撤销。据此一审判决驳回原告张炳森的诉讼请求。

张炳森持原审起诉意见提起上诉。山东省淄博市中级人民法院经审理认为：首先，涉案的借款合同、担保合同均非张炳森本人签字订立，收取贷款的账户亦非张炳森本人开设，临淄农商行也没有证据证明在订立上述合同或开设银行账户时已经有张炳森的合法授权或是经过张炳森的同意，涉及的两笔借款亦非张炳森本人使用。在此种情况下，张炳森与临淄农商行之间不存在金融借款合同关系，涉案的借款合同、担保合同对张炳森没有法律约束力，临淄农商行接受张炳森的还款没有法律上的原因。其次，临淄农商行作为金融机构应该对贷款申请人及担保人进行严格审查，而其在张炳森未到场亦未提供有效授权的情况下，即允许他人代张炳森签字订立借款合同和担保合同违反相关法律法规。而基于临淄农商行的违法违规行为不应支持其由张炳森无因还款而获取的利益。再次，在涉案借款到期后截至2013年6月27日张炳森还款之前，临淄农商行均未向张炳森追要过借款或要求张炳森承担担保责任，临淄农商行也未向两份合同中涉及的其他债务人与担保人主张过权利，与银行金融贷款合同的常规履行方式不符。因此，张炳森主张其还款系因临淄农商行告知其产生逾期将形成银行征信不良，影响当时正在进行的贷款申请，而不得已还款的理由，具有高度可能性。故该种还款行为应视为一种自力救济而非追认行为，本案中张炳森亦无追认的意思表示，且追认必须是被追认人的行为具有合法性，而涉案的借款、担保合同在签订过程中存在违法违规情形，不具备合法性，因而不能产生追认的法律效力。最后，当事人在面临银行征信不良记录现实可能的情形下，采取先还款再寻求其他方式挽回损失的行为不违背常理，至于是行使撤销权还是行使不当得利返还请求权，系当事人在维护自身合法权益时的一种自由选择，并不会因其没有行使撤销权而导致其丧失获得救济的权利。综上，临淄农商行获得张炳森的还款没有法律上的原因，亦不具备正当性，其应当向张炳森返还所得之利益。该利益包括张炳森向临淄农商行支付的464546.71元及该款项在临淄农商行占用期间产生的法定孳息即利息，该利息应以464546.71元为基数按同期同类银行存款利率自2013年6月27日计算至判决生效之日。据此二审撤销一审判决并改判临淄农商行向张炳森返还464546.71元和占用该款期间的利息（自2013年6月27日起按照同期同类银行存款利率计算至判决生效之日止）。

【法官后语】

本案主要涉及借款担保合同中自助行为和追认行为的正确区分与认定问题。

追认权，即本人通过特定的法律行为，使无权代理人、无处分权人和限制民事行为能力人所为的行为成为有效法律行为的权利。追认的成立要件为：1. 行为人必须以本人的名义实施了民事行为。效力待定行为的本质就是行为人代表本人（以本人的名义）实施法律行为，若行为人以自己的名义与第三人进行民事活动，则不存在追认问题。2. 本人必须具备行为能力。对效力待定行为进行追认时，本人必须具备行为能力。这不仅指本人在追认时必须具备行为能力，而且本人在实施民事行为时，也必须具备行为能力。3. 被追认的行为必须具备合法性。被追认的效力待定行为必须是合法行为，如果承认对非法行为可以追认的话，无异于允许行为人可以实施非法的行为，而后由本人承担相应的责任，这有违于追认制度的基本原则，并且与我国的现行法律相抵触。

自助行为则是指权利人为保证自己请求权的实现，在情势紧迫而又不能及时请求国家机关予以救助的情况下，对他人的财产或自由施加扣押、拘束或其他相应措施，而为法律或社会公德所认可的行为，也称为自力救济行为。由于自力救济易演变为侵权行为，故只有在来不及援用公力救济而权利在有被侵犯的现实危险时，才允许例外使用，以弥补公力救济的不足。自助行为之要件为：1. 须为保护自己的请求权，此系成立自助行为的基本要件；2. 须时机紧迫来不及请求公力救济，此为自助行为的必要前提；3. 须不超过必要的限度；4. 须在行为后及时请求国家机关予以处置。权利人的自助行为如果具备前述要件，即可发生自助行为的效果。因实施自助行为所加于债务人的损害，自助行为人可不承担赔偿责任，即阻却违法性。需要说明的是，因自助行为超过必要限度或实行自助行为后未及时请求国家机关予以处置所造成的损害，或者其请求被国家机关驳回，则行为人应承担损害赔偿责任。

具体到本案中，本案争议的焦点无疑就是张炳森的还款行为属于自助行为还是追认行为。对此一审法院已经审理查明涉案的借款、担保均非张炳森本人所签，临淄农商行对此也予以认可，一审法院也认定上述两份合同并非原、被告订立，合同签订时实际签字人亦未获得张炳森的授权，不应对张炳森产生法律效力，但却认为张炳森的还款行为构成对涉案合同的追认。而临淄农商行在合同签订时，对“张炳森”的签字并非其本人，其本人未在场，亦未对实际签字人有效授权的情况是明知的，其在此种情况下仍允许实际签字人冒用他人名义签订担保合同和借款合同并发放了贷款，具有明显的过错，违背了我国《商业银行法》《贷款通则》及中国人民银行对金融机构的管理规定，具有明显的违法性，而追认必须是被追认人的行为具有合法性；且张炳森亦并无追认的意思表示，故其还款行为不构成对涉案合同的追认。另外涉案借款合同和担保合同均于2006年11月28日到期，保证人承担保证责任的期间为债务到期之日起二年，在上述借款到期后截至2013年6月27日张炳森还款之前，临淄农商行均未向张炳森追要过借款或要求张炳森承担担保责任，临淄农商行也未向两份合同中涉及的其他债务人与担保人主张过权利，这与银行金融贷款合同的常规履行方式不符。因此，张炳森主张其还款系因临淄农商行告知其产生逾期将形成银行征信不良，影响当时正在进行的贷款申请，而不得已还款的理由，具有高度可能性。原告自2013年6月27日才知道上述两笔借款的存在，其还款亦是因为怕存在逾期还款影响自己在银行征信系统的信用，影响当时正在进行的贷款申请和其日后不能贷款，影响生产经营。原告若不采取先行还款而直接通过诉讼救济自身权利，则将面临烦琐的诉讼程序，所耗费的时间和精力不是其所能左右的，而其正在进行的贷款申请和生产经营不容其有足够的时间和精力来寻求公力救济。因此其先予还款并在之后多次与被告协调，在协商不成的情况下，其以返还不当得利为由诉求法院裁判，其行为应视为一种自助行为而非追认行为。当事人在面临银行征信不良记录现实可能的情形下，采取先还款再寻求其他方式挽回损失的行为不违背常理，至于是行使撤销权还是行使不当得利返还请求权，系当事人在维护自身合法权益时的一种自由选择，并不会因其没有行使撤销权而导致其丧失获得救济的权利。根据《民法通则》第九十二条的规定，没有合法根据，取得不当得利，造成他人损失的，应当将取得的不当利益返还受损失的人。二审法院据此认定临淄农商行接受张炳森还款构成不当得利而应向张炳森返还涉案借款本息，无疑是正确的。

编写人：山东省淄博市中级人民法院　荣明潇

山东省淄博市临淄区人民法院　刘海红

34

借款人涉嫌犯罪出借人请求担保人担责的处理

——张志梅诉张萍保证合同案

【案件基本信息】

1. 裁判书字号

山东省淄博市中级人民法院（2016）鲁03民终字第2488号民事裁定书

2. 案由：保证合同纠纷

3. 当事人

原告（上诉人）：张志梅

被告（被上诉人）：张萍

【基本案情】

原告张志梅与被告张萍系同学关系，经被告介绍，原告借给刘永福80万元，被告张萍提供担保。2012年2月14日签订借款担保合同一份。借款期限为3个月。合同第四条约定担保方张萍无条件将齐都国际A座1003室转让给出借方。借款到期后，刘永福无力偿还，2012年3月14日张萍转给原告17.2万元，同年4月16

日又转给原告1.5万元。剩余款项一直未还。借款人刘永福因犯非法吸收公众存款罪被判刑8年，并处罚金人民币45万元。原告请求被告张萍作为担保人归还借款及利息80万元。

【案件焦点】

本案中借款人涉嫌犯罪，出借人起诉请求担保人承担民事责任的，人民法院应否受理。

【法院裁判要旨】

山东省淄博市临淄区人民法院经审理认为：被告张萍既非借款人亦非担保财产的实际所有人，借款合同涉及的担保财产现在被刑事案件查封，本案涉及刑事犯罪。依照《最高人民法院关于在审理经济纠纷案件中涉及经济犯罪嫌疑若干问题的规定》第十一条之规定，裁定如下：驳回原告张志梅的起诉。

宣判后，张志梅不服提起上诉，请求法院依法撤销原审裁定，指令临淄区人民法院继续审理。山东省淄博市中级人民法院经审理认为：《最高人民法院关于审理民间借贷案件适用法律若干问题的规定》第八条规定，借款人涉嫌犯罪或者生效判决认定其有罪，出借人起诉请求担保人承担民事责任的，人民法院应予受理。一审法院并未认定涉嫌刑事犯罪的主体以及犯罪行为与本案的关联性，直接以涉及刑事犯罪为由驳回上诉人起诉不当。综上，依照《中华人民共和国民事诉讼法》第一百七十一条、《最高人民法院关于适用〈中华人民共和国民事诉讼法〉的解释》第三百三十二条之规定，裁定如下：

一、撤销淄博市临淄区人民法院（2014）临商初字第369号民事裁定；

二、本案指令淄博市临淄区人民法院审理。

【法官后语】

《最高人民法院关于审理民间借贷案件适用法律若干问题的规定》对连带责任保证人起诉的处理进行了明确。借款人涉嫌犯罪或者生效判决认定其犯罪，其保证人是否应当承担责任，《最高人民法院关于审理民间借贷案件适用法律若干问题的规定》第八条规定的规则是，借款人涉嫌犯罪或者生效判决认定其有罪，出借人起诉请求担保人承担民事责任的，人民法院应予受理。在受理后怎样处理，则应当区分连带责任保证人和一般保证人的界限，分别情况适用法律。《最高人民法院关于审理民间借贷案件适用法律若干问题的规定》第十三条第二款规定："担保人以借款人或者出借人的借贷行为涉嫌犯罪或者已经生效的判决认定构成犯罪为由，主张不承担民事责任的，人民法院应当依据民间借贷合同与担保合同的效力、当事人的过错程度，依法确定担保人的民事责任。"如果保证人承担的是连带责任，则贷款人请求连带责任保证人承担保证责任的，应当承担连带责任。对于一般保证，《最高人民法院关于审理民间借贷案件适用法律若干问题的规定》没有规定，这意味着一般保证的保证人在借款人涉嫌犯罪或者生效判决认定其犯罪时，贷款人起诉保证人承担保证责任，由于该保证人承担的是一般保证，享有先诉抗辩权，尽管可以受理，但应依照一般保证的法律规则确定保证责任的承担。

《最高人民法院关于审理民间借贷案件适用法律若干问题的规定》第五条第一款规定："人民法院立案后，发现民间借贷行为本身涉嫌非法集资犯罪的，应当裁定驳回起诉，并将涉嫌非法集资犯罪的线索、材料移送公安或者检察机关。"结合上述规定，一审法院并未认定涉嫌刑事犯罪的主体以及犯罪行为与本案的关联性，直接以涉及刑事犯罪为由驳回原告起诉不当，二审改判具有事实和法律依据。

编写人：山东省淄博市临淄区人民法院　刘海红

35

最高额保证人不因债权人在决算期内宣布提前到期而相应免责

——上海浦东发展银行股份有限公司温州瑞安支行诉浙江圣雷机械有限公司浙江新瑞建设集团有限公司金融借款合同案

【案件基本信息】

1. 裁判书字号

浙江省瑞安市人民法院（2015）温瑞商初字第4384号民事判决书

2. 案由：金融借款合同纠纷

3. 当事人

原告：上海浦东发展银行股份有限公司温州瑞安支行（以下简称浦发温州瑞安支行）

被告：浙江圣雷机械有限公司（以下简称圣雷公司）、浙江新瑞建设集团有限公司（以下简称新瑞公司）

【基本案情】

2014年12月8日，原告浦发温州瑞安支行与被告新瑞公司签订编号为ZB9009201400000241的最高额保证合同，约定由其对原告与圣雷公司自2014年12月8日至2016年12月8日期间办理的各类融资业务的主债权在最高额400万元限额内作连带责任保证担保。

2014年12月16日，圣雷公司与原告浦发温州瑞安支行签订编号为90092014280839的《流动资金借款合同》，圣雷公司向原告借款490万元，借款期限自2014年12月16日至2015年12月16日，借款利率按年利率7.504%计算；借款人到期应付而未付其签署的其他借贷合同、协议项下的债务的，原告有权宣布合同项下借款本金全部或部分立即提前到期，并要求立即归还部分或全部借款、所欠利息结清，并通过各种形式向担保人或借款人立即追索。

原告依约向被告圣雷公司发放上述贷款490万元。圣雷公司未在借款期限届满前偿还其与原告在2014年8月22日签订的编号为90092014280562的《流动资金借款合同》项下债务。原告于2015年9月14日向圣雷公司送达提前到期通知书，要求其归还包含涉案借款在内的四笔借款，未向被告新瑞公司送达该通知书。原告要求被告新瑞公司对上述主债权及主债权产生的利息（包括利息、罚息和复利）、违约金等及其后期实现债权的费用等承担连带清偿责任。被告新瑞公司认为原告主张借款提前到期并不成立，并未告知保证人，也未征得保证人的同意，保证人应相应免责，就提前到期而致产生的逾期利息不承担保证责任。

【案件焦点】

债权人已经向债务人宣布借款提前到期，但并未将借款提前到期的通知向最高额保证人送达，也没有征得最高额保证人同意，最高额保证人是否需要对因借款提前到期而产生的逾期利息承担相应保证责任。

【法院裁判要旨】

浙江省瑞安市人民法院经审理认为：被告新瑞公司抗辩其承担责任的范围应以合同约定的为限，符合双方的约定，予以采纳。关于担保人的担保范围问题。《最高额保证合同》具有独立性，原告浦发温州瑞安支行单方宣布借款提前到期的行为，并非要求担保人在最高额保证限额外再另行承担责任，未加重担保人的责任，担保人应对借款本金、期内利息、逾期利息及期内利息的复利等承担担保责任。被告新瑞公司在承担担保责任后，有权向被告圣雷公司追偿。

浙江省瑞安市人民法院依照《中华人民共和国合同法》第二百零五条、第二百零六条、第二百零七条，《中华人民共和国担保法》第十四条、第十八条、第二十一条第一款之规定，作出如下判决：

被告新瑞公司对主债务（包含全部本金、期内利息、逾期利息及期内利息的复利）承担连带清偿责任，但包括上述债务在内，新瑞公司对编号为ZB9009201400000241的《最高额保证合同》项下所有主债务共同承担连带偿还责任的总额以400万元为限。

宣判后，当事人均未提出上诉，判决已发生法律效力。

【法官后语】

本案处理重点在于提前到期未征得最高额保证人同意，最高额保证人责任是否仍需对全部债务承担责任。

首先，宣布借款提前到期属于合同变更行为。涉案合同赋予了债权人在债务人违约的前提下单方宣布借款提前到期的权利。但是否行使该权利，由债权人自行决定。债权人可放弃该项权利，也可行使该项形成权，单方作为意思表示，就合同的履行内容作出变动。债权人宣布借款提前到期是其行使形成权就合同的内容进行变更。

其次，最高额保证人对发生于决算期内的债务事前同意。最高额保证所担保的债务系未来发生的债务，其担保对象具有不确定性。保证人对不确定性债务承担责任的依据，在于保证人签订提供最高额保证时即对担保债务的发生进行了授权及同意，即授权由特定的债权人与特定的债务人在连续期间内可自行协商、签订主合同并形成主债务，而对于主债务均予以认可，并对担保责任的承担在最高限额内均予以同意，且无须另行通知。

最后，依举重以明轻的逻辑，既然保证人在提供最高额保证时对债务的产生已经予以同意并对债务的内容约定均予以授权且无须另行通知，那么债务是否变更，对于保证人并无意义，决算期满，保证人仅需获知债务余额即可。

值得注意的是，若变更发生于决算期满后，对最高额保证人发出通知才有实体法上的意义。决算期届满，则保证人给予债权人、债务人的授权结束，保证人对未经其事先或事后同意的变更不应承担相应加重的负担，对已经其事先同意的变更亦应自接收通知起才生效。

编写人：浙江省瑞安市人民法院　陈也峰

36

"借款情况说明"是否属于重新设定的保证担保

——李秀芬诉李长起、王宗华民间借贷案

【案件基本信息】

1. 裁判书字号

河北省沧州市中级人民法院（2016）冀09民终字第5780号民事裁决书

2. 案由：民间借贷纠纷

3. 当事人：

原告（上诉人）：李秀芬

被告（被上诉人）：王宗华

被告：李长起

【基本案情】

2012年2月15日，被告李长起从原告李秀芬处借款150万元，并向原告出具借款协议一份。借款协议载明：甲方：李秀芬，乙方：李长起，甲方向乙方提供借

款壹佰伍拾万元整，乙方提供房屋所有权证两份（温秀红，面积205.25平方米；冯宝山，62平方米），借款期限为三个月到六个月，利息按月息25‰计算，如果用款期限达到一年，则利息按20%（庭审过程中，原告提出20%系笔误，应为20‰）计息。李长起在落款处签名并捺印，王宗华在保证人项下签名并捺印。

2016年2月25日，被告李长起向原告李秀芬出具借款情况说明一份，载有相关内容为：李长起于2012年2月15日向李秀芬借款壹佰伍拾万元，抵押品为温秀红和冯宝山的房产证。李长起在偿还陆拾万元的前提下，将温秀红的房产证拿走，并将冯宝山的房产证换成韩晓英的房产证（面积为91.3平方米）作为抵押物，现余借款为玖拾万元。“说明”落款处被告李长起、王宗华均签名、捺印。

【案件焦点】

载有被告李长起、王宗华签名、捺印的“借款情况说明”能否界定为作为原始借款保证人的王宗华在保证期间届满后又自愿重新设定的保证担保。

【法院裁判要旨】

河北省黄骅市人民法院经审理认为：原告提供的借款协议和借款情况说明中，落款处被告李长起签名、捺印，保证人项下王宗华签名并捺印，表明该证据载明的内容为二被告真实意思表示，证据符合法律规定，与本案关联性强，本院对该证据予以确认。两份证据相互印证，能够证明被告李长起向原告借款150万元，被告王宗华为其担保这一事实。原告李秀芬及被告李长起均认可尚欠借款90万元，按月息2分计算，且2015年5月1日之前的利息已给付完毕无争议，本院予以确认。证据1借款协议中“如果用款期限达到一年，则利息按20%计算”的表述不是对借款期限的约定，而是对逾期还款情况下利息的约定，因此，本案的借款期限应为六个月。原告李秀芬和被告王宗华之间未约定保证方式和保证期间，依照《中华人民共和国担保法》的相关规定，被告王宗华应按连带责任保证承担保证责任，保证期间应为主债务履行期间届满之日起六个月。本案被告王宗华的保证期间应为2012年8月15日至2013年2月15日，在保证期间内原告无证据证明向被告王宗华主张过权利，据此，被告王宗华作为保证人的保证责任应予免除。证据2“借款情况说明”中，被告王宗华虽在担保人项下签名、捺印，但从借款协议分析，该借款期限明确界定为“三至六个月”，从该证据书记经过及相关内容分析，这只是对更换“抵押物品”的说明，不能认定是被告王宗华重新为李长起借款事实的保证担保。基于上述分析，原告要求被告李长起偿还借款90万元，并按约定月息2分支付2015年5月1日至本金结清之日利息的请求，事实清楚，证据充分，本院予以支持。

河北省黄骅市人民法院依照《中华人民共和国合同法》第二百零五条、第二百零六条，《中华人民共和国担保法》第十九条、第二十六条之规定，判决如下：

被告李长起在本判决生效之日起三日内偿还给原告李秀芬借款本金及利息（自2015年5月1日起按月息2分计算，至借款还清之日止）；

被告王宗华免除保证责任。

原告李秀芬不服一审判决，向河北省沧州市中级人民法院提起上诉，但在审理过程中，上诉人李秀芬于2016年11月10日撤回上诉，二审法院作出裁定准予上诉人李秀芬撤回上诉的请求。

【法官后语】

债权债务纠纷中债权人往往通过设定担保的方式来保障日后债权的实现，担保的方式有多种，如保证、抵押、质押、留置、定金等，在借贷纠纷中较为常见的担保方式就是保证。如何通过当事人之间的约定来确定保证人的保证责任成为重中之重。本案处理的重点是一份带有保证人签名的“借款情况说明”能否界定为重新设立了保证担保，保证人是否应该继续承担保证责任。

本案在审理过程中，争议焦点也集中于此。根据原告李秀芬提交的证据1借款协议可知，借款协议是2012年2月15日签订的，借款人李长起的借款期限为六个月，也就是说保证人王宗华的担保期限从2012年8月15日至2013年2月15日。同时，原告李秀芬未提交相关证据证明在此期间向保证人王宗华主张过权利。故在保证人王宗华的保证期间届满后其保证责任已免除。原告李秀芬提交的证据2“借款情况说明”，是被告在2016年2月15日应原告要求书写。根据该证据的书写过程及内容分析，该“说明”主要阐述了抵押物品的更换及剩余欠款的情况，而非为王宗华重新设定的保证担保。因保证期间为除斥期间，不因任何事由发生中止、中断和延长，期满即可免除保证责任。所以在主合同中，保证人王宗华因保证期间届满已免除保证责任。

值得注意的是，根据《最高人民法院关于适用〈中华人民共和国担保法〉若干问题的解释》第二十二条第二款的规定："主合同中虽然没有保证条款，但是，保证人在主合同上以保证人的身份签字或者盖章的，保证合同成立。"该条款针对的是借贷当事人之间签订的主合同，而本案中变更抵押物品的"借款情况说明"显然不属于主合同，该"说明"中没有保证条款，虽然保证人签字、捺印，但保证合同并未成立。

司法实践中，容易引起争议的是保证人为借款人在银行的借款承担连带责任担保，在保证期间届满后，保证人在银行的催收通知单上的签字、捺印行为，能否引起保证关系的重新确认。根据《最高人民法院关于人民法院应当如何认定保证人在保证期间届满后又在催款通知书上签字问题的批复》规定"保证责任消灭后，债权人书面通知保证人要求承担保证责任或者清偿债务，保证人在催款通知书上签字的，人民法院不得认定保证人继续承担保证责任。但是，该催款通知书内容符合合同法和担保法有关担保合同成立的规定，并经保证人签字认可，能够认定成立新的保证合同的，人民法院应当认定保证人按照新保证合同承担责任"。该司法解释彻底解决了上述争议问题，但也同时提醒借贷各方在借贷关系中审慎行为，做到具体问题具体分析，充分预见法律后果，依法维护自身的合法权益。

编写人：河北省黄骅市人民法院　王从江

37

合伙执行人擅自以会计师事务所名义对个人借款进行担保的责任认定

——於军、丛茂红诉南通昕泰会计师事务所等民间借贷案

【案件基本信息】

1. 裁判书字号

江苏省南通市中级人民法院（2015）通中民终字第02305号民事判决书

2. 案由：民间借贷纠纷

3. 当事人

原告（上诉人）：於军

原告：丛茂红

被告（被上诉人）：南通昕泰会计师事务所（以下简称昕泰事务所）、刘新

被告：孙晓亮

【基本案情】

於军、丛茂红系夫妻。孙晓亮系昕泰事务所（普通合伙）的合伙事务执行人。该所经营范围为审查企业会计报表，出具审计报告；验证企业资本，出具验资报告；办理企业合并、分立、清算事宜中的审计业务，出具有关的报告；基本建设年度财务决算审计；代理记账；会计咨询、管理咨询、会计培训。

於军与孙晓亮经他人介绍相识。於军有资金需要理财，孙晓亮因对外投资需要资金。2013年3月22日，於军来到昕泰事务所执行人即孙晓亮的办公室，洽谈孙晓亮向於军借款事宜。经商谈双方达成借款合意，签订借款合同一份，合同约定由於军向孙晓亮出借资金人民币300万元用于往来，借款期限自2013年3月22日至2013年5月21日，月利息为1.8%计算，款项汇至如东农行城南分理处孙晓亮的账户。孙晓亮在担保栏中加盖昕泰事务所印章。借款合同签订后，於军于当日从丛茂红的账户中向孙晓亮转款300万元。借款逾期后，因孙晓亮资金链发生断裂而未能还清借款本息。

另查明：1. 昕泰事务所实际经营地点位于掘港镇中央广场B区7号楼504室（共7间），楼道东侧2间，楼道西侧5间。刘新在西侧第5间办公，孙晓亮在东侧两间中的里面1间办公。孙晓亮的办公室橱柜中，分别陈列着昕泰事务所的合伙企业营业执照和税务登记证。2. 昕泰事务所系普通合伙企业，合伙人为孙晓亮、刘新，孙晓亮为合伙执行人。出资额为人民币10万元，孙晓亮、刘新各出资5万元。3. 昕泰事务所的工商登记资料中，合伙人孙晓亮、刘新于2011年签订的合伙会计师事务所协议第二十条约定：合伙人以其在事务所中的财产份额设定担保的，须经其他合伙人一致同意。未经其他合伙人一致同意，合伙人以其在事务所中的财产份额设定对外担保的，其行为无效，或者作为退伙处理；由此给其他合伙人造成损失的，依法承担赔偿责任。4. 孙晓亮给付丛茂红21.6万元。

【案件焦点】

担保合同的效力如何认定，昕泰事务所是否应当承担担保责任。

【法院裁判要旨】

江苏省南通市如东县人民法院经审理认为：1. 於军与孙晓亮签订的借款合同不存在规避法律法规的情形，应受法律保护。作为借款人的孙晓亮理应按照约定全面及时履行还款义务，其不履行还款义务的行为侵害了出借人的合法权益，也与法相悖。故对於军要求孙晓亮归还借款人民币300万元的诉讼请求予以支持。借款双方约定的利率标准没有超出民间借贷的利率上限规定，予以支持。2. 就本案而言，借款合同是在孙晓亮办公室签订，营业执照放置于醒目位置，孙晓亮在以昕泰事务所的名义为自己的个人借款提供担保时，於军既没有对昕泰事务所的企业性质进行审查，也没有对昕泰事务所的合伙出资额进行审查，更没有要求孙晓亮提供全体合伙人一致同意担保的相关文件，便欣然同意孙晓亮以注册资金仅为10万元的普通合伙企业为其300万元个人借款提供担保，因而作为相对人的於军设立担保时，对孙晓亮的行为有无代理权未尽到合理注意义务，存在明显的懈怠和疏漏，主观上存有重大过失，孙晓亮盖章担保行为不能代表昕泰事务所，不构成表见代理，昕泰事务所不应承担担保责任。既然昕泰事务所不应承担担保责任，於军要求作为合伙人的刘新对300万元担保之债承担无限连带责任亦不能成立。

江苏省南通市如东县人民法院依照《中华人民共和国合同法》第四十九条、第一百九十六条、第一百九十七条、第二百零五条、第二百零六条，《中华人民共和国合伙企业法》第二十六条、第三十一条，《中华人民共和国民事诉讼法》第一百四十二条之规定，作出如下判决：

一、孙晓亮于判决生效后10日内归还於军借款300万元，并按月利率1.8%的标准支付借款本金300万元自2013年7月22日至法院判决确定给付之日止的利息。

二、驳回於军的其他诉讼请求。

於军持原审起诉意见提起上诉。江苏省南通市中级人民法院经审理认为：昕泰事务所系以专门知识和专业技能为客户提供服务的会计事务所，经营范围仅限于会计咨询、服务业务，孙晓亮以昕泰事务所的名义为个人借款提供担保，与合伙事务无关，亦不能给合伙企业带来利益，其行为超越了其权限范围。在合同签订过程中，相对人於军仅从昕泰事务所的名称便可知其系会计咨询、服务机构，昕泰事务所营业执照也放置于醒目位置，其理应知晓孙晓亮的行为超出了权限范围，为此，其没有对昕泰事务所的企业性质进行进一步审查，也未要求孙晓亮提供全体合伙人一致同意担保的相关文件，便同意孙晓亮以注册资金仅为 10 万元的昕泰事务所为其 300 万元个人借款提供担保，主观上存在明显过错。因此，孙晓亮超越权限的担保行为系无权代理行为，於军对孙晓亮的无权代理行为并非善意无过失，因此孙晓亮的行为不构成表见代理，涉案借款合同中的从合同担保合同无效。

江苏省南通市中级人民法院依照《中华人民共和国民事诉讼法》第一百七十条第一款第（一）项的规定，作出如下判决：

驳回上诉，维持原判。

【法官后语】

本案涉及合伙执行人以合伙企业名义对外担保的责任认定。孙晓亮以昕泰事务所的名义提供担保，其行为是否系执行合伙事务，是否构成表见代理，是认定本案昕泰事务所是否承担担保责任的关键。

首先，《合伙企业法》第二十六条规定，合伙人对执行合伙事务享有同等权利。按照合伙协议的约定或者经全体合伙人决定，可以委托一个或者数个合伙人对外代表合伙企业，执行合伙事务。昕泰事务所系普通合伙企业，注册资金仅为人民币 10 万元，作为合伙事务执行人的孙晓亮以昕泰事务所的名义为自己的个人借款提供担保，并非执行合伙事务，应属无权代理行为。

其次，《合同法》第四十九条规定，行为人没有代理权、超越代理权或者代理权终止后以被代理人名义签订合同，相对人“有理由相信”行为人有代理权的，该代理行为有效，即为表见代理。构成表见代理行为不仅要求代理人的无权代理行为在客观上形成具有代理权的表象，而且要求相对人在主观上“有理由相信”行为人有代理权。“有理由相信”是指合同相对人善意且无过失地相信行为人有代理权，即相对人在不知道行为人无代理权方面不存在疏忽或懈怠。本案中，於军在借款时明知昕泰会计师事务所的经营范围不包括借贷，亦没有审查孙晓亮以昕泰事务所名义提供担保是否取得全体合伙人的一致同意。主观过错明显，於军对孙晓亮的无权代理行为并非善意无过失，因此孙晓亮的行为不构成表见代理，涉案借款合同中的从合同担保合同无效。

最后，根据《最高人民法院关于适用〈中华人民共和国担保法〉若干问题的解释》第七条的规定，主合同有效而担保合同无效，债权人、担保人有过错的，担保人承担民事责任的部分，不应超过债务人不能清偿部分的二分之一。本案中孙晓亮合法持有昕泰事务所的印章，其超越权限签署的担保合同并非昕泰事务所的真实意思表示，导致涉案担保合同无效的过错在于孙晓亮及於军，而并非昕泰事务所，故昕泰事务所无须对孙晓亮不能偿还的债务承担担保责任及其他民事责任，刘新作为昕泰事务所的合伙人也不应承担民事责任。

编写人：江苏省南通市中级人民法院　谷昔伟　姜安安

38

网络贷款平台网页承诺代偿本息是否承担保证责任

——李庆春诉钱来钱往金融服务外包（北京）有限公司保证合同案

【案件基本信息】

1. 裁判书字号

北京市第一中级人民法院（2017）京01民终字第160号民事判决书

2. 案由：保证合同纠纷

3. 当事人

原告（被上诉人）：李庆春

被告（上诉人）：钱来钱往金融服务外包（北京）有限公司（以下简称钱来钱往公司）

【基本案情】

李庆春在钱来钱往公司经营的金融交易平台网站上进行理财投资。经钱来钱往公司介绍与担保，李庆春共进行三笔投资，钱来钱往公司偿还其中两笔投资后剩余本金和利息未按期支付。李庆春向法院提交了公证书及其发票、理财金账户历史明细清单、钱来钱往公司网络打印件等证据，要求钱来钱往公司偿还借款本金127900元及利息（其中一笔以10万元为基数，自2015年10月20日起至实际付清之日止，按年利率18%计算；另外一笔以27900元为基数，自2015年11月11日起算至实际付清之日止，按年利率24%计算），要求钱来钱往公司承担公证费2200元及本案诉讼费。

钱来钱往公司认为，李庆春确实在钱来钱往公司网络平台进行了投资，但是钱来钱往公司网站上已经声明：钱来钱往公司仅对平台上的租用分站店铺提供平台服务和技术支持，每个分站店铺投资交易有第三方环讯进行托管，与总平台无关，钱来钱往商城不承担用户任何投资纠纷。故钱来钱往公司不同意李庆春的诉讼请求。

【案件焦点】

网络贷款平台网页承诺代偿本息是否构成保证的意思表示而承担保证责任。

【法院裁判要旨】

北京市海淀区人民法院经审理认为：本案争议焦点为钱来钱往公司是否对李庆春出借的款项承担担保责任。李庆春作为出借人通过钱来钱往公司提供的网络平台与该平台提供的借款人形成借贷关系，钱来钱往公司作为平台的提供者在其网站上声明：如借款人逾期未还款，第三方担保机构将会及时代偿本息，100%保障资金安全无忧。该声明很容易对出借人的投资决策和意思表示产生影响，因此足以使出借人认为该平台为其债权提供保证，亦应认定出借人李庆春与钱来钱往公司就保证合同达成合意。根据庭审查明的事实，可以确认李庆春与钱来钱往公司之间存在保证合同关系。北京市海淀区人民法院判决钱来钱往公司偿还本金及利息并承担公证费和诉讼费。

钱来钱往公司上诉至北京市第一中级人民法院。北京市第一中级人民法院经审理认为：本案争议焦点为钱来钱往公司是否对李庆春出借的款项承担担保责任。通过查明事实可知，一审诉讼中，钱来钱往公司明确承诺同意承担担保责任，再向张秉强追偿债务，该意思表示真实明确，未违反法律法规的强制性规定，具有法律效力。二审诉讼中，钱来钱往公司表示因为无法联系上张秉强且张秉强有诈骗行为，其不再承担担保责任，这有违诚信原则且无证据证明，本院不予支持，因此维持原判。

【法官后语】

网络借贷纠纷主要有三种表现形式，其一是出借方和借款方的民间借贷纠纷，其二是基于出借方、借款方以及借贷中间平台三方电子借贷协议中出借方将债权转让给中间平台之条款而导致的中间平台和借款方的追偿权纠纷，其三是基于出借方、借款方以及借贷中间平台三方电子借贷协议中中间平台对于主债务的担保承诺产生的出借方与中间平台的担保合同纠纷。由此，P2P 网络贷款平台扮演着纯粹的居间中介、债权受让方或者担保人等多重角色。

鉴于网络贷款平台属于新生事物，相关的金融监管以及法律规制较为单薄，实践中 P2P 平台打法律擦边球，规避法律责任的情形屡见不鲜。为了明确 P2P 贷款平台的法律责任，《最高人民法院关于审理民间借贷案件适用法律若干问题的规定》第二十二条规定，借贷双方通过网络贷款平台形成借贷关系，网络贷款平台的提供者仅提供媒介服务，当事人请求其承担担保责任的，人民法院不予支持。网络贷款平台的提供者通过网页、广告或者其他媒介明示或者有其他证据证明其为借贷提供担保，出借人请求网络贷款平台的提供者承担担保责任的，人民法院应予支持。该条明确区分“仅提供媒介服务”与“通过网页、广告或者其他媒介明示或者有其他证据证明其为借贷提供担保”的法律后果，并将证明 P2P 贷款平台为借贷提供担保的举证责任分配至出借人。

本案中，涉案 P2P 平台即在其网页上承诺“若借款人逾期未还款，第三方担保机构将会及时代偿本息”，该意思表示已经足够表明其为贷款人提供担保。

编写人：北京市海淀区人民法院　徐丽霞　徐星星

39

债务加入与保证的实务区分

——张志祥诉张金华、张金健保证合同案

【案件基本信息】

1. 裁判书字号

南通市中级人民法院（2016）苏 06 民终字第 763 号民事判决书

2. 案由：保证合同纠纷

3. 当事人

原告（上诉人）：张志祥

被告（被上诉人）：张金华、张金健

【基本案情】

2007年6月29日，张金健、李燕、张志祥、朱忠菊作为借款人、抵押人（甲方）与建行南通分行签订《个人住房最高额抵押贷款合同》一份，约定建行南通分行向甲方提供最高额抵押贷款35万元，抵押物为张志祥所有的五山公寓29幢×室房屋。2009年7月22日，建行南通分行将35万元贷款划入张金健账户。2009年7月14日，被告张金华曾出具担保书一份，内容为："今有张金健向张志祥借房贷款，到期为二〇一〇年七月，到期所有后果由我担保。"2009年7月19日，被告张金健向原告出具借条一份，载明，今借张志祥人民币叁拾伍万元整，借期为四年，如四年内本人无能力还款，由张金华代还。被告张金华作为代还人在借条上签字。原告张志祥认为，张金健资金紧张，需要贷款，故原告向其借房用于银行贷款。为此，张金健也曾让张金华出具担保书。原告认为不行，便要求张金健出具上述借条，并让张金华代偿债务，而非担保债务。故要求被告张金华偿还原告为张金健垫付的银行贷款人民币154300元。被告张金华则认为，不记得在借条上签过名，请求法院驳回原告的诉讼请求。

【案件焦点】

被告张金华在案涉借条中作为代偿人签字的行为系债务加入还是构成保证担保。

【法院裁判要旨】

江苏省南通市崇川区人民法院经审理认为：从被告张金健出具的借条以及个人住房抵押（现房）还款协议等证据来看，原告与被告张金健之间具有借款合意，且款项系以银行贷款的形式划入被告张金健的账户，故可认定原告与被告张金健之间存在35万元的借贷关系。对案涉借条中张金华的签名，被告张金华虽未予以确认，但其未能提供相反证据，本院对该抗辩不予采信。由此，被告张金华作为代还人在借条上签名，愿意承担债务当无疑问，本案关键在于张金华行为的性质如何认定。

对此，原告认为并非担保。法院认为，作为担保方式的保证与并存的债务承担等方式在性质和处理上有所不同，判断一个行为是保证，还是并存的债务承担或其他，应根据具体情况确定。根据担保法的规定，保证是指保证人和债权人约定，当债务人不履行债务时，保证人按照约定履行债务或承担责任的行为。从该规定来看，保证人承担责任的前提是债务人的履行延迟，案涉借条明确表示张金健在四年内无能力还款时，由张金华代还，符合上述关于保证的规定，其意思表示有明显的保证含义。此外，在借条之前被告张金华出具担保书的行为以及原告当庭陈述亦能予以佐证。综上，被告张金华的行为构成保证。我国担保法规定，当事人在保证合同中约定，债务人不能履行债务时，由保证人承担保证责任的，为一般保证。结合相关证据，本案应为一般保证。根据法律规定，保证人与债权人未约定保证期间的，保证期间为主债务履行期届满之日起六个月。原告未举证证明其在上述期间向被告张金健提起诉讼或申请仲裁，保证人张金华依法免除保证责任。综上，原告要求被告张金华偿还款项于法无据，法院不予支持。

江苏省南通市崇川区人民法院依照《中华人民共和国担保法》第六条、第十七条、第二十五条的规定，判决驳回原告张志祥的诉讼请求。

原告张志祥不服上诉，江苏省南通市中级人民法审理后依法判决驳回上诉，维持原判。

【法官后语】

债务加入又称并存债务承担，我国法律未明确规定。司法现实中，并存的债务承担的案例虽较常见，但争议也非常大。其中，该制度与同样具有保障债权实现的保证如何准确区分，便是司法实务中的一道难题，本案主要涉及如此。

理论上，二者的区别似乎比较清晰明朗，但司法实务中，因债务加入和保证均具有担保债权实现的功能，当事人在签订协议时一般很难注意双方区别，且在三方协议或借条中对第三人经常冠以“代还人”“还债人”等名号，导致案件审理过程中难以认定第三人的行为属债务加入还是担保。判断一个行为究竟是保证还是并存的债务承担，应根据具体情况确定。如承担人承担债务的意思表示中有较为明显的保证含义，可以认定为保证。如果没有，则应当从保护债权人利益的立法目的出发，可宽松地认定为并存的债务承担。即处理上述问题时，首先应当根据证据规则及合同解释方法，最大程度地探求还原当事人真实的意思表示，如仍无法辨别，则根据上述精神应作出宽泛的认定。

就本案而言，虽借条从头至尾并未出现保证、保证人或担保人的字样，但根据合同文义解释规则其具有较为明显的保证含义，更符合一般保证的法律特征。本案中，张金华偿债具有附条件、附期限性，与张金健相比，两者所担之债并不具有同一性。另外，从法院查明的事实来看，在张金华作为代还人在借条上签字的几日之前，其曾出具过担保书一份，明确了案涉债务所有后果由其担保，并作为担保人予以签字确认。那么，就事实发展的连续性而言，可以认定其具有为张金健债务提供担保的意愿。庭审中，原告张志祥主张，系因担保书上的贷款到期时间书写错误，才又形成了借条。由此，也可以看出，张金华再次签字承担债务，并非系原告因不认可张金华的担保身份，而要求其作为债务加入人承担等同的还款责任。根据常理，如张志祥不认同张金华的保证身份，而要求其作为债务加入人承担同等还款责任的话，那么，张志祥当初应当清楚两者在法律意义上的区别，特别是对于其本人而言，区别最大的就是其行使权利的期间以及方式，那么，在张金华签字时其应当让张金华备注清楚，在张金华备注不明的情况下，其也应当对此负有谨慎的注意义务，在法定期间内通过合法方式进行主张权利。由此，原告张志祥认为，张金华签字代还系债务加入，与事实不符。

编写人：江苏省南通市崇川区人民法院　范纪强　曹卫华

40

保证人的保证责任是否及于夫妻另一方

——陈恒平诉陈晋亮等民间借贷案

【案件基本信息】

1. 裁判书字号

山东省淄博市桓台县人民法院（2016）鲁0321民初字第474号民事判决书

2. 案由：民间借贷纠纷

3. 当事人

原告：陈恒平

被告：陈晋亮、陈小美、陈开田、陈荣霞

【基本案情】

2012 年 10 月 8 日，被告陈晋亮向原告陈恒平借款 100000 元，约定借款月利率为 3.6%，2013 年 10 月 7 日归还该款，并出具了借条，被告陈开田作为保证人在该借条上签字。借款到期后，被告陈晋亮未归还原告该借款，被告陈开田也未履行其保证责任。原告在被告陈开田的保证期间届满后六个月内未向被告陈开田主张权利。2014 年 5 月 25 日，被告陈晋亮在原借条上续签承诺于 2014 年 10 月 7 日归还借款，如不能偿还以高新区奥林新城 5 号楼 1 单元 × 室房屋作抵押。至起诉前，被告陈晋亮共向原告支付 22400 元。原告主张被告陈晋亮、被告陈小美偿还借款 100000 元及利息 64800 元，被告陈开田与被告陈荣霞对被告陈晋亮的借款及利息承担连带保证责任。

【案件焦点】

被告陈开田作为连带责任保证人，其保证责任是否及于其妻即被告陈荣霞。

【法院裁判要旨】

山东省淄博市桓台县人民法院经审理认为：被告陈晋亮、原告陈恒平出具的借据，借款 100000 元，可以证实双方之间存在民间借贷法律事实，被告陈晋亮业已收到原告的借款，因此，原告与被告陈晋亮之间的民间借贷关系成立并生效。被告陈晋亮在该借款到期后，未偿还原告，已构成违约，被告陈晋亮应偿还借款 100000 元。关于利息，被告陈晋亮共向原告支付 22400 元，系被告陈晋亮支付给原告的利息，应予扣减。被告陈晋亮尚欠原告利息 42400 元。

因涉案借款发生在与被告陈小美婚姻关系存续期间，系夫妻共同债务，被告陈小美与被告陈晋亮共同偿还借款 100000 元及利息 42400 元。被告陈开田为被告陈晋亮的涉案借款提供的保证担保为连带责任保证，被告陈开田的保证行为已超过保证期间，被告陈开田不再承担连带保证责任；被告陈荣霞非本案的保证人，且不能认定为夫妻共同债务，遂被告陈荣霞不承担保证责任。

依照《中华人民共和国民法通则》第九十条、第一百零八条，《中华人民共和国合同法》第一百零七条、第一百九十六条、第二百零六条，《中华人民共和国担保法》第十九条、第二十六条，《最高人民法院关于适用〈中华人民共和国婚姻法〉若干问题的解释（二）》第二十四条，《中华人民共和国民事诉讼法》第六十四条的规定，判决如下：

一、被告陈晋亮、被告陈小美偿还原告陈恒平借款本金100000元，于本判决生效之日起十日内付清；

二、被告陈晋亮、陈小美支付原告利息42400元，于本判决生效后十日内付清；

三、驳回原告陈恒平的其他诉讼请求。

【法官后语】

借由本案，着重谈一下夫妻一方对外担保，保证责任是否及于夫妻另一方的问题。对于这一问题的认定应当从以下两方面考量：

一是担保行为是否为夫妻双方共同的意思表示，即另一方配偶是否事先同意或者事后予以追认。夫和妻在法律上具有独立人格，能够以其独立的人格从事与婚姻无关的活动，夫妻一方对外担保，并不必然是夫妻双方的共同意思表示，不能将夫妻的个人行为“捆绑销售”，应结合案件具体情形予以认定。

二是担保行为是否带来利益，该利益是否为另一方配偶所共享，即让另一方配偶本人获益，也包括用于家庭共同生活或者因该债务而致使其未成年子女获益等。保证人以个人名义对外提供了担保，若其对外担保获取了经济利益，且被用于夫妻共同生活或共同生产、经营活动，此时担保之债则属于夫妻共同债务的范畴，应由夫妻双方共同承担连带清偿责任。反之，保证人无偿提供了担保，未因此获得任何利益，夫妻共同生活也无法因此获得利益，则应被认定为个人债务，仅由保证人承担保证责任。

编写人：山东省淄博市桓台县人民法院　张伟平

41

执行担保的保证期间和诉讼时效

——江丽英诉南通永芳仓储有限公司、南通永芳贸易有限公司保证合同案

【案件基本信息】

1. 裁判书字号

江苏省南通市中级人民法院（2016）苏06民终字第2680号民事判决书

2. 案由：保证合同纠纷

3. 当事人

原告（上诉人）：江丽英

被告（被上诉人）：南通永芳仓储有限公司（以下简称永芳仓储公司）

第三人：南通永芳贸易有限公司（以下简称永芳贸易公司）

【基本案情】

2011年7月14日，南通市劳动人事争议仲裁委员会出具通劳人仲案字（2011）第230号仲裁调解书，确认永芳贸易公司于2011年7月30日前给付江丽英工资26988元、经济补偿11000元及其他拖欠款5992元，合计43980元。

2012年1月19日，永芳仓储公司向包括江丽英在内的16名员工出具担保函，表示自愿为永芳贸易公司欠该16名员工的工资、社会保险费用提供担保和补发。

2013年1月25日，江丽英等七人达成协议书，因与永芳贸易公司产生工资、社会保险等待遇执行纠纷一案，正在执行过程中，因永芳贸易公司可供执行的财产不足以清偿协议人所有的工资、社会保险等待遇，只提供了22万元人民币供协议人分配，可供分配的金额不足，故协议人经充分协商，达成如下分配比例，不足清偿部分的工资、社会保险由各协议人另行依法向永芳贸易公司等负有法律义务之人主张。江丽英获得分配资金33134元。

2013年1月29日，江丽英向南通市崇川区人民法院递交结案申请书，对于其申请执行永芳贸易公司仲裁纠纷一案，已收到执行款人民币33134元，现申请结案，并解除对被执行人的财产查封。

2013年2月28日，南通市崇川区人民法院作出（2012）崇复执字第0066号执行结案通知书，通知江丽英申请执行永芳贸易公司仲裁纠纷一案，本次恢复执行已执行完毕，现结案。

上述事实，有原告提供的仲裁调解书、担保函、结案申请书、执行结案通知书等书证及当事人的当庭陈述在卷佐证。

【案件焦点】

江丽英的担保债权是否超过担保期间和诉讼时效。

【法院裁判要旨】

江苏省南通市经济技术开发区人民法院经审理认为：永芳仓储公司出具担保函时，主债务的履行期限应为仲裁调解所约定的履行期限，且已经届满，双方未重新约定履行期限，因该担保函中未约定保证期间，保证期间应从永芳仓储公司出具担保函时起计算六个月。现江丽英未能提供证据证明其在担保期间内向永芳仓储公司主张过担保责任，永芳仓储公司亦否认江丽英向其主张过权利，故保证人应免除保证责任。

南通经济技术开发区人民法院依照《中华人民共和国担保法》第二十六条、《中华人民共和国民事诉讼法》第一百四十四条之规定，作出如下判决：

驳回原告江丽英的诉讼请求。

江丽英持原审起诉意见提起上诉。南通市中级人民法院经审理认为：江丽英通过仲裁调解书获得胜诉债权，永芳仓储公司在执行期间提供连带责任保证，其为执行结果提供担保，在胜诉债权尚未执行到位的情形下，江丽英主张权利不受保证期间约束，亦不受诉讼时效约束。

南通市中级人民法院依照《中华人民共和国民事诉讼法》第一百七十条第一款第（一）项规定，作出如下判决：

一、撤销江苏省南通经济技术开发区人民法院（2016）苏0691民初字第776号民事判决；

二、南通永芳仓储有限公司于本判决生效之日起十日内向江丽英支付10846元；

三、南通永芳仓储有限公司承担前款支付义务后，有权向南通永芳贸易有限公司追偿。

【法官后语】

保证期间和诉讼时效的起算点均为债务履行期限届满之日，而债务履行期限除当事人有明确约定外，需要根据具体情况具体分析确定。在本案中，江丽英取得的胜诉债权的债务履行期限不同于当事人约定的债务履行期限，不限于当事人在文书中约定的履行日期，而应由法律规定的执行程序加以确定。《中华人民共和国民事诉讼法》第二百三十九条规定："申请执行的期间为二年。申请执行时效的中止、中断，适用法律有关诉讼时效中止、中断的规定。前款规定的期间，从法律文书规定履行期间的最后一日起计算；法律文书规定分期履行的，从规定的每次履行期间的最后一日起计算；法律文书未规定履行期间的，从法律文书生效之日起计算。"第二百五十四条规定："人民法院采取本法第二百四十二条、第二百四十三条、第二百四十四条规定的执行措施后，被执行人仍不能偿还债务的，应当继续履行义务。债权人发现被执行人有其他财产的，可以随时请求人民法院执行。"故此，江丽英已在法律规定的期限内申请执行，此后只要江丽英的胜诉债权未得到完全偿付，其可随时请求永芳贸易公司继续履行义务。永芳仓储公司出具的担保函所担保的主债务是不存在履行期限的已经进入强制执行的债务，在胜诉债权尚未执行到位的情形下，江丽英向永芳仓储公司主张权利不受保证期间约束，亦不受诉讼时效约束。故二审改判永芳仓储公司对案涉债务承担保证责任。

编写人：江苏省南通市中级人民法院　韩兴娟

三、抵　押

42

担保人对保证担保的范围没有约定的应当对全部债务承担责任

——邱健诉孙强等民间借贷案

【案件基本信息】

1. 裁判书字号

黑龙江省牡丹江市阳明区人民法院（2017）黑1003民初字第62号民事判决书

2. 案由：民间借贷纠纷

3. 当事人

原告：邱健

被告：孙强、戴庆秀、张丽

【基本案情】

2015年2月6日被告孙强向原告借款80000.00元，用期一个月，并用牡丹城430号车库作为抵押，约定如到期未还款，将车库过户给邱健抵利息，被告戴庆秀作为连带保证人在欠条上签字。被告孙强未按照约定偿还借款，每月向原告支付利息3500.00元至2016年3月。原告多次向孙强和戴庆秀主张权利，被告戴庆秀于2016年8月20日向原告出具还款计划，承诺自2016年8月开始，戴庆秀每个月偿还本金20000.00元，拖欠的利息按照19000.00元计算，在偿还借款本金后次月给付，但戴庆秀未履行还款协议。故原告诉至法院。

【案件焦点】

担保人戴庆秀对借款本金承担保证责任，但对利息是否承担保证责任。

【法院裁判要旨】

黑龙江省牡丹江市阳明区人民法院经审理认为：被告戴庆秀作为担保人，对保证担保的范围没有约定，应当对全部债务承担责任，亦包括借款本金产生的利息，故其对利息不承担保证责任的抗辩意见，本院不予支持。其在履行保证责任后，可在已履行的范围内向被告孙强追偿。

牡丹江市阳明区人民法院依照《中华人民共和国担保法》第二十一条第二款“当事人对保证担保的范围没有约定或者约定不明确的，保证人应当对全部债务承担责任”的规定，判决如下：

一、被告孙强、张丽于本判决生效后十日内偿还原告邱健借款本金 62818.00 元，利息 12563.60 元（自 2016 年 3 月 6 日起，按照年利率 24% 计算至 2017 年 1 月 5 日止），2017 年 1 月 6 日以后产生的利息按照年利率 24% 计算至实际给付之日止；

二、被告戴庆秀就以上款项对原告邱健承担连带偿还责任。

【法官后语】

本案处理重点主要在于对担保范围的理解，本案担保人为连带责任保证人。《担保法》第二十一条第二款规定：“当事人对保证担保的范围没有约定或者约定不明确的，保证人应当对全部债务承担责任。”本案即是对保证范围没有进行约定的情况下，保证人对借款本金承担保证责任后，对借款的利息是否承担保证责任。对于存在保证的情况下，主要有以下几种情况需要值得注意。第一是一般保证责任与连带保证责任的区分问题，根据《担保法》第十九条的规定，当事人对保证方式没有约定或者约定不明确的，按照连带保证责任承担保证责任。即只在担保人处签字，未注明担保方式的，应认定为连带保证责任。一般担保和连带担保的主要区别在于：一般保证的保证人享有先诉抗辩权，即债权人必须先行对主债务人主张权利，在经强制执行仍不能得到清偿的情况下，方能要求保证人担保责任，而连带责任保证的保证人不享有先诉抗辩权。在担保债务已经开始计算诉讼时效的情形下，不再适用有关保证期间的规定。第二是保证责任的诉讼时效问题。根据《担保法》第二十五条的规定，一般保证的保证人与债权人未约定保证期间的，保证期间为主债务履行期届满之日起六个月。在合同约定的保证期间和前款规定的保证期间，债权人未对债务人提起诉讼或者申请仲裁的，保证人免除保证责任；债权人已提起诉讼或者申请仲裁的，保证期间适用诉讼时效中断的规定。而对于连带保证责任来说，根据《担保法》第二十六条的规定，连带责任保证的保证人与债权人未约定保证期间的，债权人有权自主债务履行期届满之日起六个月内要求保证人承担保证责任。在合同约定的保证期间和前款规定的保证期间，债权人未要求保证人承担保证责任的，保证人免除保证责任。综上所述，债权人未与债务人约定还款期限，债权人可随时向债务人主张偿还债务，在债权人向债务人主张债务后，债务人无法履行还款，债权人即可向担保人主张，主张的期限为六个月内。

编写人：黑龙江省牡丹江市阳明区人民法院　刘大为

43

担保责任的承担

——郑秀卿诉郭宝峰等民间借贷案

【案件基本信息】

1. 裁判书字号

北京市第一中级人民法院（2016）京01民终字第5612号民事判决书

2. 案由：民间借贷纠纷

3. 当事人

原告（被上诉人）：郑秀卿

被告（上诉人）：郭宝峰

被告（被上诉人）：徐向华、王彬

【基本案情】

2011年3月徐向华称其公司老板郭宝峰需要用钱，故向郑秀卿借款，徐向华、王彬愿意用名下房产做担保。碍于亲戚情面，原告于2011年3月27日、2013年6

月 22 日分两次借给郭宝峰 1000000 元。后郭宝峰未还款，故原告诉至法院，请求判令：1. 郭宝峰偿还原告借款 1000000 元；2. 徐向华、王彬承担连带责任；3. 诉讼费由被告负担。

被告郭宝峰不同意原告的诉讼请求，认为借条记载仅有 500000 元，且签订日期为 2011 年 4 月 30 日，已经超过诉讼时效。另在偿还该借款 500000 元后，郑秀卿又汇给我 500000 元，这 500000 元已偿还。2013 年我账户突然进账 500000 元，后来徐向华与我联系，称该 500000 元系其支付的赠与合同中应当支付给我及我爱人田雪的，这 500000 元不是借款，不存在借贷关系。原告与徐向华、王彬存在恶意串通行为。另第一笔 500000 元借款已经还给徐向华。

被告徐向华、王彬均同意原告的诉讼请求，同意承担连带责任，认可原告的事实理由。

【案件焦点】

郑秀卿于 2013 年 6 月 22 日向郭宝峰转账的 50 万元是否为借款，郭宝峰是否已经清偿全部借款。

【法院裁判要旨】

北京市昌平区人民法院经审理认为：郑秀卿向郭宝峰提供借款，郭宝峰出具借条，双方形成事实上的借款合同关系，该合同系双方当事人的真实意思表示，且不违反法律法规的强制性规定，该合同合法有效，双方应当按照约定履行义务。本案中，郑秀卿两次共向郭宝峰银行账户转账 100 万元，就第一笔转账 50 万元，郭宝峰出具借条，庭审中，郭宝峰陈述第二笔转账 50 万元非借款，但未提交充分证据予以证明，故郭宝峰应当返还郑秀卿 100 万元，对郑秀卿主张郭宝峰返还 100 万元的诉讼请求，该院予以支持。郑秀卿主张徐向华、王彬就郭宝峰的债务承担连带责任，庭审中徐向华、王彬同意郑秀卿的诉讼请求，对此，该院认为，当事人承担连带责任应当有法律法规的明确规定，故对郑秀卿主张徐向华、王彬承担连带责任的诉讼请求，无法律依据，该院对此不予支持。郭宝峰的抗辩意见无事实法律依据，该院不予采信。综上所述，依据《中华人民共和国合同法》第一百九十六条、第二百零六条之规定，作出如下判决：

一、郭宝峰于判决生效后七日内返还郑秀卿 100 万元；

二、驳回郑秀卿的其他诉讼请求。

郑秀卿持原审答辩意见提起上诉。北京市第一中级人民法院经审理认为郑秀卿与郭宝峰之间的借款合同关系，系双方当事人的真实意思表示，其内容不违反法律法规的强制性规定，应属合法有效。结合各方当事人的陈述，本案的争议焦点在于：一、郑秀卿于2013年6月22日向郭宝峰转账的50万元是否为借款；二、郭宝峰是否已经清偿全部借款。

关于郑秀卿于2013年6月22日向郭宝峰转账的50万元的性质。郭宝峰称，上述50万元是郑秀卿替案外人向郭宝峰还款，并非郑秀卿支付的借款。

《最高人民法院关于审理民间借贷案件适用法律若干问题的规定》第十七条规定："原告仅依据金融机构的转账凭证提起民间借贷诉讼，被告抗辩转账系偿还双方之前借款或其他债务，被告应当对其主张提供证据证明。被告提供相应证据证明其主张后，原告仍应就借贷关系的成立承担举证证明责任。"郑秀卿提供2013年6月27日的银行转账凭证，证明于该日向郭宝峰出借50万元，据此要求郭宝峰清偿上述款项，即郑秀卿已就其该部分主张提供了初步证据予以证明，现郭宝峰虽主张郑秀卿上述50万元系履行其他法律关系项下的付款义务，应就其上述主张提供证据予以证明，其二审诉讼期间虽提交了银行转账凭证以证明上述主张，但该证据的内容无法体现郑秀卿与郭宝峰之间就上述款项用于清偿案外人对郭宝峰的债务一事形成合意，在郭宝峰就其主张并未提供确实充分的证据予以证明的情况下，其上述主张缺乏事实和法律依据，本院依法不予采信。一审法院认定上述50万元为郑秀卿向郭宝峰提供的借款并无不当。关于上述借款是否清偿的问题，郭宝峰主张，因郑秀卿已经出具结清证明，故其无须向郑秀卿返还上述款项。

关于郭宝峰是否已经清偿本案2011年3月30日借条项下借款的问题。郭宝峰称，其已清偿上述借款，郑秀卿亦出具了结清证明，故其不应再向郑秀卿偿还上述借款。对此本院认为，郑秀卿虽否认结清证明上其签名的真实性，但根据《鉴定意见书》的鉴定意见，该结清证明上郑秀卿的签名由其本人书写，其虽不认可上述鉴定结论，但并未提供确实充分的证据否定上述鉴定意见，故本院对结清证明予以确认，根据结清证明的内容，郭宝峰已清偿该借条项下借款。同时，郑秀卿认可收到过徐向华支付的借款利息，郭宝峰认可曾向郑秀卿支付过借款利息，在其出具结清证明的情况下，应认定该笔50万元借款本息已经还清，郑秀卿要求郭宝峰清偿

2011 年 3 月 30 日借条项下借款的主张请求缺乏事实和法律依据，本院依法不予支持，一审法院处理结果有误，本院依法予以纠正。

关于郭宝峰认为，其向徐向华和王彬账户支付的款项用于清偿 2011 年 3 月 30 日借条项下借款的主张。本院认为，上述 50 万元借贷关系的主体为郑秀卿与郭宝峰，徐向华、王彬并非上述借贷关系的当事一方，郭宝峰虽主张其向徐向华、王彬账户支付款项即视为对郑秀卿借款的清偿，但其并未提供证据证明其与郑秀卿之间就上述内容形成合意，结合徐向华、王彬与郭宝峰之间存在其他经济往来的情况，故郭宝峰上述付款不足以认定系清偿上述借条项下借款。郭宝峰该主张于法无据，本院依法不予采信。依照《中华人民共和国合同法》第九十一条、第一百九十六条、第二百零六条，《最高人民法院关于审理民间借贷案件适用法律若干问题的规定》第十七条，《中华人民共和国民事诉讼法》第一百七十条第一款第（二）项之规定，判决如下：

一、撤销北京市昌平区人民法院（2015）昌民（商）初字第 7025 号民事判决第二项；

二、变更北京市昌平区人民法院（2015）昌民（商）初字第 7025 号民事判决第一项为郭宝峰于本判决生效后七日内返还郑秀卿 500000 元；

三、驳回郑秀卿的其他诉讼请求。

【法官后语】

本案涉及的事实问题，二审法院通过上诉人提交的新证据（郑秀卿出具的结清证明），对一审法院处理结果（变更一审判决第一项“被告郭宝峰返还原告郑秀卿 100 万元”为“郭宝峰返还郑秀卿 50 万元”）依法进行了纠正，已无异议。

本案例要阐明的另一重要的法律问题，即徐向华、王彬是否需要就郭宝峰的债务承担连带责任。郑秀卿称，2011 年 3 月徐向华称其公司老板郭宝峰需要用钱，故向其借款，徐向华、王彬愿意用名下房产做担保。在庭审中秀卿主张徐向华、王彬就郭宝峰的债务承担连带责任，王彬、徐向华同意郑秀卿的诉讼请求。对此，法院认为，当事人承担连带责任应当有法律法规的明确规定。就此本案例展开延伸，就债权人、债务人与担保人明确约定担保人同意以其名下房产做担保，但各方未就担保房产办理抵押登记手续时，担保人的责任需区分以下两种情况进行处理：

1. 担保房产能够办理抵押登记手续而担保人未配合办理手续，致使债权人行使权利时因未办理房屋抵押登记手续，而不能实现其担保权时，担保人应承担违约责任；

2. 担保房产因政策限制等缘由不能办理抵押登记手续，而使债权人的抵押权不能实现时，担保人应承担侵权责任，债权人可以在其权利范围内，向担保人主张赔偿损失。

但本案中债权人郑秀卿、债务人郭宝峰及担保人徐向华、王彬并未就担保事宜达成一致意见，而诉讼过程中，虽郑秀卿、徐向华、王彬向法院提交担保合同，但结合郭宝峰对该事实向法庭的陈述，并综合全案事实及原、被告各方案外其他多个诉讼，一审法院并未认可担保事实真实发生；即使庭审中徐向华、王彬同意就郭宝峰的债务承担连带清偿责任，系自认或债务加入，但承办人认为，承担连带清偿责任需有法律明确规定，法院并未判决确认徐向华、王彬就本案借款承担连带清偿责任，以避免损害其他权利人利益。二审法院对此亦予以认可。

编写人：北京市昌平区人民法院　郭玮

44

阶段性担保合同的认定

——华夏银行股份有限公司北京中关村支行诉丁思凡、北京世纪恒成建设开发有限公司借款合同案

【案件基本信息】

1. 裁判书字号

北京市第一中级人民法院（2016）京01民再字第104号民事判决书

2. 案由：借款合同纠纷

3. 当事人

原告（上诉人）：华夏银行股份有限公司北京中关村支行（以下简称华夏金银

行中关村支行）

被告（被上诉人）：丁思凡、北京世纪恒成建设开发有限公司（以下简称世纪恒成公司）

【基本案情】

2007 年 1 月 7 日，丁思凡购买世纪恒成公司开发的位于北京市朝阳区望京新兴产业区 3 号地望京科技发展大厦 13 层×号的房屋（该房号在办理房屋所有权证时变更为“朝阳区利泽中一路 1 号 13 层公寓×号”）。

2007 年 3 月 13 日，丁思凡（甲方）与华夏银行中关村支行（乙方）、世纪恒成公司（丙方）签订了《个人房屋抵押借款合同》，由华夏银行中关村支行向丁思凡贷款 580000 元。

甲方自愿以本合同第一条所列房产（以下简称抵押房产）向乙方提供抵押，作为本合同项下贷款的担保。丙方自愿且不可撤销地为本合同项下的所有贷款本金、利息、罚息、复利、违约金、损害赔偿金、实现债权的费用及甲方应付的其他款项承担连带保证责任。丙方保证为阶段性担保，丙方对本合同约定的甲方应偿还贷款本息开始之日至本合同项下办理完毕房屋所有权证及房屋抵押登记手续为止产生的所有甲方应付款项承担连带保证责任。如甲方连续 3 个月或累计 6 个月未能按本合同约定还本付息乙方有权停止发放贷款，宣布本合同项下已发放的贷款提前到期，提前收回贷款本息，并有权处分抵押物和/或要求保证人承担连带保证责任。

华夏银行中关村支行（甲方）与世纪恒成公司（乙方）签订《博雅国际中心按揭项目合作协议》，协议约定甲方向该项目中的购房人发放个人住房贷款；在房产抵押登记完成前，乙方对甲方发放的关于该项目的每笔个人住房贷款提供不可撤销的连带责任保证，并作为保证人签订《个人住房贷款借款合同》。

合同签订后，华夏银行中关村支行向丁思凡提供了借款 580000 元。丁思凡自 2010 年 2 月 20 日起至今发生连续的未按期还款行为。且在华夏银行中关村支行不知情的情况下，丁思凡擅自将涉诉房屋转让他人，致使涉诉房屋于 2009 年 4 月 29 日被北京市朝阳区人民法院查封，2010 年 3 月 29 日被过户给他人。

在丁思凡从世纪恒成公司所购房屋的产权证办理之后，世纪恒成公司将产权证交给华夏银行中关村支行。庭审中，世纪恒成公司提供了产权证领取交接单，其中显示产权证交付时间为2008年11月7日，但就此时间华夏银行中关村支行不予认可，并提交交接单传真件，证明交接单没有显示交接时间，该行认为交付时间为2009年3月。重审中，华夏银行中关村支行当庭提出鉴定申请，申请对世纪恒成公司提交的华夏银行中关村支行领取丁思凡房产证的交接单上签收日期的书写时间以及该日期是否是卢志龙本人所签进行鉴定，但又表示由于卢志龙本人不配合鉴定，故撤回鉴定申请。世纪恒成公司认为，该公司所提交的上述交接单系原件，而华夏银行中关村支行所提交的交接单与该公司提交的不一致，并且仅系传真件，并无原件，不认可其真实性。

经询，华夏银行中关村支行称世纪恒成公司是在2009年的2月、3月将丁思凡的房产证交给该行，但其未能就此说法举证。该行自称已与丁思凡联系，让其交纳相关手续，并且需要丁思凡的签字才能办理抵押登记手续，但其未能就此举证。该行称其在2009年4月30日登陆房管局网站时才发现房产已被查封。

华夏银行中关村支行认可丁思凡的房产证系与史冬梅的房产证（房屋所有权证号：×京房权证朝字第612576号）同批领取，而史冬梅的房产抵押于2009年11月24日。

2009年1月起至2009年11月，华夏银行中关村支行陆续向世纪恒成公司返还了保证金账户内的全部保证金余额3179174.65元，2009年11月30日，该保证金账户销户。

另查，华夏银行北京中关村支行于2004年12月13日变更名称为华夏银行股份有限公司北京中关村支行。

【案件焦点】

阶段性担保合同应该如何认定。

【法院裁判要旨】

北京市海淀区人民法院经审理认为：华夏银行中关村支行与丁思凡、世纪恒成公司签订的《个人房屋抵押借款合同》是当事人真实意思表示，不违反法律、行政法规的强制性规定，合法有效。合同的双方均应按约定履行各自的义务。在华夏银行中关村支行提供贷款后，丁思凡应当依约履行还款义务。

根据贷款合同，丁思凡有到期偿还贷款本息的义务，如连续3个月或累计6个月未能按合同约定还本付息的，华夏银行中关村支行有权解除合同，提前收回贷款本息。现丁思凡未按期还款的时间已远超合同所限，故华夏银行中关村支行要求与丁思凡解除合同，并要求丁思凡提前偿还贷款本息的诉讼请求，符合法律规定，本院予以支持。

世纪恒成公司提交的交接单上有华夏银行中关村支行的经办人卢志龙的签名及签收日期。根据该交接单记载，华夏银行中关村支行系于 2008 年 11 月 7 日从世纪恒成公司领取了丁思凡的房产证，但直至该房产于 2009 年 4 月被查封，该行均未对该房产办理抵押登记，致使其未能在借款人欠债不还的情况下就其房产受偿。并且华夏银行中关村支行在陆续退还世纪恒成公司的全部保证金之后，于 2009 年 11 月 30 日注销了该公司的保证金账户。此外，华夏银行中关村支行未能举证证明其通知或督促丁思凡去办理抵押登记或丁思凡收到通知后拒绝办理抵押登记的事实。

综上，华夏银行中关村支行有足够时间办理丁思凡的房产抵押登记而未办理，其怠于办理房屋抵押登记的做法，应视为其为自身利益所需，以不作为的形式不正当地阻止了保证合同解除条件的成就，并且其已自行注销世纪恒成公司的保证金账户。在此情况下，应视为世纪恒成公司与华夏银行中关村支行设立的阶段性担保合同的解除条件已成就，该公司无须对丁思凡的债务承办连带担保责任。

最终，一审法院作出如下判决：

一、被告丁思凡于本判决生效后三十日内偿还原告华夏银行股份有限公司北京中关村支行借款本金五十三万零七百一十一元六角八分及至实际清偿之日止的利息、罚息及复利（利率均按双方合同约定计算）；

二、驳回原告华夏银行股份有限公司北京中关村支行的其他诉讼请求。

华夏银行不服一审判决，提起上诉。北京市第一中级人民法院审理认为：本案二审双方当事人的争议焦点即为华夏银行中关村支行未及时办理涉案房屋抵押登记是否构成《中华人民共和国合同法》第四十五条第二款中规定的当事人为自己的利益不正当地阻止解除条件的成就。

世纪恒成公司向法院提交的交接单原件载明，华夏银行中关村支行于 2008 年 11 月 7 日从世纪恒成公司领取了丁思凡的房屋所有权证。华夏银行中关村支行虽质疑经办人卢志龙签字及日期的真实性，但未能提供充分证据反驳对方之主张。华夏银行中关村支行主张该行于 2009 年 3 月方才收到丁思凡房屋所有权证，亦未提交任何证据证明。原判在全面、客观审核分析双方当事人所提交的相关证据的基础上认定丁思凡房屋所有权证的交接日期为2008年11月7日理由充分。从2008年11月7日到2009年4月29日涉案房屋被北京市朝阳区人民法院查封，华夏银行中关村支行在近半年的时间里未能办理房屋抵押登记；且该行在明知涉案房屋已被法院查封、无法办理抵押登记的情况下仍注销了世纪恒成公司的保证金账户。上述事实充分说明华夏银行中关村支行对于自身权利保护的倦怠。根据合同约定，世纪恒成公司承担的保证责任是阶段性保证责任，而华夏银行中关村支行未积极办理涉案房屋抵押登记无形中加重了世纪恒成公司的保证责任，属于对合同权利的滥用，构成《合同法》第四十五条第二款规定的当事人为自己的利益不正当地阻止解除条件的成就。原判据此认定世纪恒成公司无须再为丁思凡所负债务承担连带保证责任正确。

综上所述，上诉人的上诉请求不能成立，应予驳回，原判认定事实清楚，适用法律正确，本院应予维持。依照《中华人民共和国民事诉讼法》第一百七十条第一款第（一）项之规定，判决如下：

驳回上诉，维持原判。

【法官后语】

本案争议焦点在于世纪恒成公司与华夏银行中关村支行设立的阶段性担保合同的解除条件是否已成就，该公司是否需要对丁思凡的债务承办连带担保责任。

原审认为，世纪恒成公司保证义务的免除不应以退还保证金为准，而应按照双方签订的合作协议的约定，在房产抵押登记完成前，提供不可撤销的连带责任保证。

再审认为，世纪恒成公司提交的交接单上有华夏银行中关村支行的经办人卢志龙的签名及签收日期，华夏银行中关村支行现已撤回对上述签名及日期的鉴定申请，且该行提交的交接单并无原件，故应对世纪恒成公司提交的交接单的真实性予以确认。根据该交接单记载，华夏银行中关村支行系于2008年11月7日从世纪恒成公司领取了丁思凡的房产证，但直至该房产于2009年4月被查封，该行均未对该房产办理抵押登记。华夏银行中关村支行在收到借款人丁思凡的房产证之后直至该房过户至案外人名下长达近半年的时间里，都未办理抵押登记手续，致使其未能在借款人欠债不还的情况下就其房产受偿。并且华夏银行中关村支行在陆续退还世纪恒成公司的全部保证金之后，于2009年11月30日注销了该公司的保证金账户。

此外，华夏银行中关村支行未能举证证明其通知或督促丁思凡去办理抵押登记或丁思凡收到通知后拒绝办理抵押登记的事实。

综合华夏银行中关村支行的行为可以看出，该行有足够时间办理丁思凡的房产抵押登记而未办理，同批所领房产证亦迟至一年之后才办理抵押登记，其怠于办理房屋抵押登记的做法，应视为其为自身利益所需，以不作为的形式不正当地阻止了保证合同解除条件的成就，并且其已自行注销世纪恒成公司的保证金账户。在此情况下，应视为世纪恒成公司与华夏银行中关村支行设立的阶段性担保合同的解除条件已成就，该公司无须对丁思凡的债务承担连带担保责任。

编写人：北京市海淀区人民法院　曲育京

45

未经共有权人同意签订的抵押（借款）合同是否无效

——张锐诉雍淑敏、卢祥定确认合同无效案

【案件基本信息】

1. 裁判书字号

北京市第二中级人民法院（2016）京02民终字第8952号民事判决书

2. 案由：确认合同无效纠纷

3. 当事人

被告（上诉人）：卢祥定

原告（被上诉人）：张锐、雍淑敏

【基本案情】

张锐与雍淑敏系夫妻关系，双方于1981年6月5日登记结婚。2002年4月22日雍淑敏取得位于丰台区西罗园南里38号楼×号房屋所有权证。2014年4月11

日，雍淑敏与卢祥定签订《借款合同》，该合同第一条规定雍淑敏向卢祥定借款人民币1800000元，借款期限自2014年4月11日至2014年6月10日。该合同还对其他事项进行了约定。同日，北京市中信公证处出具了（2014）京中信内民证字15935号公证书，根据《中华人民共和国民事诉讼法》《中华人民共和国公证法》和《公证程序规则》的规定，自2014年4月11日雍淑敏与卢祥定所签订的《借款合同》生效及该合同项下债权债务形成之日起，本公证书具有强制执行效力。当日，雍淑敏与卢祥定签订《抵押（借款）合同》，雍淑敏将位于丰台区西罗园南里38号楼×号房屋抵押给卢祥定，并办理了房屋抵押权登记。张锐以该《抵押（借款）合同》侵犯了其合法权益为由要求确认2014年4月11日雍淑敏与卢祥定所签订的《抵押（借款）合同》无效。卢祥定认为其不知道张锐与雍淑敏系夫妻关系，其与雍淑敏签订的《抵押（借款）合同》不存在侵犯张锐合法权益的情形，双方亦办理了抵押登记，符合法律规定，因此双方签订的合同不属于无效合同。

【案件焦点】

雍淑敏未经共有权人张锐同意与卢祥定签订的抵押（借款）合同是否无效。

【法院裁判要旨】

北京市丰台区人民法院经审理认为：张锐与雍淑敏于1981年6月5日登记结婚。婚后购买了位于丰台区西罗园南里38号楼×号房屋，并取得了房屋所有权证，故该房屋系张锐与雍淑敏婚后夫妻共同财产。现无证据证明雍淑敏与卢祥定签订《抵押（借款）合同》时张锐知道或者应当知道而未提出异议，故雍淑敏以共有财产设立抵押，未经共有权人张锐同意，该抵押无效，故对张锐的诉讼请求，法院应以支持。

北京市丰台区人民法院依照《中华人民共和国合同法》第五十二条、《最高人民法院关于适用〈中华人民共和国担保法〉若干问题的解释》第五十四条之规定，作出如下判决：

雍淑敏与卢祥定于2014年4月11日所签订的《抵押（借款）合同》无效。

卢祥定不服一审判决提起上诉。北京市第二中级人民法院经审理认为：张锐起诉请求确认雍淑敏与卢祥定签订的《抵押（借款）合同》无效，关于合同是否无效的认定应适用《中华人民共和国合同法》第五十二条关于合同无效的情形的规定。在本案中，张锐虽主张本案存在前述规定中“恶意串通损害第三人利益”之情形，但对此未能提供证据予以证明，亦未能提供证据证明存在合同无效的其他情形。因此，对于张锐要求确认合同无效的诉讼请求，不应予以支持。《最高人民法院关于审理买卖合同纠纷案件适用法律问题的解释》第三条第一款规定：“当事人一方以出卖人在缔约时对标的物没有所有权或者处分权为由主张合同无效的，人民法院不予支持。”《中华人民共和国合同法》第一百七十四条：“法律对其他有偿合同有规定的，依照其规定；没有规定的，参照买卖合同的有关规定。”结合前述规定，一审法院以雍淑敏以共有财产设立抵押，未经共有权人张锐同意，该抵押无效为由确认《抵押（借款）合同》无效属于适用法律错误。对于卢祥定上诉主张的善意取得的问题，本院认为，基于张锐的诉讼请求，本案所处理的为《抵押（借款）合同》的合同效力事项，并不涉及卢祥定是否基于善意取得而取得涉案房屋抵押权问题的认定。综上，一审法院适用法律错误。

北京市第二中级人民法院依照《中华人民共和国合同法》第五十二条、《最高人民法院关于审理买卖合同纠纷案件适用法律问题的解释》第三条第一款、《中华人民共和国合同法》第一百七十四条、《最高人民法院关于适用〈中华人民共和国民事诉讼法〉的解释》第九十条、《中华人民共和国民事诉讼法》第一百七十条第一款第（二）项之规定，作出如下判决：

一、撤销北京市丰台区人民法院（2015）丰民初字第25797号民事判决；

二、驳回张锐的诉讼请求。

【法官后语】

本案处理的重点在于对抵押合同无效与抵押无效的理解。《合同法》第五十二条规定：“有下列情形之一的，合同无效：（一）一方以欺诈、胁迫的手段订立合同，损害国家利益；（二）恶意串通，损害国家、集体或者第三人利益；（三）以合法形式掩盖非法目的；（四）损害社会公共利益；（五）违反法律、行政法规的强制性规定。”《最高人民法院关于适用〈中华人民共和国担保法〉若干问题的解释》第五十四条第二款规定：“共同共有人以其共有财产设定抵押，未经其他共有人的同意，抵押无效。但是，其他共有人知道或者应当知道而未提出异议的视为同意，抵押有效。”《最高人民法院关于审理买卖合同纠纷案件适用法律问题的解释》

第三条第一款规定："当事人一方以出卖人在缔约时对标的物没有所有权或者处分权为由主张合同无效的，人民法院不予支持。"《合同法》第一百七十四条："法律对其他有偿合同有规定的，依照其规定；没有规定的，参照买卖合同的有关规定。"

具体到本案中，一、二审法院审理思路出现分歧，其主要原因即在于对上述规定的不同理解及法律适用的不同。一审法院适用担保法的有关规定认为雍淑敏在与卢祥定签订《抵押（借款）合同》时未经抵押物共有权人张锐同意，该抵押无效，故认为诉争的《抵押（借款）合同》无效。但二审法院认为合同是否无效应适用合同法及相关法律关于合同无效的条款，故认定诉争的《抵押（借款）合同》不存在合同无效的情形，遂对一审判决予以改判。

综上，在处理合同效力纠纷案件时应适用我国合同法关于合同效力的相关条款，结合庭审证据审查是否存在合同无效的情形。另外，本案涉及的是合同效力的认定，不涉及相关物权效力的认定，法院在审理类似案件时应结合当事人的诉讼请求正确适用法律。

编写人：北京市丰台区人民法院　张习文

46

对预售商品房进行预告抵押登记是否有权优先受偿

——南洋商业银行股份有限公司成都分行诉谢刚金融借款合同案

【案件基本信息】

1. 裁判书字号

四川省成都市中级人民法院（2016）川01民终字第5509号民事判决书

2. 案由：金融借款合同纠纷

3. 当事人

原告（上诉人）：南洋商业银行股份有限公司成都分行（以下简称南洋银行成

都分行）

被告（被上诉人）：谢刚

【基本案情】

南洋银行成都分行与谢刚签订了编号为04344712200185C000的《贷款合同》，合同约定被告谢刚作为借款人，南洋银行成都分行作为贷款人，由南洋银行成都分行出借给谢刚11900000元，借款用途为购房，贷款期限为2012年9月14日至2032年9月14日，贷款采用浮动利率，首期贷款利率为中国人民银行公布的金融机构五年期以上贷款基准利率下浮5%，首次提款后，贷款利率于每年公历1月1日为该年的人民币利率调整日，按当时中国人民银行公布的有效同期贷款利率及本合同约定的浮动比率进行调整。还款方式为按月等额偿还贷款本息。合同第十一条约定："出现下列事件之一即构成或视为本合同项下的违约：（1）借款人未按期归还贷款本息或未按本合同约定用途使用贷款。出现前款规定的违约事件时，贷款人有权分别或同时采取下列措施：（2）宣布本合同项下贷款本息全部或部分提前到期；……（6）要求借款人赔偿因其违约而给贷款人造成的损失；……（8）依法及依本合同约定对抵押物行使抵押权。"合同附件一约定："逾期利率：在借款人未能按时偿还欠款（包括但不限于贷款本金、利息和一切应由借款人支付的费用等款项）时，从逾期之日起，贷款人以本合同项下的贷款利率加收50%为利率按日对前述款项收取的利息"。合同第三条约定："对不能按时支付的利息、逾期利息及罚息，贷款人有权按照本合同附件一（贷款详情）约定的罚息利率按月计收复利，直至应付利息、逾期利息及罚息完全清偿为止。"《贷款合同》附件一约定"1. 本合同项下贷款币种及金额为人民币11900000元。2. 抵押物详情：（1）抵押物地址：成都市新津县白云路419号802幢1层×号。"《贷款合同》约定："1. 解释和释义：被担保债务：除本合同另有约定外，指借款人现在或将来任何时候在本合同项下应向贷款人偿付的任何款项，包括但不限于本金、利息、逾期利息、罚息、复利等一切债务和为实现本合同项下之债权、抵押权等担保权利而发生的一切费用（包括但不限于律师费、执行费、诉讼费、仲裁费、拍卖费、差旅费等）和其他相关合理费用。"此外，南洋银行成都分行与谢刚签订了《房地产抵押合同》（以下简称《抵押合同》），约定谢刚以其所有的位于新津县白云路419号802栋1楼×号房屋作为偿还前述《贷款合同》项下借款的抵押担保，抵押担保的范围为主债权11900000元及由此产生的附属债权。上述合同签订后，原告于2012年9月14日向被告谢刚指定账户发放了贷款11900000元，双方就被告谢刚所有的位于新津县白云路419号802栋1楼×号（合同签约备案号：25861）房屋办理了预告抵押登记手续，未办理正式抵押登记手续。贷款发放后，自2014年10月起，被告谢刚未按合同约定按期足额偿还借款本息，原告于2014年10月、2014年11月分别向被告谢刚发出了《逾期通知书》，要求被告限期偿还逾期款项。

【案件焦点】

预售商品房抵押贷款中，银行与借款人（购房人）对预售商品房进行了预告抵押登记，但未就该房屋办理正式抵押登记手续的，银行能否对该预售商品房行使抵押权。

【法院裁判要旨】

四川省成都市青羊区人民法院经审理认为：原告南洋银行成都分行与被告谢刚签订的《贷款合同》系双方当事人真实意思表示，合同内容未违反法律、行政法规的强制性规定，合法有效。原告南洋银行成都分行主张就合同约定的抵押房屋享有优先受偿权。本案中，原被告签订的《贷款合同》《抵押合同》约定被告谢刚以其所有的位于新津县白云路419号802栋1楼×号（合同签约备案号：25861）房屋作为向原告借款的抵押担保。合同签订后，双方就该房屋办理了预告抵押登记手续，但未办理抵押权设立登记手续。因预告抵押登记与抵押权设立登记具有不同的法律性质和法律效力，原告南洋银行成都分行就合同约定的抵押房屋办理预告抵押登记手续后，享有的是当抵押登记条件成就或约定期限届满对该房屋办理抵押权登记的请求权，并可排他性地对抗他人针对该房屋的处分，但并非对该房屋享有现实抵押权。故根据物权法定原则，本案抵押预告登记的抵押权人南洋银行成都分行就约定的抵押房屋处分并优先受偿的权利在行使要件上有所欠缺。原告主张对该办理了预告抵押登记的房屋享有优先受偿权的诉讼请求，本院不予支持。

四川省成都市青羊区人民法院依照《中华人民共和国合同法》第一百九十六条、第二百零五条、第二百零六条、第二百零七条，《中华人民共和国物权法》第二十条，《中华人民共和国民事诉讼法》第六十四条之规定，判决如下：

一、被告谢刚于本判决发生法律效力之日起十日内偿还原告南洋商业银行股份有限公司成都分行借款本金11142451.03元及截至2015年5月14日的利息、罚息、复利220330.04元，并支付自2015年5月15日起至借款本金、利息实际付清之日止的利息、罚息、复利（按双方签订的《个房屋抵押贷款合同》约定计算）；

二、被告谢刚于本判决发生法律效力之日起十日内支付原告南洋商业银行股份有限公司成都分行律师费40000元；

三、驳回原告南洋商业银行股份有限公司成都分行的其他诉讼请求。

南洋银行成都分行持原审起诉意见提起上诉。四川省成都市中级人民法院经审理认为：关于南洋银行成都分行诉请其对案涉房屋是否享有优先受偿权的问题。依照《中华人民共和国物权法》第一百七十九条、第一百八十七条之规定，本案债权人南洋银行成都分行对案涉房屋享有优先受偿权的前提，是对该房屋享有抵押权，即对该房屋办理了抵押登记，但实际上南洋银行成都分行对该房屋并未办理抵押登记，抵押权尚未设立。故南洋银行成都分行对案涉房屋并未享有抵押权，当然也就不享有优先受偿权。虽然南洋银行成都分行已为案涉房屋办理预告抵押登记，根据《中华人民共和国物权法》第二十条之规定，南洋银行成都分行对案涉房屋享有对抗后续物权变动的权利，但该权利并非抵押权，南洋银行成都分行诉请其对案涉房屋享有优先受偿权，缺乏事实和法律依据，一审法院判决驳回其诉讼请求并无不当，本院依法予以维持。南洋银行成都分行的上诉请求均不能成立，本院不予支持。

四川省成都市中级人民法院依照《中华人民共和国民事诉讼法》第一百七十条第一款第（一）项之规定，作出如下判决：

驳回上诉，维持原判。

【法官后语】

《物权法》第一百八十七条规定："以本法第一百八十条第一款第一项至第三项规定的财产或者第五项规定的正在建造的建筑物抵押的，应当办理抵押登记。抵押权自登记时设立。"而预告登记仅是为保障将来物权的实现，权利人取得物权仍需完成本登记，并且债权消灭或者超期未为本登记的，预告登记失效。可见，预告登记所保障的权利并非现实物权，而是将来发生物权变动的请求权，本质上仍是债权性质。因此，预告抵押登记不等同于抵押权登记，办理了预告抵押登记，仅表明预告抵押登记权利人享有了请求办理抵押权登记的权利，但抵押权并未因此设立。依照《物权法》第二十条第二款规定："预告登记后，债权消灭或者自能够进行不动产登记之日起三个月内未申请登记的，预告登记失效。"也表明办理预告抵押登记后，抵押权并不当然设立，如不在法定期限内行使相应请求权，则预告登记的效力归于消灭。此外，根据《不动产登记暂行条例实施细则》和《房屋登记办法》的规定，在预售商品房建成并完成房屋所有权初始登记后，债务人应履行预售商品房抵押合同规定以及预售商品房预告抵押登记所包含的义务，应配合预售商品房预告抵押登记权利人向不动产登记机构提出房屋抵押登记，从而设立房屋抵押权。由此，自可实现债务人不能清偿债务时，以拍卖、变卖建成房屋的价款优先受偿的主张。可见，仅办理预售商品房预告抵押登记，不能得出抵押权已设立的结论。进而，将办理了预售商品房预告抵押登记视为抵押权登记，并认为抵押权已设立，从而认定债权人享有优先受偿权的观点，实际上混淆了预告登记与本登记的界限，因而是错误的。

编写人：四川省成都市青羊区人民法院　张宇

47

非本人签订的《抵押合同》是否仍需承担法律责任

——恩平市瑞丰小额贷款有限公司诉林艺森等金融借款合同案

【案件基本信息】

1. 裁判书字号

广东省江门市中级人民法院（2016）粤07民终字第920号民事判决书

2. 案由：金融借款合同纠纷

3. 当事人

原告（被上诉人）：恩平市瑞丰小额贷款有限公司（以下简称瑞丰公司）

被告（上诉人）：林艺森、吴月爱、陈健庭

【基本案情】

2013 年 7 月 1 日，瑞丰公司与被告林艺森签订了《借款合同》［合同编号：20130701（私）字第 01 号］一份，约定：被告林艺森向瑞丰公司借款人民币 700000 元，作为流动资金，借款期限为六个月，起止时间从 2013 年 7 月 11 日至 2014 年 1 月 10 日，借款利率为月利率 1%，按月结息（结算日为每月 21 日），到期利随本清。借款人必须于每月月底前结清当月利息。否则，当月未结清利息按本合同载明的结息日计算复利，复利按日利率 5‰计算。同日，吴月爱与瑞丰公司签订一份《抵押合同》，愿意为林艺森的上述借款提供其名下位于恩平市恩城镇恩城一中西侧（证号：恩国用〔恩城〕字第 007431 号）的国有土地使用权作抵押，并办理了抵押登记，他项权证号：恩府他项（2013）第 0155 号，抵押期限至 2018 年 7 月 1 日止。当日，陈健庭与瑞丰公司签订《保证合同》一份，为林艺森的上述借款提供连带责任保证，并约定了具体的保证范围。2013 年 7 月 11 日，瑞丰公司向林艺森发放了贷款 700000 元，林艺森向原告出具了借据。还款期届满，三被告林艺森、吴月爱、陈健庭未能偿还借款，以资金未回笼为由向原告瑞丰公司提交贷款展期申请书一份，申请对上述借款展期五个月。2014 年 1 月 10 日，原告瑞丰公司与三被告林艺森、吴月爱、陈健庭签订《借款展期协议书》一份，约定本协议书为被告林艺森与原告签订的合同编号：20130701（私）字第 01 号合同的借款展期偿还协议书。展期原因为资金未回笼。展期金额为 700000 元，展期期限自 2014 年 1 月 11 日起至 2014 年 6 月 10 日止，协议展期借款利率为月利率 1%，到期不还，借款利率上浮 100% 并按原合同结息日计算复利。协议书的第八条约定，担保人提供的保证为连带责任保证。当借款人不能按协议期限清偿贷款人的款项时，由担保人连带承担偿还借款本息的义务；抵押人提供的原合同的抵押物继续作为偿还本协议展期借款本息的抵押。当借款人不能按协议期限清偿贷款人的款项时，贷款人有权对处理抵押物的价款优先受偿。被告林艺森、吴月爱、陈健庭分别依次在借款人、抵押人、保证人栏签名确认。展期期满后，被告林艺森没有偿还过展期期间的借款本息，被告陈健庭也没有承担连带清偿责任，经原告瑞丰公司多次催收未果，被告拒不还款。

被告吴月爱辩称，原告瑞丰公司在本案中提供了《抵押合同》《贷款展期申请书》及《借款展期协议书》作为证据，该三份文书的签署时间分别是 2013 年 7 月

1日和2014年1月10日，但是被告吴月爱自2013年3月24日从中国离境后至今一直身处澳大利亚境内，因此，上述三份证据并非吴月爱本人签字。本案的原告与被告吴月爱之间并不存在抵押关系，该抵押合同应被认定为无效。被告吴月爱不是本案的适格被告。

【案件焦点】

瑞丰公司取得抵押权的行为是否属于善意取得。

【法院裁判要旨】

广东省恩平市人民法院经审理认为：《中华人民共和国物权法》第一百零六条是关于所有权善意取得的规定，抵押物权的善意取得可以参照该条规定。根据上述法律的规定，本案中原告对涉案国有土地使用权的取得，属于抵押物权的善意取得。恩平市人民法院作出（2014）江恩法民二初字第260号民事判决书，判决原告瑞丰公司对抵押物（登记在被告吴月爱名下）的价款享有优先受偿权。

宣判后，被告吴月爱不服提起上诉。江门市中级人民法院经审理认为：陈健庭在办理相关的抵押手续时，不仅其自称到场的妇女即为吴月爱本人，同时提供了吴月爱的真实身份证件、户口本以及《国有土地使用权证》。而且经恩平市国土局对办理抵押的人员的身份以及其提交的相关资料进行了审核后，出具《他项权登记证》，明确吴月爱将登记在其名下的位于恩平市恩城镇恩城一中西侧的283平方米的国有土地使用权抵押给瑞丰公司。瑞丰公司并不具备辨识他人身份的专业技能，其在相关人员在场的情况下，认真审查了对方提交的身份证明资料，且已经经过办理他项权的国家机关予以确认，足以使瑞丰公司相信与其签订抵押合同的就是吴月爱本人。瑞丰公司已经尽到谨慎审查的义务。吴月爱并无证据证明陈健庭等人在办理相关手续时所持有的吴月爱的身份证明资料为伪造的，对其身份证件以及《国用土地使用权证》由他人持有也没有提供合理的说明，在本案诉讼中也没有申请对吴月爱的签名申请司法鉴定。综上，江门市中级人民法院于2016年11月23日作出（2016）粤07民终字第920号民事判决：

驳回上诉，维持原判。

【法官后语】

本案是关于抵押物权善意取得的案例，本案的争议焦点主要是：瑞丰公司的抵押权是否具备善意取得的构成要件。根据《中华人民共和国物权法》第一百零六条规定："无处分权人将不动产或者动产转让给受让人的，所有权人有权追回；除法律另有规定外，符合下列情形的，受让人取得该不动产或者动产的所有权：（一）受让人受让该不动产或者动产时是善意的；（二）以合理的价格转让；（三）转让的不动产或者动产依照法律规定应当登记的已经登记，不需要登记的已经交付给受让人。受让人依照前款规定取得不动产或者动产的所有权的，原所有权人有权向无处分权人请求赔偿损失。当事人善意取得其他物权的，参照前两款规定。"本案中原告对涉案国有土地使用权的取得，属于抵押物权的善意取得，理由如下：

1. 吴月爱对涉案土地的国有土地使用权的处分属于无权处分的行为。如前所述，吴月爱并非被告吴月爱本人，因此，吴月爱对涉案的国有土地使用权没有处分权，其行为是属于无权处分的行为。

2. 原告瑞丰公司设立抵押权时是善意的。本案中，不但吴月爱出示了被告吴月爱的真实身份证件、户口本以及国有土地使用权证，同时，被告吴月爱之子被告陈健庭也对原告瑞丰公司、被告林艺森自认吴月爱是其母亲即被告吴月爱。而且恩平市国土局对吴月爱即登记簿上的吴月爱进行了确认，上述情况足以使抵押权人即原告相信，与其签订抵押合同的吴月爱就是吴月爱本人，被告吴月爱亦无证据证明原告与吴月爱及其他被告存在串通情形，故原告瑞丰公司的抵押行为是善意的。

3. 涉案的国有土地使用权已经办理登记。原告瑞丰公司与被告陈健庭、吴月爱于2013年7月1日到恩平市国土局办理抵押权登记。恩平市国土局经审核后出具《他项权登记证》给原告，明确吴月爱将登记在其名下的位于恩平市恩城镇恩城一中西侧的283平方米的国有土地使用权抵押给原告。

编写人：广东省恩平市人民法院　陈婷婷

48

农村集体土地上的房屋办理公证抵押，债权人是否享有优先受偿权

——山东高密农村商业银行股份有限公司诉高密市海龙带钢有限公司等借款担保合同案

【案件基本信息】

1. 裁判书字号

山东省高密市人民法院（2016）鲁0785民初字第3581号民事判决书

2. 案由：借款担保合同纠纷

3. 当事人

原告：山东高密农村商业银行股份有限公司

被告：高密市海龙带钢有限公司、山东龙兴橡胶轮胎有限公司、高密市华威商贸有限公司、王仁富、薛兰美

【基本案情】

2015年3月16日、2015年8月19日、2015年11月18日、2015年12月18日，被告高密市海龙带钢有限公司分别向原告山东高密农村商业银行股份有限公司借款99万元、169万元、145万元、259万元，均约定了还款期限、借款利率、逾期罚息利率等内容，上述四笔借款均由被告山东龙兴橡胶轮胎有限公司、高密市华威商贸有限公司、王仁富、薛兰美提供连带责任保证，且被告王仁富、薛兰美以坐落于高密市姜庄镇姜庄社区姜五村的三套房屋所有权（房权证号：鲁潍房权证高密市字第0007030号、第0007031号、第0055247号）在460万元最高额内对2015年12月18日的借款设定抵押，并对抵押合同办理了抵押公证，但未到房管或土管部门办理抵押登记手续，设定抵押的房屋均系在农村集体土地上建设；上述四笔借

款，被告高密市海龙带钢有限公司均偿还了部分利息，未按约履行还本付息的义务。

原告山东高密农村商业银行股份有限公司称，农村集体土地上的房屋所有权设定抵押，房产管理部门对于该类抵押登记业务不予办理，故仅对抵押合同办理了抵押公证，未到相关部门办理抵押登记，原告主张公证抵押即产生原告对抵押房屋所有权优先受偿的权利。

【案件焦点】

农村集体土地上的房屋所有权设定抵押，抵押合同办理公证能否使债权人享有优先受偿权。

【法院裁判要旨】

山东省高密市人民法院经审理认为：根据现有法律规定，以建筑物抵押的，应当办理抵押登记，登记部门为县级以上地方人民政府规定的部门，抵押权自登记时设立。县级以上地方人民政府对登记部门未作规定，当事人在土地管理部门或者房产管理部门办理了抵押物登记手续的，人民法院可以确认其登记的效力。当事人办理抵押物登记手续时，因登记部门的原因致使其无法办理抵押物登记，抵押人向债权人交付权利凭证的，可以认定债权人享有优先受偿权，但未到登记部门办理抵押登记的，不得对抗第三人。本案原、被告签订的最高额抵押合同，未到房管或土管部门办理抵押登记，且未办理抵押登记的原因不是房管或土管部门造成的，故原告主张抵押权设立并对该房屋享有优先受偿权，本院不予支持。

综上，依据《中华人民共和国合同法》第四十四条、第二百零五条、第二百零六条、第二百零七条，《中华人民共和国担保法》第十八条、第二十一条、第三十一条、第四十二条，《最高人民法院关于适用〈中华人民共和国担保法〉若干问题的解释》第五十九条、第六十条，《中华人民共和国物权法》第一百八十七条，《中华人民共和国民事诉讼法》第一百四十四条之规定，判决如下：

一、被告高密市海龙带钢有限公司偿付原告山东高密农村商业银行股份有限公司借款本金672万元；

二、被告高密市海龙带钢有限公司承担原告山东高密农村商业银行股份有限公司约定利息、罚息（99万元自2016年3月11日起至本判决确定的付清之日止按月利率12.0375‰计算；169万元自2016年6月30日起至2016年7月18日止按月利率7.31542‰计算，自2016年7月19日起至本判决确定的付清之日止按月利率10.97313‰计算；145万元自2016年6月30日起至本判决确定的付清之日止按月利率6.8875‰计算；259万元自2016年7月1日起至本判决确定的付清之日止按月利率6.525‰计算）；

三、被告山东龙兴橡胶轮胎有限公司、高密市华威商贸有限公司、王仁富、薛兰美对上述一、二两项承担连带清偿责任，承担责任后有权向被告高密市海龙带钢有限公司追偿；

上述一至三项，各被告均在本判决生效之日起十日内付清。逾期依照《中华人民共和国民事诉讼法》第二百五十三条之规定，加倍支付迟延履行期间的债务利息；

四、驳回原告山东高密农村商业银行股份有限公司的其他诉讼请求。

【法官后语】

根据《物权法》第一百八十条、第一百八十七条的规定，建筑物可以抵押，但应当办理抵押登记，抵押权自登记时设立。《担保法》第四十二条对抵押登记部门作了规定。《最高人民法院关于适用〈中华人民共和国担保法〉若干问题的解释》第五十九条规定，当事人办理抵押物登记手续时，因登记部门的原因致使其无法办理抵押物登记，抵押人向债权人交付权利凭证的，可以认定债权人对该财产有优先受偿的权利；但是未办理抵押物登记的，不得对抗第三人。

具体到本案中，原告山东高密农村商业银行股份有限公司与被告王仁富、薛兰美签订抵押合同，该合同系双方当事人的真实意思表示，未违反法律、法规的规定，系合法有效的。但是，仅对抵押合同办理抵押公证，而未对设定抵押的建筑物办理抵押登记，并不符合《物权法》关于建筑物设定抵押需登记方生效的规定，且原告山东高密农村商业银行股份有限公司未提供证据证明未办理抵押登记系登记部门原因造成的，故原告山东高密农村商业银行股份有限公司并未取得抵押物的抵押权，不能对其享有优先受偿的权利。

编写人：山东省高密市人民法院　张玉霞

49

农村宅基地上合法建筑物设定抵押权应认定有效

——铜山县农村信用合作联社与谢广元、肖小秀申请实现担保物权案

【案件基本信息】

1. 裁判书字号

江苏省徐州市铜山区人民法院（2015）铜商特字第00001号民事裁定书

2. 案由：申请实现担保物权纠纷

3. 当事人

申请人：铜山县农村信用合作联社

被申请人：谢广元、肖小秀

【基本案情】

谢广元、肖小秀系夫妻关系，2012年4月18日，二人与二堡信用分社签订（948）农信高保个借字（2012）第023号最高额个人担保借款合同，约定由谢广元向二堡信用分社借款100万元，借款利率为年利率10.62%；借款期限自2012年4月18日起至2014年4月15日止；若借款人到期不偿还借款本息，需依约承担相应罚息、复利；借款担保方式为最高额抵押担保，以谢广元、肖小秀共有的位于铜山镇二堡村北京南路×号房产为抵押物；抵押担保的范围为该合同项下的借款本金、利息、复利、罚息、违约金、损害赔偿金及抵押财产处置费、过户费等贷款人实现债权的费用。同日，二被申请人与二堡信用分社签订房地产抵押合同一份，约定以抵押房产价值的54.62%设定抵押。2012年4月20日，双方就上述房产办理了抵押权登记，证书号为铜房他证铜山镇字第19958号，登记权利人为二堡信用分社，债权数额100万元。

合同签订后，二堡信用分社依约履行了放款义务。借款到期后，被申请人谢广元未能按约偿还借款本息。截至2015年8月27日尚欠借款本金931523.95元、利息398320.19元（含罚息、复利）。

另查明，涉案房屋系二被申请人共有，房产证号为铜房权证铜山镇字第 25935 号，房屋所在土地用途为宅基地，土地使用权证号为铜集用（2010）第 83 号。

【案件焦点】

农民因生产经营需要，以农村宅基地上合法建筑物设定抵押向金融机构借款，这种抵押行为是否有效，金融机构以此申请实现担保物权，人民法院应否支持。

【法院裁判要旨】

江苏省徐州市铜山区人民法院经审理认为：二堡信用分社与被申请人谢广元、肖小秀签订的最高额个人担保借款合同有效，申请人的主张是否成立，取决于涉案房产抵押行为的效力。本院认为，涉案房产抵押行为有效。首先，本案中的抵押行为是双方的真实意思表示，涉案房产具有合法权属证书，且双方已在登记机关办理了抵押权登记。其次，《中华人民共和国担保法》《中华人民共和国物权法》虽然规定了宅基地使用权不得设定抵押，但对宅基地上的合法建筑物，法律并未禁止抵押。同时，《中华人民共和国土地管理法》第六十二条第四款规定，农村村民出卖、出租房屋后，再申请宅基地的，不予批准。可见，法律不禁止农村居民出租、出卖自己的房屋。举重以明轻，既然农村房屋可以出卖，那么抵押作为一种处分行为，也应当允许。最后，《房屋登记办法》第八十七条规定，申请农村村民住房所有权转移登记，受让人不属于房屋所在地农村集体经济组织成员的，登记机构应当不予办理。根据该规定，涉案抵押权的实现虽然存在风险，但并不妨碍抵押行为本身的有效性。

法院裁定如下：

一、准予对被申请人谢广元、肖小秀所有的涉案房产采取拍卖、变卖方式变价，申请人铜山县农村信用合作联社对变价所得款项在 100 万元的范围内优先受偿；

二、驳回申请人铜山县农村信用合作联社的其他请求。

案件受理费 80 元，由被申请人负担。

本裁定为终审裁定。

【法官后语】

长期以来，我国法学理论与实践遵从“地随房走，房随地走”，即“房地一致”原则，适用于农村房屋抵押实现场合。依现行法，房地一致有其固定的适用范围，在禁止宅基地抵押的现有规定下，机械坚持该原则会导致农村房屋抵押无效的结论。限制农村房屋抵押对稳定和完善农村土地承包关系有积极作用，但随着经济和社会形势的发展，越来越限制了农民对承包土地的用益物权，不利于盘活农村土地资产和增加农民财产性收入渠道。党的十八届三中全会通过的《中共中央关于全面深化改革重大问题的决定》，强调要赋予农民更多的财产权利，具体举措是："保障农户宅基地用益物权，改革完善农村宅基地制度，慎重稳妥推进农村住房财产权抵押、担保、转让。"2015年8月，国务院出台《国务院关于开展农村承包土地的经营权和农民住房财产权抵押贷款试点的指导意见》，明确了"两权"抵押贷款试点的原则、路径、保障等。

法律规定宅基地使用权不得设定抵押，但对宅基地上的合法建筑物却并未禁止抵押。结合党和国家关于赋予农民更多财产权利、开展农村承包土地经营权和农民住房财产权抵押贷款试点的政策精神，农村宅基地上建筑物抵押权的实现虽然存在一定风险，但并不妨碍抵押行为本身的合法有效性，申请人以此抵押权申请实现担保物权，人民法院应予支持。

本案从维护双方当事人合法权益出发，主动适应国家政策方针的变化，保护农村房屋抵押权的实现，对类似案件的裁判具有积极的借鉴意义。

编写人：江苏省徐州市铜山区人民法院　李冠颖

50

借款人的物保与第三人的人保物保并存时，担保责任的顺序如何确定

——黄冬升诉朱彦东、朱永昌民间借贷案

【案件基本信息】

1. 裁判书字号

江苏省江阴市人民法院（2016）苏0281民初字第8195号民事判决书

2. 案由：民间借贷纠纷

3. 当事人

原告：黄冬升

被告：朱彦东、朱永昌

【基本案情】

朱彦东因经营需要多次向黄冬升借款，2014年10月10日朱彦东出具《借条》一份，明确向黄冬升借款206万元。2014年11月4日，黄冬升与朱彦东、朱永昌签订《借款协议》一份，明确朱彦东自2014年起因经营需要陆续向黄冬升借款，截至2014年10月10日共结欠借款206万元，并重新出具借条。协议约定：借款期限自2014年10月10日至2015年10月9日，利息按月利率1%计算，按月支付；若朱彦东不按约定支付利息和归还本金，黄冬升有权提前收回全部本息，朱彦东并应承担借款总额的10%作为违约金，以及黄冬升因主张债权产生的一切费用（包括律师费、诉讼费等）；朱永昌自愿对前述债务承担连带保证责任，保证期间为主债务履行期限届满后两年；朱彦东以其名下的位于江阴市迎宾路27号×室房屋作为抵押担保；朱永昌以其名下位于江阴东方大院77号×室和江阴市丰产巷20号×室的两套房屋为朱彦东的借款提供抵押担保。2014年11月5日，上述房屋在房管部门办理了抵押登记手续。其中江阴市迎宾路27号×室房屋的抵押担保金额为220万元；江阴东方大院77号101室房屋的抵押担保金额为200万元；江阴市丰产巷20号×室房屋的抵押担保金额为86万元。借款到期后，朱彦东没有归还借款，朱永昌也没有承担保证责任。

黄冬升因本案向远闻（上海）律师事务所支付代理费90980元。

另查明，所有权人为朱彦东的江阴市迎宾路27号×室房屋于2010年4月15日抵押给上海浦东发展银行股份有限公司江阴支行，抵押金额790000元，债务履行期限自2009年10月15日至2039年10月15日；所有权人为朱永昌的江阴市东方大院77号×室房屋于2010年11月16日抵押给中国农业银行股份有限公司江阴市支行，抵押金额为1070000元，债务履行期限自2009年5月21日至2028年5月20日。

原告请求法院判令：1. 朱彦东立即归还借款206万元及利息（自2014年10月10日至归还之日按月利率1%计算）；2. 朱彦东支付违约金20.6万元；3. 朱彦东

承担律师费90980元；4. 朱永昌对朱彦东应承担的前述一、二、三项债务承担连带清偿责任；5. 黄冬升在220万元范围内对江阴市迎宾路27号×室房屋的拍卖、变卖价款优先受偿；6. 黄冬升分别在200万元、86万元范围内对江阴东方大院77号×室和江阴市丰产巷20号×室房屋的拍卖、变卖价款优先受偿。

【案件焦点】

借款人的物保与第三人的人保物保并存时，担保责任的顺序如何确定。

【法院裁判要旨】

江苏省江阴市人民法院经审理认为：黄冬升与朱彦东之间的民间借贷协议是当事人之间的真实意思表示，且不违反法律、行政法规的强制性规定，应认定为合法有效。双方应当按照约定全面履行各自的义务，不履行约定的义务或履行义务不符合约定的，应当按照约定履行并承担相应的违约责任。本案中，黄冬升按照约定履行了出借206万元款项的义务，朱彦东没有按照约定支付利息、归还借款，导致黄冬升依约提起诉讼，朱彦东应当归还借款本息及承担违约金的民事责任。黄冬升主张的借款利息及违约金符合合同约定和法律规定，法院予以支持。

关于黄冬升主张的律师费问题。各方当事人在涉案借款协议中确有约定，且黄冬升提供了委托代理合同、代理费收据及代理费发票，该费用符合规定，故黄冬升要求给付律师费90980元的请求，本院予以支持。

关于黄冬升主张的担保问题。朱彦东为其债务提供了房屋抵押担保，该抵押担保合法有效，黄冬升有权对抵押的房屋享有优先受偿权。但抵押标的物江阴市迎宾路27号×室房屋已事先抵押给了上海浦东发展银行股份有限公司江阴支行，因此，黄冬升对该房屋享有的优先受偿的范围仅限于上海浦东发展银行股份有限公司江阴支行优先受偿后的剩余部分。

朱永昌为朱彦东的债务提供了连带责任保证，该保证合法有效，朱永昌应当按照约定对朱彦东的债务承担连带保证责任。但同时朱彦东自己提供了物的担保，且当事人各方没有约定实现担保的具体情形，故黄冬升应当先就朱彦东提供的物的担保实现债权，在仍不能完全受偿时，朱永昌就余额部分承担连带清偿责任。朱永昌对于其在保证范围内清偿的债务，有权依照《中华人民共和国担保法》第三十一条的规定，向朱彦东追偿。

朱永昌为朱彦东的债务提供了房屋抵押担保，该抵押担保合法有效，黄冬升有权对抵押的房屋享有优先受偿权。但同时债务人朱彦东自己提供了物的担保，无论是从公平的角度，还是从防止日后担保人追偿的烦琐及节约成本的角度，黄冬升均应当先行使债务人朱彦东提供的物的担保，再行使第三人朱永昌提供的物的担保。抵押物江阴市东方大院77号×室房屋已事先抵押给了中国农业银行股份有限公司江阴市支行，因此，黄冬升对该房屋享有的优先受偿的范围仅限于中国农业银行股份有限公司江阴市支行优先受偿后的剩余部分。

朱永昌承担前述担保责任后，有权依照《中华人民共和国物权法》第一百七十六条的规定，向朱彦东追偿。

江苏省江阴市人民法院依照《中华人民共和国民法通则》第八十四条第二款、第一百零八条，《中华人民共和国物权法》第一百七十六条、第一百七十九条第一款、第一百九十九条第（一）项，《中华人民共和国担保法》第十八条第二款、第二十一条、第三十一条、第四十六条，《最高人民法院关于审理民间借贷案件适用法律若干问题的规定》第二十九条第二款第（二）项、第三十条之规定，作出如下判决：

一、朱彦东应归还黄冬升借款206万元，并承担该款自2014年10月10日起至实际给付之日止按月利率1%计算的利息；

二、朱彦东应向黄冬升支付违约金20.6万元；

三、朱彦东应向黄冬升支付律师费90980元；

上列给付事项，朱彦东应于本判决发生法律效力之日起十日内履行完毕；

四、黄冬升对江阴市迎宾路27号×室房屋就扣除上海浦东发展银行股份有限公司江阴支行优先受偿后的剩余部分在债权金额220万元范围内享有优先受偿的权利；

五、朱永昌对朱彦东应承担的上列一、二、三项债务，在上列第四项优先受偿后的剩余债务范围内承担连带清偿责任。朱永昌承担保证责任后，有权向朱彦东追偿；

六、黄冬升对江阴市东方大院77号×室房屋就中国农业银行股份有限公司江阴市支行优先受偿后的剩余部分，在黄冬升对江阴市迎宾路27号×室房屋优先受偿后的剩余部分债权范围内且在债权金额200万元范围内享有优先受偿的权利；

七、黄冬升对江阴市江阴丰产巷20号×室房屋，在黄冬升对江阴市迎宾路27

号×室房屋优先受偿后的剩余部分债权范围内且在债权金额86万元范围内享有优先受偿的权利；

八、朱永昌承担本判决第六、七项担保责任后，有权向朱彦东追偿；

九、驳回黄冬升的其他诉讼请求。

【法官后语】

本案的债权既有债务人自己提供的物的担保，也有第三人提供的物的担保和人的担保，在物保和人保并存的情况下，担保责任的顺序如何确定，担保法和物权法对此均进行了规定，但两者规定并不一致。

《担保法》第二十八条规定："同一债权既有保证又有物的担保的，保证人对物的担保以外的债权承担保证责任。债权人放弃物的担保的，保证人在债权人放弃权利的范围内免除保证责任。"该条确定了物保优先于人保的"保证人绝对优待主义"原则，即在有物保和人保并存的情况下，债权人没有选择权，只能对物的担保先实现优先受偿，债权不足以清偿的，才能要求保证人承担保证责任。《物权法》第一百七十六条规定："被担保的债权既有物的担保又有人的担保的，债务人不履行到期债务或者发生当事人约定的实现担保物权的情形，债权人应当按照约定实现债权；没有约定或者约定不明确，债务人自己提供物的担保的，债权人应当先就该物的担保实现债权；第三人提供物的担保的，债权人可以就物的担保实现债权，也可以要求保证人承担保证责任。提供担保的第三人承担担保责任后，有权向债务人追偿。"该条规定体现了尊重当事人的意思自治，即如果在担保合同中约定了担保人承担责任的顺序，则债权人应当受到该约定顺序之约束；没有约定或约定不明，首先就债务人自己的物保实现债权，主要原因是因为清偿债务是债务人的法定义务，应当用债务人的财产进行清偿，债权人对债务人享有物保而不行使，转而行使对第三人的担保物权，有违公平精神。另外，债权人如果行使对第三人的担保权利，则可能产生第三人向债务人追偿的问题，会增加成本。因此，限制债权人的选择权可以节约社会成本。但是本条在对第三人提供的物保和人保并存的情形下，采取了平等主义模式，即债权人可以选择实现对第三人的物保，也可以选择保证人承担保证责任，该规定与《担保法》第二十八条的物保优先于人保是不一致的。根据新法优于旧法的原则，在第三人的物保和人保并存时，应当根据物权法的规定，债权人有选择权。

本案是人保物保并存时的典型案例，债务人朱彦东自己提供了物的担保，第三人朱永昌提供了物的担保，同时提供连带保证责任，因此，债权人黄冬升应当先就朱彦东的物保实现优先受偿，仍不足以清偿债务时，可以选择实现朱永昌提供的物的担保，也可以要求朱永昌承担连带保证责任，黄冬升实现对朱永昌的担保责任没有先后顺序，故法院根据该规则进行了判决。

编写人：江苏省江阴市人民法院　钱宇穗　廖宏娟

51

抵押人向其他担保人行使追偿权的合法性

——盘龙房地产有限公司诉云南珍惜生物科技有限公司等追偿权案

【案件基本信息】

1. 裁判书字号

云南省昆明市中级人民法院（2015）昆民四初字第296号民事判决书

2. 案由：追偿权纠纷

3. 当事人：

原告：盘龙房地产有限公司（以下简称盘龙公司）

被告：云南珍惜生物科技有限公司（以下简称珍惜公司）、赵伟文、万玲

【基本案情】

2006年4月26日，昆明市五华区农村信用合作联社莲花信用社（以下简称莲花信用社）与珍惜公司签订农信借字莲花第2006025号《借款合同》，约定珍惜公司向莲花信用社借款1000万元，借款期限三年，即自2006年4月26日至2009年4月26日，按三年期档次利率6.75‰计息，并按年进行调整，按季结息，到期还本；莲花信用社与十四冶建设集团有限公司（以下简称十四冶公司）签订农信抵字2006025第3022号《抵押合同》，约定十四冶公司以其所有的坐落于昆明市威远街

正义大厦，昆明市房权证字第200513810号《房屋所有权证》项下的房屋为该笔借款提供抵押担保，并办理抵押登记手续，莲花信用社取得他项权利证书，合同第三条约定：抵押人抵押担保范围为主合同项下的贷款本金、利息、复利、罚息、借款人违约金、抵押权人实现抵押权而发生的费用及其他应付费用。2006年4月14日，赵伟文和万玲向莲花信用社出具承诺书，承诺为珍惜公司的1000万元借款提供连带保证担保。合同签订后，莲花信用社依约于2006年4月26日向珍惜公司发放贷款1000万元。该笔借款展期届满，珍惜公司未履行偿还本息的义务。故莲花信用社诉至法院，该案经昆明市中级人民法院一审作出（2011）昆民四初字第195号判决：珍惜公司按借款合同偿还莲花信用社借款1000万本金、利息、复利及律师费；十四冶公司以提供抵押的昆明市房权证字第200513810号《房屋所有权证》项下的房屋承担抵押担保责任；赵伟文、万玲对上述债务承担连带清偿义务。十四冶公司不服提起上诉，云南省高级人民法院二审维持原判决。2013年8月9日，珍惜公司未及时履行判决，昆明市中级人民法院依法对昆明市房权证字第200513810号《房屋所有权证》（昆明市房他字第200605534号《他项权利证书》）项下的房屋拍卖，并于2013年8月27日以所得款项中的19361202.26元强制执行给莲花信用社。2014年12月2日，十四冶公司与盘龙公司协商将对珍惜公司及其他担保人的追偿权转让给盘龙公司，并向珍惜公司、赵伟文、万玲邮寄了追偿权转让通知书。

现原告诉至法院，请求判令：一、珍惜公司偿还原告代偿款人民币19361202.26元，以及自代偿之日（2013年8月27日）起至还清款项之日止按月利率11.475‰计算的利息（截至2015年3月26日为4221226.2元）；二、赵伟文对珍惜公司上述债务的三分之一向原告承担连带偿还责任；三、万玲对珍惜公司上述债务的三分之一向原告承担连带偿还责任；四、珍惜公司赔偿原告损失17946800.64元；五、三被告承担本案诉讼费。

【案件焦点】

原告盘龙公司能否向其他担保人行使追偿权。

【法院裁判要旨】

云南省昆明市中级人民法院经审理认为：根据《中华人民共和国担保法》第五十七条规定："为债务人抵押担保的第三人，在抵押权人实现抵押权后，有权向债务人追偿。”珍惜公司向莲花信用社借款未偿还，作为借款抵押担保人的十四冶公司经法院强制执行拍卖抵押物所得价款清偿了莲花信用社的贷款本息，十四冶公司依法取得追偿权。现十四冶公司将追偿权转让给盘龙公司且已通知，故本案被告依法应当向盘龙公司返还代偿款。对盘龙公司主张的代偿款利息，法院认为虽然十四冶公司并未与珍惜公司对代偿款利息承担进行约定，但代偿后发生的资金占用费损失是必然发生的损失，故法院酌情按同期银行贷款利率标准支持原告自代偿之日起的利息。对原告主张被告赵伟文、万玲承担的清偿责任，法院认为，根据《最高人民法院关于适用〈中华人民共和国担保法〉若干问题的解释》第三十八条第一款的规定："同一债权既有保证又有第三人提供物的担保的，债权人可以请求保证人或者物的担保人承担担保责任。当事人对保证担保的范围或者物的担保的范围没有约定或者约定不明的，承担了担保责任的担保人可以向债务人追偿，也可以要求其他担保人清偿其应当分担的份额。”因涉案贷款的抵押担保人和保证人之间并没有对各自承担责任的范围进行约定，故赵伟文和万玲应对原告追偿未得的债权承担三分之一的清偿责任。对原告主张因抵押房屋数次流拍导致房屋实际拍卖价格与评估价格存在较大的差额，该差额应作为原告的损失由三被告承担。法院认为，执行中房屋的评估价值与房屋的实际价值并非同一个概念，仅作确定房屋实际价值的参考意见，房屋的实际价值应当以最终的拍卖价格为准。原告主张的该项损失无事实和法律依据，故不予支持。

昆明市中级人民法院根据《中华人民共和国担保法》第五十七条，《最高人民法院关于适用〈中华人民共和国担保法〉若干问题的解释》第三十八条第一款，《中华人民共和国民事诉讼法》第一百四十四条之规定，判决如下：

一、被告云南珍惜生物科技有限公司于本判决生效之日起十日内偿还原告盘龙房地产有限公司代偿款19361202.26元，并按中国人民银行同期贷款利率标准支付自2013年8月27日起至款项还清之日止的利息；

二、被告赵伟文对上述判决第一项不能清偿部分的三分之一份额承担清偿责任；

三、被告万玲对上述判决第一项不能清偿部分的三分之一份额承担清偿责任；

四、驳回原告盘龙房地产有限公司的其他诉讼请求。

案件受理费249446.15元（原告盘龙房地产有限公司已预付），由被告云南珍惜生物科技有限公司承担。

【法官后语】

《物权法》颁布之后《物权法》与《担保法》之间如何协调适用问题由来已久。就抵押人如何行使追偿权而言，《物权法》与《担保法》的相关内容就存在一定的分歧。根据《物权法》第一百七十六条的规定："被担保的债权既有物的担保又有人的担保的，债务人不履行到期债务或者发生当事人约定的实现担保物权的情形，债权人应当按照约定实现债权；没有约定或者约定不明确，债务人自己提供物的担保的，债权人应当先就该物的担保实现债权；第三人提供物的担保的，债权人可以就物的担保实现债权，也可以要求保证人承担保证责任。提供担保的第三人承担担保责任后，有权向债务人追偿。"然而，根据《最高人民法院关于适用〈中华人民共和国担保法〉若干问题的解释》（以下简称《担保法解释》）第三十八条第一款规定："同一债权既有保证又有第三人提供物的担保的，债权人可以请求保证人或者物的担保人承担担保责任。当事人对保证担保的范围或者物的担保的范围没有约定或者约定不明的，承担了担保责任的担保人，可以向债务人追偿，也可以要求其他担保人清偿其应当分担的份额。"从《物权法》和《担保法解释》的字面上来看，二者对抵押人在承担担保责任后可以向债务人追偿是没有异议的。二者在字面上存在的分歧是：《物权法》未提到抵押人可以向其他担保人追偿，而《担保法解释》明确规定抵押人可以向其他担保人追偿。

针对立法不明确的问题，本案裁判考虑从以下几个方面出发，首先，《物权法》并未否定抵押人的追偿权。虽然《物权法》第一百七十八条规定："担保法与本法的规定不一致的，适用本法。"《物权法》没有规定承担了担保责任的抵押人可以向其他担保人追偿，并不意味否认《担保法解释》第三十八条第一款中规定的承担了担保责任的抵押人有权其他担保人追偿。新规则对旧规则的规定并不予以表态，可以理解是对旧规则的否定，但也可以理解成对旧规则的默认和尊重。在规则本身并没有明确相互否定的情况下，两项规则同时并用是现行法律适用的常态。比如在《侵权责任法》实施后，关于《侵权责任法》中关于人身损害赔偿部分未规定的项目依然可以适用《人身损害司法解释》规定的项目予以弥补，以充分保障受害人权利。另外，因为《物权法》关于抵押人追偿权的规定仅限于对物权的行使与保护层面，对于各担保人之间的权利义务的划分应属于《担保法》规定的范围。《物权法》如果在再予以规定将会超越该法本身的立法目的，因此《物权法》对此也不应该再进行规定。其次，允许担保人相互追偿已成为司法审判惯例。法院的裁判作为司法机关为维护法律和社会稳定而进行的各项活动之一，其本身必然会带有习惯和文化的传承。既有的判例依然对社会公众造成了教育和影响，并在民事商事活动中对当事人的行为进行指引。法院裁判虽然不是法律，但是它会告诉当事人法院适用法律的方法和法院对某种行为的价值判断，以此法院的裁判必须保持一定的稳定性。在法律没有明确规定废除《担保法解释》第三十八条第一款的情况下，法院应延续原有的法律价值观来理解新的法律，并在新旧法律之间进行平衡取舍。上述湖北省高院和江苏省高院的判决也反映出，从维护裁判一致性的角度也要求法院不应该冒然停止适用《担保法解释》第三十八条第一款。最后，允许担保人相互追偿符合公平原则和诚实信用原则抵押人承担担保责任后，其他所有担保人对债权人的责任都予以免除。如果否认抵押人的追偿权，其他担保人将会因此获利不需要支付任何对价，势必违反民法中的公平原则。并且在否认抵押人追偿权的时，如果存在多个担保人的情况，债权人选择哪一个担保人承担责任，该担保人就会因此而遭受经济损失而无从弥补。担保人的得失取决于债权人的一念之间，其他担保人能否免责全凭“运气”。该制度设计缺乏法律的严肃性，而必然导致实施上遭遇来自当事人的巨大阻力。另外，否认抵押人的追偿权，可能会产生债权人与其他担保人串通，由债权人单独向抵押人行使权利的情形。如果仅因为债权人的选择就使某一（或部分）混合共同担保人不用承担担保责任，那不仅会在混合共同担保人之间造成不公，而且还会诱使某一（或部分）混合共同担保人为了规避向债务人无法求偿的风险，而主动与债权人串通，进而去损害其他担保人的利益，造成市场经济秩序混乱，此种情形的出现与民法中的诚实信用亦相违背。因此，笔者认为，在法院审判实践中，承担了担保责任的抵押权人向其他担保人行使追偿权时，法院可以依据《担保法解释》第三十八条的规定予以支持。

编写人：云南省昆明市中级人民法院　杨万

52

“抵押车”买卖合同的效力认定

——陈岩诉张宝银、梅赛德斯－奔驰汽车金融有限公司买卖合同案

【案件基本信息】

1. 裁判书字号

河北省唐山市古冶区人民法院（2016）冀0204民初字第432号民事判决书

2. 案由：买卖合同纠纷

3. 当事人

原告：陈岩

被告：张宝银、梅赛德斯－奔驰汽车金融有限公司（以下简称奔驰金融公司）

【基本案情】

2014年8月20日，原告陈岩（乙方）与被告张宝银（甲方），签订《抵押协议》一份，约定：“甲方将奔驰S300抵押给乙方，车牌号为晋×××，车架号为……转押乙方，转押价为肆拾肆万元整，小写440000.00，同日乙方将车开走。”随后，原告陈岩向被告张宝银交付购车款共计44万元，其中现金20万元，通过银行转账24万元。被告张宝银将本案涉案车辆交付原告陈岩。2015年7月17日，原告陈岩之妻王文秀驾驶该车辆停靠路边时，被告奔驰金融公司在未经陈岩同意的情况下将该涉案车辆开走。

本案所涉车辆牌照为晋×××的奔驰S300L LUX GE（型号）轿车车主系柴强。2012年9月14日，柴强作为借款人，其妻郭春玉作为共同借款人与贷款人奔驰金融公司签订《汽车贷款合同》，编号为IP197527，车辆总价为938000元，贷款金额为656600元。合同签订后，奔驰金融公司发放了贷款。柴强购买了本案所涉奔驰轿车，并于2012年10月22日办理了车辆抵押登记手续，抵押权人为奔驰金融公司。截至2013年12月30日，柴强、郭春玉尚欠奔驰金融公司贷款本金517393.33

元、利息11371.23元、罚息6572.45元。因柴强、郭春玉拒绝偿还上述款项，奔驰金融公司向北京市朝阳区人民法院提起诉讼。2014年8月8日北京市朝阳区人民法院作出（2014）朝民初字第18091号民事判决书，判决：一、解除原告梅赛德斯－奔驰汽车金融有限公司与被告柴强、郭春玉签订的编号为IP197527的《汽车贷款合同》；二、被告柴强、郭春玉于本判决生效后十日内偿还原告梅赛德斯－奔驰汽车金融有限公司贷款本金517393.33元、利息11371.23元、罚息6572.45元；……五、原告奔驰金融公司就上述二、三、四项确定的款项对被告柴强所有的号牌为×××奔驰牌轿车拍卖或变卖的价款，按抵押登记顺序享有优先受偿权……

【案件焦点】

陈岩与张宝银签订的《抵押协议》性质及效力如何认定。

【法院裁判要旨】

河北省唐山市古冶区人民法院经审理认为：依法成立的合同，对当事人具有法律约束力。当事人应当按照约定履行自己的义务，不得擅自变更或者解除合同。依法成立的合同，受法律保护。本案中，原告陈岩与被告张宝银签订的《抵押协议》出自双方当事人真实的意思表示，未违反法律、法规的强制性规定，且陈岩给付了合同约定的价款，张宝银交付了车辆，双方已实际履行了合同义务，该合同合法有效。原告陈岩主张判令被告张宝银返还原告购车款44万元整；判令被告奔驰金融公司返还原告牌照为晋×××的奔驰S300L LUX GE（型号）轿车，理据不足，不能支持。首先，原告陈岩提交的证据不足以证实被告张宝银存在“故意隐瞒与订立合同有关的重要事实或者提供虚假情况”的欺诈行为；因双方在车辆交易过程中签订的是“抵押协议”，陈岩作为具有完全民事权利人，购买该车辆时未尽必要的权属审查义务，对被告张宝银即使存在所谓“民间抵押”的说法，原告获取涉案车辆的价格明显低于市场同类车价格，亦应找有关部门核实真伪后再交易以降低交易风险；况且这种交易存在着如购买的系盗抢车辆赃物，不但支付车款无法得到车辆，还有可能构成犯罪追究刑事责任；其次，原告陈岩主张车辆买卖合同无效或可撤销，只是单方要求被告张宝银返还购车款，但合同无效或可撤销的法律后果应是双方返还，车辆标的物系在原告陈岩占有、使用该车辆时被奔驰金融公司开走，原告陈岩如何将该车辆返还给被告张宝银；再次，原告陈岩基于买卖合同提起诉讼，又向被告奔驰金融公司主张返还车辆，突破了一诉一案的基本原则。原告陈岩与被告奔驰金融公司不存在着合同关系，根据合同相对性原则，无权在本案与被告张宝银的买卖合同纠纷中要求被告奔驰金融公司返还车辆，即原告陈岩在本案中既主张由被告张宝银返还购车款，又要求被告奔驰金融公司返还涉案车辆，形成原告陈岩既得到购车款又得到车辆；即使原告陈岩口头陈述时表示，如法院判令被告奔驰金融公司返还车辆可返还给被告张宝银，原告陈岩在这里有何权利替张宝银决定要求涉案车辆可返还给被告张宝银。关于被告张宝银抗辩称原告诉称被告奔驰金融公司盗抢车辆的行为涉嫌刑事案件，应中止审理。但根据原告陈岩提交的天津市公安局津南分局津南公（刑）不立字（2015）69号不予立案通知书，该局认为梅赛德斯奔驰金融有限公司的行为不属犯罪行为，决定不予立案，本案无法中止审理移送有管辖权的刑事部门立案侦查，对该抗辩意见不能采纳；对被告张宝银抗辩称原告在同一案件中既主张了侵权责任关系又向其主张买卖合同关系，在同一案件中不应同时主张上述两个法律关系和被告奔驰金融公司抗辩称如原告坚持认为该案与其有关，需另行起诉的抗辩意见，理据充足，予以采纳。

河北省唐山市古冶区人民法院依照《中华人民共和国合同法》第八条、第一百三十条，《最高人民法院关于适用〈中华人民共和国民事诉讼法〉的解释》第九十条之规定，判决如下：

驳回原告陈岩的诉讼请求。

陈岩持原审起诉意见提起上诉。河北省唐山市中级人民法院经审查认为：按照上诉人陈岩在一审诉讼中的当事人送达地址确认书确认的地址、以及上诉人陈岩在其民事上诉状中确认的地址，分别邮寄了河北省唐山市中级人民法院（2016）冀02民终字第7839号缴费通知书以后，缴费通知书被退回，按上诉人陈岩送达地址确认书邮寄的缴费通知书予以投递接收。

河北省唐山市中级人民法院依据《最高人民法院关于以法院专递方式邮寄送达民事诉讼文书的若干规定》第十一条第一款之规定：“因受送达人自己提供或者确认的送达地址不准确、拒不提供送达地址、送达地址变更未及时告知人民法院、受送达人本人或者受送达人指定的代收人拒绝签收，导致诉讼文书未能被受送达人实际接收的，文书退回之日视为送达之日。”《中华人民共和国民事诉讼法》第一百一十八条第一款规定：“当事人进行民事诉讼，应当按照规定交纳案件受理费。财产案件除交纳案件受理费外，并按照规定交纳其他诉讼费用。”《最高人民法院关于适用〈中华人民共和国民事诉讼法〉的解释》第三百二十条规定：“一审宣判时或者判决书、裁定书送达时，当事人口头表示上诉的，人民法院应告知其必须在法定上诉期间内递交上诉状。未在法定上诉期间内递交上诉状的，视为未提起上诉。虽递交上诉状，但未在指定的期限内交纳上诉费的，按自动撤回上诉处理。”裁定如下：

本案按上诉人陈岩撤回上诉处理。

【法官后语】

在实践中，买卖“抵押车”的行为时有发生，由于这种行为多是私下进行，缺乏监管和相应保障，极易发生纠纷。该类案件处理的重点在于买卖“抵押车”行为的性质及效力认定问题。具体到本案中，关于陈岩与张宝银签订的《抵押协议》的性质有三种观点，第一，从合同约定的内容看似乎是张宝银将标的车辆抵押给陈岩，但实际上是张宝银将车辆转移给陈岩占有，不符合抵押法律关系构成的要件；第二，动产质押，单纯从法律关系客观要件方面来看似乎符合要求，但是陈岩、张宝银并不存在真实的债权债务关系，将本案所涉车辆视为质物过于牵强；第三，动产买卖。结合双方当事人的交易行为及对标的物的占有方式，可以推定陈岩与张宝银之间真实的意思表示是张宝银将车辆的所有权转移给陈岩，陈岩支付相应的价款，这实质上是一种动产买卖行为，陈、张二人签订的协议在性质——属于买卖合同。

关于“抵押车”买卖合同的效力问题。在实践中，“抵押车”往往是经过多次抵押、转让，涉及多个权利主体，由于车辆本身原因不能进行转让登记，所有人对车辆所有权的保障仅能依靠自身能力进行占有保护，而这种占有状态是不稳定的。在本案中，标的车辆被抵押权人奔驰金融公司通过卫星定位确定位置后取走，陈岩并没有有效手段保障其占有状态，之后诉至法院要求撤销合同显然是出于弥补自身损失的目的。那么陈岩和张宝银之间签订的合同是否可以撤销呢？陈岩给付了价款，但丧失了车辆占有权且没有其他救济途径，的确受到损失，但是该损失并非是由于陈岩受到欺诈签订合同而造成的。从案件事实上来看，涉案车辆的交易价格明显低于市场价格，陈岩作为完全民事行为能力人，其有能力对标的车辆的权属进行审查，在没有证据支持的情况下，陈岩主张受到欺诈而订立合同不能成立。陈岩可以预见到交易存在的风险但仍然签订合同，是经过利益得失考量后作出的选择，作为理智人应当对自己的选择承担责任。陈岩与张宝银签订的合同出自双方当事人真实的意思表示，未违反法律、法规的强制性规定，该合同合法有效。

编写人：河北省唐山市古冶区人民法院　赵航

53

抵押无效是否导致抵押合同无效

——胡伟利诉孙奎庆、陈凡抵押权案

【案件基本信息】

1. 裁判书字号

北京市第一中级人民法院（2016）京01民终字第5491号民事判决书

2. 案由：抵押权纠纷

3. 当事人

原告（被上诉人）：胡伟利

被告（被上诉人）：孙奎庆

被告（上诉人）：陈凡

【基本案情】

胡伟利与孙奎庆系夫妻关系，二人于2001年4月11日登记结婚。北京市海淀区金沟河路2号×号楼某号房屋（以下简称涉诉房屋）系胡伟利与孙奎庆的夫妻共同财产，孙奎庆于2003年3月21日取得该房屋的所有权证书。2015年1月14日，经北京市中信公证处公证，孙奎庆与陈凡签订借款合同，约定孙奎庆向陈凡借款110万元，月利率为同期银行贷款利率的四倍，借款期限为1个月，自2015年1月14日至2015年2月13日。2015年1月15日，孙奎庆与陈凡签订了《借款抵押合同》，约定双方因上述借款事宜需申请抵押权设立登记，孙奎庆将涉诉房屋抵押给陈凡，双方为此办理了抵押权登记手续。2015年1月15日，孙奎庆与陈凡签订《北京市国有土地房屋一般抵押权设立登记申请书》，该申请书中对孙奎庆的询问内容第2项“申请登记的房屋或份额是否为夫妻共有?”一栏中填写的内容为“否”。2015年1月21日，陈凡取得涉诉房屋的房屋他项权证书，他项权利种类为一般抵押。

胡伟利认为，孙奎庆在其不知情的情况下以涉诉房屋设立抵押担保向陈凡借款并办理了执行公证，后陈凡以孙奎庆未清偿到期欠款为由向海淀法院申请强制执行，执行庭将执行裁定及通知书邮寄至其处，其才得知二被告之间借款及房屋已被抵押一事；共同共有人以其共有财产设定抵押，未经其他共有人同意，抵押无效。陈凡未尽到合理范围内的审慎核实义务，未向孙奎庆核实其婚姻情况、房产共有情况，二人行为属于恶意串通转移财产，侵害了胡伟利的权利。胡伟利要求确认孙奎庆与陈凡签订的抵押合同无效并要求该二人解除涉诉房屋的抵押登记手续。孙奎庆同意胡伟利的诉讼请求，陈凡认为胡伟利没有证据证明其与孙奎庆系恶意串通转移财产。

【案件焦点】

孙奎庆与陈凡之间的抵押是否有效，孙奎庆与陈凡之间的抵押无效是否导致二人签订的《借款抵押合同》无效。

【法院裁判要旨】

北京市海淀区人民法院经审理认为：共同共有人以其共有财产设定抵押，未经其他共有人的同意，抵押无效。但是，其他共有人知道或者应当知道而未提出异议的视为同意，抵押有效。根据查明事实，涉诉房屋系胡伟利与孙奎庆在婚姻关系存续期间取得的财产，属夫妻共同财产，应归胡伟利与孙奎庆共同共有。根据现有证据，孙奎庆向陈凡借款110万元并将涉诉房屋设定抵押登记给陈凡，并未征得胡伟利的同意，而胡伟利起诉本案应视为胡伟利对孙奎庆与陈凡之间的《借款抵押合同》提出了异议。据此，胡伟利要求确认孙奎庆与陈凡签订的《借款抵押合同》无效之请求，于法有据，法院予以支持。在孙奎庆与陈凡签订的《借款抵押合同》被确认无效的情况下，孙奎庆与陈凡应办理解除涉诉房屋抵押登记的手续。

北京市海淀区人民法院依照《最高人民法院关于适用〈中华人民共和国担保法〉若干问题的解释》第五十四条第二款之规定，作出如下判决：

一、孙奎庆与陈凡于二〇一五年一月十五日签订的《借款抵押合同》无效；

二、孙奎庆与陈凡于本判决生效后十五日内办理解除北京市海淀区金沟河路二号×号楼某号房屋抵押登记的手续。

陈凡对该判决不服提起上诉。北京市第一中级人民法院经审理认为：共同共有人以其共有财产设定抵押，未经其他共有人的同意，抵押无效。孙奎庆将夫妻共有的涉诉房屋设定抵押登记给陈凡，并未征得胡伟利的同意，因此孙奎庆与陈凡对涉案房屋设定抵押无效。一审法院判决主文确认抵押合同无效，表述不当，应当予以撤销；但判决解除房屋抵押登记的手续正确，本院予以确认。陈凡对于房屋所有权状况未尽合理的注意义务，其应当知道孙奎庆无处分权；其主张构成善意取得，法院不予支持。

北京市第一中级人民法院依照《中华人民共和国民事诉讼法》第一百七十条第一款第（二）项之规定，作出如下判决：

一、维持北京市海淀区人民法院（2016）京0108民初字第10036号民事判决第二项。

二、撤销北京市海淀区人民法院（2016）京0108民初字第10036号民事判决第一项。

【法官后语】

本案的争议焦点为：第一，孙奎庆与陈凡之间的抵押是否有效。第二，孙奎庆与陈凡之间的抵押无效是否导致二人签订的《借款抵押合同》无效。

《最高人民法院关于适用〈中华人民共和国担保法〉若干问题的解释》第五十四条第二款规定："共同共有人以其共有财产设定抵押，未经其他共有人的同意，抵押无效。但是，其他共有人知道或者应当知道而未提出异议的视为同意，抵押有效。"本案中，涉诉房屋系胡伟利与孙奎庆婚姻关系存续期间取得的财产，属于夫妻共同财产，胡伟利与孙奎庆系涉诉房屋的共同共有人。根据本案查明的情况，孙奎庆向陈凡借款110万元并将涉诉房屋设定抵押登记给陈凡，并未征得胡伟利的同意，擅自处分共同财产，胡伟利得知此事后向法院提起本案诉讼，可以视为对抵押提出了异议。陈凡对于房屋所有权状况未尽合理的注意义务，其应当知道孙奎庆无处分权；其主张构成善意取得，法院不予支持。故该抵押应属无效。

不动产抵押无效是否导致不动产抵押合同无效？关于不动产抵押权与不动产抵押合同的关系。我国《物权法》第一百八十五条第一款规定："设立抵押权，当事人应当采取书面形式订立抵押合同。”抵押合同是当事人双方就是否设定抵押以及如何设定抵押达成的协议，属于合同的一种。我国《物权法》第一百八十七条规定：“以本法第一百八十条第一款第一项至第三项规定的财产或者第五项规定的正在建造的建筑物抵押的，应当办理抵押登记。抵押权自登记时设立。”我国对不动产抵押登记采登记生效主义，即不动产抵押以登记为要件，未经登记，抵押权的设定在抵押当事人双方之间无约束力，即根本不产生抵押权。故不动产抵押权的产生来源于不动产抵押登记，而非不动产抵押合同。但在不动产抵押权产生过程中，不动产抵押合同的有效成立是前提。抵押权的产生是物权法律关系的变动，引起物权法律关系变动的动力来源于法律事实，抵押合同即为这一法律事实，抵押合同成立生效为抵押权的设立提供合法原因。但抵押合同的有效成立并不必然导致抵押权的产生，不能直接导致物权的变动，而只能产生一种债权请求权，即抵押人负有履行登记并设立抵押权的义务。若抵押合同得以实际履行，抵押权产生，若未得到实际履行，抵押人应承担相应的合同责任。本案中，孙奎庆与陈凡签订的借款合同和《借款抵押合同》是双方的真实意思表示且已经实际履行，故抵押权已经设立。这即为物权变动的原因行为与结果行为区分原则的体现。这一原则是指在发生物权变动时，物权变动的原因与物权变动的结果作为两个法律事实，其成立生效依据不同的法律原则。这一原则符合物权系排他权、债权系请求权的基本法理，也是区分当事人的不同法律责任的有效原则。该原则包含以下含义：不能认为生效的合同均能产生物权变动的结果；在没有发生物权变动的情况下，不能否定有效成立的合同的效力，合同当事人如若违约，应承担违约责任。具体到本案中，孙奎庆与陈凡签订的《借款抵押合同》是物权变动的原因，即便根据法律规定，孙奎庆与陈凡之间的抵押无效，亦不影响物权变动的抵押合同的效力。故法院在审理本案时，不应确认抵押合同无效，而应确认抵押无效。在司法实践中，如果认定抵押合同无效，合同没有约束力，就会出现合同一方当事人随意违约，而另一方当事人无法得到救济的情形。按照物权的原因行为与结果行为区分原则，合同效力问题属于债权法上判断的问题，在合同有效的情况下，合同一方当事人应当享有要求违约当事人承担责任的救济权。

综上所述，在司法实践中，对于物权变动的原因行为与结果行为予以严格区分具有重要的现实意义。

编写人：北京市海淀区人民法院　董琳雪

四、质　押

54

保证人在承担保证责任后能否向抵押人进行追偿

——山东莱茵科技设备有限公司诉王玉新追偿权案

【案件基本信息】

1. 裁判书字号

山东省淄博市中级人民法院（2016）鲁03民终字第2977号民事判决书

2. 案由：追偿权纠纷

3. 当事人

原告（上诉人）：山东莱茵科技设备有限公司（以下简称莱茵公司）

被告（被上诉人）：王玉新

【基本案情】

2015年4月3日，借款人淄博锦杭印业有限公司（以下简称锦杭公司）与齐商银行股份有限公司世纪花园支行（以下简称齐商银行）签订借款合同，约定借款人锦杭公司向齐商银行借款人民币200万元，借款期限12个月，借款用途为付货款，借款利率为年利率8.025%。同日，被告王玉新与齐商银行签订抵押合同，约定被告为债务人锦杭公司向齐商银行借款200万元的借款本金及利息提供抵押担保，抵押担保的范围为主合同项下的全部债务，抵押财产为房产，房屋所有权人为被告，坐落于张店区潘庄村52号楼3单元5层×户，房产证号为02－1007390。后双方为该抵押房产办理了抵押登记，他项权利人为齐商银行。2015年4月10日，原告作为保证人与齐商银行签订保证合同，约定各保证人自愿为债务人锦杭公司与债权人签订的借款合同向债权人提供保证担保，所担保的主债权种类为主合同项下的本金及利息，其中本金数额为200万元，保证方式为连带责任保证，保证范围为主合同项下的全部债务，保证期间为自主合同项下债务履行期限届满之日起两年。上述合同签订后，齐商银行向借款人锦杭公司发放了贷款。但借款人在还款过程中未按合同约定按时还款。自2016年3月21日至2016年5月4日，原告代锦杭公司向齐商银行偿还1981907.6元。原告起诉请求：1. 被告向原告支付应当分担的担保份额330318元，并支付至实际付清之日的利息；2. 依法拍卖、变卖被告的抵押物（房产证号：02－1007390），原告享有优先受偿权；3. 被告承担本案诉讼费和律师费。

【案件焦点】

原告作为保证人在承担保证责任后能否向抵押人即被告进行追偿。

【法院裁判要旨】

山东省淄博市张店区人民法院经审理认为：原告代借款人向银行偿还借款本息后可以向借款人追偿；其向借款人不能追偿的部分，也可以向其他共同保证的保证人按比例要求分担。本案所涉借款中与原告同为共同保证人的是：刘相霞、伊新永、崔智、刘海虹，而王玉新并非与原告共同向齐商银行提供保证的保证人，而是以其所有的房产为借款人的借款提供抵押担保的抵押人，法律没有规定保证人承担保证责任后有权向抵押人追偿。因此，对于原告要求被告承担其代偿金额六分之一份额的诉讼请求，不予支持。且保证和抵押均是为了保证主债权实现的担保方式，保证人代借款人清偿全部借款本息后，主债权已经实现，主债权人也没有再行使抵押权的必要。另外，该抵押的抵押权人为齐商银行，而非原告，即使原告代借款人向齐商银行清偿借款本息后，也不能自然享有该主债权的抵押权。因此，原告要求就被告提供的抵押物优先受偿的诉讼请求，于法无据，不予支持。据此，一审判决驳回莱茵公司的诉讼请求。

莱茵公司持原审起诉意见提起上诉。山东省淄博市中级人民法院经审理认为：莱茵公司要求对王玉新提供的抵押物优先受偿的诉讼请求于法无据，不予支持。同一债权上既有第三人提供的物的担保又有保证人提供的保证时，物的担保人与保证人处于同一法律地位。由于债权人享有选择权，既可以要求物的担保人承担担保责任，也可以要求保证人承担保证责任。第三人作为物的担保人与债权人或保证人与债权人对所担保的范围没有作出约定的话，两者构成债的共同担保。无论是保证人或者物的担保人承担了担保责任后，均可以向债务人追偿，也可以要求保证人或者其他物的担保人清偿其应当分担的份额。物的担保人与保证人对彼此责任的数额有约定的话，在行使追偿权时，可以按照约定的数额来行使，双方对彼此责任的数额没有约定的话，在行使追偿权时，要平均负担。本案中，包括莱茵公司在内共有五名保证人，以及作为抵押人的王玉新。莱茵公司代锦杭公司向齐商银行偿还1981907.6元，其六分之一为330318元。故就莱茵公司可以在房屋的实际价值内要求王玉新承担损失330318元。据此，二审判决如下：

一、撤销一审判决；

二、王玉新在抵押物价值范围内，于本判决生效后十日内支付莱茵公司330318元；

三、驳回莱茵公司的其他诉讼请求。

【法官后语】

本案主要涉及保证人在承担保证责任后能否向抵押人进行追偿的问题。

本案事实并不复杂，就是锦杭公司向齐商银行借款200万元，由王玉新作为抵押人用其房产进行抵押担保，同时由莱茵公司、刘相霞、伊新永、崔智、刘海虹作为保证人提供连带责任保证的担保。之后锦杭公司未能依约按时还款，莱茵公司代锦杭公司向齐商银行偿还了剩余借款，后提起本案诉讼要求就王玉新的抵押物优先受偿，并由王玉新承担其应当分担的担保份额。关于优先受偿问题，本案一、二审的认定是一致的，即涉案抵押房屋的抵押权人为齐商银行，该抵押权经登记生效。莱茵公司代借款人向齐商银行清偿借款本息后，并无法律规定其自然代替借款人成为涉案抵押物的抵押权人。故对莱茵公司要求对王玉新提供的抵押物优先受偿的诉讼请求不予支持。但本案一、二审存在分歧的问题则是莱茵公司作为保证人在承担保证责任后能否向抵押人王玉新进行追偿。一审对此以法律没有规定为由未予支持，二审对此则予以支持。笔者还是较为赞同二审法院对这一问题的认定和处理。尽管目前法律和司法解释对于保证人在承担保证责任后能否向抵押人进行追偿尚无明确规定，但从现行立法的精神和担保法理论来分析，还是能够对此得出肯定结论的。

关于这一问题，最为相关的规定无疑就是《最高人民法院关于适用〈中华人民共和国担保法〉若干问题的解释》第三十八条第一款规定：“同一债权既有保证又有第三人提供物的担保的，债权人可以请求保证人或者物的担保人承担担保责任。当事人对保证担保的范围或者物的担保的范围没有约定或者约定不明的，承担了担保责任的担保人，可以向债务人追偿，也可以要求其他担保人清偿其应当分担的份额。”当然该条规定并没有明确说明保证人可以向提供物的担保的第三人进行追偿。但是，首先，从该条文第一句来看，结合《物权法》第一百七十六条中“第三人提供物的担保的，债权人可以就物的担保实现债权，也可以要求保证人承担保证责任”的规定，可以确定在同一债权上既有第三人提供的物的担保又有保证人提供的保证时，债权人对于债权的实现享有选择权，其既可以要求物的担保人承担担保责任，也可以要求保证人承担保证责任。这反映出此时物的担保人与保证人其实是处于同一法律地位的，二者构成对债权的共同担保。而就担保本身而言，无论是物保还是人保，其本质都是以财产对债权进行担保，无非只是物保以物的财产价值为限对债权进行担保，人保则是以保证人的全部财产对债权进行担保，当然其担保数额不能超出债权数额。在此情形下既然物保与人保处于同一法律地位，那么物的担保人和保证人之间从理论上来讲应当是允许互相追偿的。其次，从该条文第二句的表述来看，“承担了担保责任的担保人可以要求其他担保人清偿其应当分担的份额”，结合对该条文第一句的上述解读，此处的担保人应当进行广义的理解，其中既包括保证人，也应包括提供了物的担保的第三人。由此可见，根据该条规定，无论是保证人还是物的担保人承担了担保责任后，均可以向债务人追偿，也可以要求保证人或者其他物的担保人清偿其应当分担的份额；当然物的担保人的清偿份额应以其担保物的实际价值为限。就具体的可追偿数额而言，物的担保人与保证人对彼此责任的数额有约定的话，在行使追偿权时可以按照约定的数额来行使；若双方对彼此责任的数额没有约定的话，在行使追偿权时则要平均负担。例如在本案中，包括莱茵公司在内共有五名保证人，以及作为物的担保人即抵押人的王玉新，即担保方共有六方，平均负担则为六分之一。莱茵公司代锦杭公司向齐商银行偿还1981907.6元，其六分之一为330318元。故莱茵公司可以在抵押房屋的实际价值范围内要求王玉新承担损失 330318 元。

编写人：山东省淄博市中级人民法院　荣明潇　孟庆红

55

金融借款合同纠纷中保证金质押的认定

——华侨永亨银行（中国）有限公司北京朝阳支行诉北京北氧大翔设备安装有限公司等金融借款合同案

【案件基本信息】

1. 裁判书字号

北京市朝阳区人民法院（2016）京 0105 民初字第 28382 号民事判决书

2. 案由：金融借款合同纠纷

3. 当事人

原告：华侨永亨银行（中国）有限公司北京朝阳支行（以下简称华侨永亨银行朝阳支行）

被告：北京北氧大翔设备安装有限公司（以下简称北氧大翔公司）、王凤云、李兴民

【基本案情】

2015 年 2 月 15 日，华侨永亨银行朝阳支行（贷款人）与北氧大翔公司（借款人）签订《公司人民币贷款合同》，约定：贷款人向借款人提供的贷款额度 2020000 元；如果借款人支付的款项不足以偿还全部应付金额，除非法律有强制性规定，否则贷款人有权自主决定款项的使用顺序；开户人为北氧大翔公司，账号为 2601807××××××，开户行为华侨永亨银行朝阳支行；借款人选择固定还款期的还款方式，按月还款，共分 120 期偿还贷款本息，还本付息日为贷款实际发放日的次月 15 日及以后的每月 15 日。2015 年 2 月 15 日，华侨永亨银行朝阳支行与王凤云、李兴民签订《保证合同》与李兴民签订《不动产抵押和保证合同》，约定王

凤云、李兴民自愿为本案债务提供连带责任保证担保；将李兴民名下涉案房屋抵押予华侨永亨银行朝阳支行作为清偿被担保债务的担保。2015年3月10日，李兴民为涉案房屋办理了华侨永亨银行朝阳支行为房屋他项权利人的抵押登记。

2015年4月8日，北氧大翔公司向其在华侨永亨银行朝阳支行开立的账号为2601807××××××的账户存入保证金300000元。2015年4月10日，华侨永亨银行朝阳支行向上述账户发放贷款2020000元，最后到日期为2025年4月10日。

华侨永亨银行朝阳支行称：2015年9月24日至2016年1月6日（第5期至第8期应还款），华侨永亨银行朝阳支行使用北氧大翔公司交纳的300000元保证金抵扣其应还的贷款本息20836.67元，剩余保证金279163.33元；自2016年1月15日起（第9期应还款），北氧大翔公司逾期还款；华侨永亨银行朝阳支行委托环球律师所于2016年4月6日向北氧大翔公司、王凤云、李兴民邮寄发出律师函，宣布合同项下全部贷款于本律师函送达之日到期，根据合同约定，采用特快专递方式送达的通知在特快专递寄出三天后即视为送达，送达之日应为2016年4月10日，因2016年4月10日为非工作日，故贷款提前到期日应为2016年4月11日；2016年4月11日，华侨永亨银行朝阳支行使用剩余保证金279163.33元按照罚息、逾期利息、逾期本金、提前到期本金的先后顺序依次抵扣，扣减后，北氧大翔公司尚欠提前到期本金1680029.62元。

被告北氧大翔公司、王凤云、李兴民共同辩称：不同意立即清偿全部剩余贷款本金，双方应继续履行《公司人民币贷款合同》约定，北氧大翔公司有能力按期足额还款。根据双方口头达成的共识，在北氧大翔公司未按期还款时，华侨永亨银行朝阳支行应自北氧大翔公司交纳的300000元保证金中逐月扣款，其一次性扣除保证金无依据，亦无权要求全部贷款提前到期和提前还款。不同意支付罚息，罚息基数和标准过高。不同意支付律师费。不同意承担保证责任。不同意华侨永亨银行朝阳支行对涉案房屋拍卖或变卖的价款优先受偿。

【案件焦点】

保证金质押是否成立、如何认定及划扣顺序。

【法院裁判要旨】

北京市朝阳区人民法院经审理认为：华侨永亨银行朝阳支行与北氧大翔公司签

订《公司人民币贷款合同》，与王凤云、李兴民签订《保证合同》，以及与李兴民签订《不动产抵押和保证合同》，均系相关当事人真实意思表示，内容不违反国家法律、行政法规的强制性规定，属合法有效。合同签订后，当事人均应全面履行各自的合同义务。华侨永亨银行朝阳支行依约履行了向北氧大翔公司发放贷款的义务，北氧大翔公司作为借款人应按期偿还贷款本息。《公司人民币贷款合同》约定，借款人未在到期时支付合同项下任何应付款项则构成违约，贷款人有权宣布所有已发放的贷款立即到期。根据审理查明的事实和证据，可以认定北氧大翔公司自2016年1月15日起未能依约偿还贷款本息，其行为构成违约，华侨永亨银行朝阳支行宣布全部贷款立即提前到期并要求北氧大翔公司偿还全部剩余贷款，系依约行使合同赋予贷款人的权利。北氧大翔公司、王凤云、李兴民提出的双方口头约定当北氧大翔公司未按期还款时应使用保证金逐月扣款而不应认定违约、不应要求全部贷款提前到期的抗辩意见，缺乏相应依据，本院不予采纳。根据合同约定，借款人违约时，贷款人有权从借款人在贷款人处开立的任何账户中直接扣划合同项下借款人欠付的任何款项。华侨永亨银行朝阳支行于贷款提前到期日将北氧大翔公司存入账户中的保证金抵扣其尚欠的贷款本息，符合合同约定。华侨永亨银行朝阳支行按照罚息、利息、逾期本金、提前到期本金的顺序扣划，有事实和法律依据。经本院依法核算，华侨永亨银行朝阳支行扣减后的贷款本金数额无误，本院予以确认。华侨永亨银行朝阳支行要求北氧大翔公司偿还剩余贷款本金1680029.62元，本院予以支持。北氧大翔公司、王凤云、李兴民提出的华侨永亨银行朝阳支行无权一次性扣收保证金的抗辩意见，与合同约定不符，本院不予采纳。北氧大翔公司未依约还款，亦应自贷款提前到期日次日起至实际清偿之日止向华侨永亨银行朝阳支行支付罚息。华侨永亨银行朝阳支行主张的罚息起算日、基数和标准无误，本院不持异议。北氧大翔公司、王凤云、李兴民提出的不同意支付罚息的相应抗辩意见，本院不予采纳。根据合同约定，如因借款人违约或因贷款人权利的实现发生的律师费应由借款人负担。为主张本案债权，华侨永亨银行朝阳支行与环球律师所签订合同并委托律师代为出庭，相应律师费属合理支出，应由北氧大翔公司负担。北氧大翔公司、王凤云、李兴民提出的不同意支付律师费的抗辩意见，本院不予采纳。王凤云、李兴民为北氧大翔公司的贷款向华侨永亨银行朝阳支行提供连带责任保证，在北氧大翔公司未按期还款的情况下，王凤云、李兴民应按其承诺对上述北氧大翔公司的债务向华侨永亨银行朝阳支行承担连带清偿责任。王凤云、李兴民承担保证责任后，有权向北氧大翔公司追偿。北氧大翔公司、王凤云、李兴民提出的不同意承担保证责任的抗辩意见，本院不予采纳。李兴民以其名下涉案房屋为贷款提供抵押担保，办理了华侨永亨银行朝阳支行为抵押权人的抵押登记，在北氧大翔公司未按期还款的情况下，华侨永亨银行朝阳支行有权要求以抵押物对合同项下债务承担抵押担保责任，对抵押物享有优先受偿权。北氧大翔公司、王凤云、李兴民提出的不同意优先受偿权的抗辩意见，本院不予采纳。北氧大翔公司、王凤云、李兴民提出的关于交纳保证金不合法的抗辩意见，本院不予采纳。

北京市朝阳区人民法院依照《中华人民共和国合同法》第二百零五条、第二百零六条、第二百零七条，《中华人民共和国担保法》第十八条、第三十一条、第三十三条，《中华人民共和国物权法》第一百七十九条之规定，判决如下：

一、被告北京北氧大翔设备安装有限公司于本判决生效之日起七日内向原告华侨永亨银行（中国）有限公司北京朝阳支行偿还贷款本金1680029.62元，及自2016年4月12日起至实际清偿之日止的罚息（以贷款本金为基数，按《公司人民币贷款合同》约定的贷款年利率150%的标准计算）；

二、被告北京北氧大翔设备安装有限公司于本判决生效之日起七日内向原告华侨永亨银行（中国）有限公司北京朝阳支行支付律师费7万元；

三、被告王凤云、李兴民就上述第一、二项确定的款项向原告华侨永亨银行（中国）有限公司北京朝阳支行承担连带清偿责任；

四、被告王凤云、李兴民承担保证责任后，有权向被告北京北氧大翔设备安装有限公司追偿；

五、原告华侨永亨银行（中国）有限公司北京朝阳支行就上述第一、二项确定的款项对被告李兴民名下位于北京市东城区竹杆胡同8号楼5层1单元×号的房屋拍卖或变卖的价款，按照抵押登记顺序享有优先受偿权。

【法官后语】

保证金质押作为银行信贷业务的担保方式，是指借款人将金钱交存于其在银行开立的专用账户，并承诺以该账户中的款项作为偿还借款的保证。当借款人不履行债务时，贷款银行有权在保证金专用账户中直接扣划保证金用于偿还贷款的担保方式。

金融借款合同当事人经常会用此种质押担保方式获取贷款进行融资，但是现行法律没有专门的保证金质押规定。保证金质押的法律依据、成立要件及如何实现，现有法律无统一规定。《物权法》第二百一十条的规定，设立质权，当事人应当采取书面形式订立质权合同。质押合同应当包括以下内容：被担保的债权种类和数额；债务人履行债务的期限；质押财产的名称、数量、质量、状况；担保的范围；质押财产交付的时间。第二百一十二条规定："质权自出质人交付质押财产时设立。"《最高人民法院关于适用〈中华人民共和国担保法〉若干问题的解释》第八十五条规定："债务人或者第三人将其金钱以特户、封金、保证金等形式特定化后，移交债权人占有作为债权的担保，债务人不履行债务时，债权人可以以该金钱优先受偿。"自此，保证金质押有了三要件的认定依据，即书面质押合同、金钱特定化和移转占有，但是金钱特定化和转移占有需要满足哪些条件达到何种标准，审判实践中又有不同的认定标准。

1. 关于保证金质押的认定

（1）关于书面质押合同。本案双方虽没有签订专门的书面质押合同，在贷款合同也未约定保证金质押，但是《合同法》第三十七条规定："采用合同书形式订立合同，在签字或者盖章之前，当事人一方已经履行主要义务，对方接受的，该合同成立。"本案北氧大翔公司缴纳了30万元保证金到华侨永亨银行账户，后者接收并认可该保证金作为主债权履行的担保，故30万元的保证金质押合同成立。

（2）关于金钱特定化。本案30万元保证金虽未存到专门开立的保证金账户，但是自存到华侨永亨银行还款账户之日起即丧失自由流动性，该还款账户中30万元保证金区别于其他一般交易账户，自此特定化为质押物。

（3）关于转移占有。保证金质押的本质是债务人不履行债务时，债权人可以以该金钱优先受偿，是以保证金账户内的金钱作为质押物，而非以保证金账户作质押。本案30万元保证金自存入华侨永亨银行账户之日起即完成转移占有。北氧大翔公司对此30万元质押物丧失自由支配权，华侨永亨银行对此账户拥有实际控制权，还款账户中的资金只多不少、只进不出。

综上，本案30万元保证金质押成立。

2. 关于保证金的划扣

保证金质押的本质是债务人不履行债务时，债权人可以以该金钱优先受偿，而并非抵扣贷款本金。根据贷款合同6.1条、12.2条（d）约定，借款人逾期还款即违约，华侨永亨银行朝阳支行有权从借款人在贷款人处开立的任何账户中直接扣划合同项下借款人欠付款项（即从保证金中扣除第5期至第8期应还贷款本息），后北氧大翔公司持续违约，华侨永亨银行朝阳支行有权宣布全部贷款立即提前到期，有权扣划、选择何时扣划及如何扣划北氧大翔公司保证金抵扣其尚欠的全部贷款本息。故本案三被告关于保证金应抵扣贷款本金和逐月扣划的抗辩意见不成立。

3. 关于违约认定

根据审理查明的事实和证据，可以认定北氧大翔公司自2016年1月15日起未能依约偿还贷款本息，其行为构成违约，华侨永亨银行朝阳支行宣布全部贷款立即提前到期并要求北氧大翔公司偿还全部剩余贷款，系依约行使合同赋予贷款人的权利。北氧大翔公司、王凤云、李兴民提出的双方口头约定当北氧大翔公司未按期还款时应使用保证金逐月扣款而不应认定违约、不应要求全部贷款提前到期的抗辩意见，缺乏相应依据，本院不予采纳。

编写人：北京市朝阳区人民法院　王茜　马娇

56

保证担保的主债务范围及债权转让后股权质押效力的认定

——陈丽燕诉厦门好兆头橱柜股份有限公司等民间借贷案

【案件基本信息】

1. 裁判书字号

福建省厦门市集美区人民法院（2016）闽0211民初字第497号民事判决书

2. 案由：民间借贷纠纷

3. 当事人

原告：陈丽燕

被告：厦门好兆头橱柜股份有限公司（以下简称好兆头公司）、陈加栋、陈加盛

第三人：福州旺成食品开发有限公司（以下简称旺成公司）

【基本案情】

好兆头公司原名称为“厦门欧迈家居有限公司”（以下简称欧迈公司），于2015年12月15日变更为“厦门好兆头橱柜股份有限公司”。2013年9月23日，旺成公司作为甲方，欧迈公司作为乙方，陈加栋、陈加盛作为丙方，签订1份《债转股投资协议》。该协议约定，甲方拟向乙方发放贷款20000000元，借款期限为10个月，贷款利率分阶段调整，从第11个月起除按月利率2.5%计息外，每月外加收未还款总额5%的违约金。丙方作为担保人，对借款承担连带责任保证，保证期间自该合同生效之日起至该合同项下借款本金全部还清为止，保证范围为该合同项下借款本金、利息、违约金以及债权人实现债权的费用。当乙方未按本合同约定支付借款本息和相应费用时，丙方保证在接到甲方书面索款通知后15日内无条件地代为偿付。

2013年9月23日，旺成公司作为质权人，陈加栋、陈加盛作为出质人，欧迈公司作为被担保人，分别签订2份《股权质押担保合同》，将陈加栋持有案外人厦门好兆头投资管理有限公司51%的股权及陈加盛持有厦门好兆头投资管理有限公司49%的股权质押给旺成公司，质押担保范围为主合同项下的全部借款本金20000000元及利息、被担保人因主合同应向质权人支付的其他款项、质权人实现债权与担保权利而发生的费用（包括但不限于诉讼费、执行费、评估费、拍卖费、公证费、送达费、公告费、律师费等），质押担保期限为自出质登记之日至主合同项下全部债务偿还期限届满之日后两年止。该2份《股权质押担保合同》还约定，无论被担保人对主合同项下全部债务是否提供其他担保（包括但不限于保证、抵押、质押），不论上述其他担保何时成立、是否有效、甲方是否向其他担保人提出权利主张，也不论是否有第三方同意承担主合同项下全部或部分债务，也不论其他担保是否为担保人自己提供，出质人在本合同项下的担保责任均不因此减免，质权人均可直接要求出质人依照本合同约定在其担保范围内承担质押保证责任，出质人将不提出任何异议。2013年9月24日，上述股权质押在厦门市集美区工商行政管理局办理股权出质设立登记。

同日，欧迈公司与旺成公司签订1份《股权质押协议》，约定将欧迈公司持有的案外人厦门好兆头家居有限公司30%的股权质押给旺成公司，作为欧迈公司向旺成公司借款20000000元的担保，并于2013年9月24日办理了股权出质设立登记。

同日，欧迈公司、陈加栋、陈加盛还与旺成公司签订1份《股权质押协议》，约定陈加栋、陈加盛自愿将其持有的厦门好兆头投资有限公司的100%的股权质押给旺成公司，但未就该股权质押办理股权出质设立登记。

2013年9月28日，上述当事人补充签订1份《债转股投资协议之补充协议》。该补充协议对原协议第2条中的还款方式进行修改，并约定由欧迈公司指定的案外人厦门利德行工贸有限公司作为收款人。

2013年9月29日，旺成公司将20000000元借款转入欧迈公司指定的厦门利德行工贸有限公司银行账户。

旺成公司与陈丽燕均确认旺成公司已将其对好兆头公司的债权转让给陈丽燕。

2016年1月6日，陈丽燕与福建至信律师事务所签订1份《委托代理合同》，约定将本案诉讼事务委托给福建至信律师事务所代理，代理费为165960元。2016年1月13日，福建至信律师事务所向陈丽燕开具总金额为165960元的律师费发票2张。

【案件焦点】

讼争主债务是否包含律师费，讼争债权转让后股权质押是否继续有效。

【法院裁判要旨】

福建省厦门市集美区人民法院经审理认为：陈丽燕提交的证据《债权转移通知》载明截至2015年6月2日欧迈公司尚欠旺成公司借款本金7400000元及利息1685500元（需继续按每月2.5%计算至全部款项付清之日止）。《债权转移通知》载明的欠款本金及利息金额与旺成公司述称的金额基本一致，故本院确认截至2015年6月2日，好兆头公司尚欠旺成公司借款本金7400000元及利息1685500元。陈丽燕及好兆头公司主张的金额均无证据佐证，本院不予确认。

陈丽燕提供的3份邮寄《债权转移通知》的快递回执，其中邮寄给欧迈公司的快递回执载明由欧迈公司保安签收，应视为已经送达给欧迈公司。邮寄给陈加栋、陈加盛的快递回执，未体现由陈加栋、陈加盛本人签收，也无法确认系由陈加栋、陈加盛的同住成年家属签收，不能认定为已经送达陈加栋、陈加盛。

本案系债权受让人向借款人及担保人追讨借款并主张担保权利而引起的民间借贷纠纷。欧迈公司（即好兆头公司）、旺成公司、陈加栋、陈加盛签订的《债转股投资协议》《债转股投资协议之补充协议》《股权质押担保合同》《股权质押协议》均系合同当事人的真实意思表示，未发现存在违反法律、行政法规效力性强制性规定的情形，合法有效，旺成公司与好兆头公司、陈加栋、陈加盛之间形成民间借贷合同关系及担保合同关系。好兆头公司、陈加栋、陈加盛辩称旺成公司与好兆头公司之间的民间借贷合同违法无效，但未提供证据予以证明，故本院对该抗辩主张不予支持。好兆头公司未依约及时履行还款义务，截至2015年6月2日，好兆头公司尚欠旺成公司借款本金7400000元及利息1685500元。旺成公司将其对好兆头公司的上述债权转让给陈丽燕，未违反法律规定及前述合同的约定，且债权转让已经依法通知好兆头公司，该债权转让合法有效。即使旺成公司通过邮寄方式未成功向好兆头公司、陈加栋、陈加盛送达债权转让通知，《债权转移通知》已作为本案证据送达给好兆头公司、陈加栋、陈加盛，以此也可以认定债权转让已通知好兆头公司及陈加栋、陈加盛。因此，陈丽燕有权作为债权人向好兆头公司主张归还尚欠的借款及利息。根据在案证据，好兆头公司应归还的借款本金为7400000元，截至2015年6月2日的利息1685500元。陈丽燕坚持借款本金为9915000元，但未提供证据予以证明，根据本案实际情况，超出7400000元的部分，其中1685500元应为截至2015年6月2日的利息；剩余829500元，未超过以本金7400000元为基数、按月利率2%自2015年6月3日起计算至2015年12月31日止的利息，本院作为利息予以确认。

在案证据可以证明，陈丽燕因本案支出律师代理费165960元。《债转股投资协议》虽未明确约定债务人违约应承担债权人为追讨债权支出的律师费，但关于保证人的保证责任范围包括了债权人为实现债权而支出的费用。从目的解释的角度看，主债务的范围当然涵盖从债务所及的范围，故应认定讼争的主债务包括债权人为实现债权而支出的律师费。因此，好兆头公司应承担陈丽燕因本案支出的律师费165960元。

陈加栋、陈加盛为讼争借款的连带责任保证人，保证责任期间尚未届满，讼争债权转让给陈丽燕后，仍应对讼争的借款本金、利息及债权人为实现债权而支出的律师费向陈丽燕承担连带清偿责任。此外，根据《中华人民共和国担保法》第三十一条的规定，保证人承担保证责任后，有权向债务人追偿，故陈加栋、陈加盛在承担连带保证责任后，有权向好兆头公司追偿。

陈加栋以其持有的厦门好兆头投资管理有限公司 51% 的股权、陈加盛以其持有的厦门好兆头投资管理有限公司 49% 的股权、好兆头公司以其持有的厦门好兆头家居有限公司 30% 的股权分别为好兆头公司向旺成公司的借款债务提供质押担保，且均已办理股权出质设立登记，合法有效。质押担保的主债权转让后，从利益平衡及无害化角度看，出质人继续承担质押担保责任不会导致质权人、出质人及案外其他人的权利义务发生变化，且与公平原则、从权利随主债权一并转移的法律规定以及主债权转让后保证人、抵押人仍继续承担担保责任的法理相符。因此，讼争债权转让给陈丽燕后，虽然讼争的股权出质设立登记未进行变更，但是陈加栋、陈加盛、好兆头公司仍应以前述质押股权对讼争债权承担质押担保责任。

此外，讼争债务既有人的担保又有物的担保。《债转股投资协议》约定，保证人在接到债权人书面索款通知后十五日内无条件地代为偿付债务。陈加栋、陈加盛与旺成公司签订的《股权质押担保合同》均约定无论是否有债务人自身或第三方提供的其他担保，债权人均可直接要求出质人承担质押担保责任，出质人将不提出任何异议。从上述约定看，陈加栋、陈加盛作为保证人和出质人，已放弃要求以债务人提供的物的担保先予清偿债务的担保顺位，因此陈丽燕可以直接主张陈加栋、陈加盛承担保证及质押担保责任。

综上所述，陈丽燕主张好兆头公司支付借款本金 9915000 元的诉讼请求，虽然本金金额有误，但该金额未超过好兆头公司应支付的本金 7400000 元、截至 2015 年 6 月 2 日的利息 1685500 元以及以本金 7400000 元为基数、按月利率 2% 自 2015 年 6 月 3 日起计算至 2015 年 12 月 31 日止的利息之和，本院对其该项诉讼请求予以支持，但在表述上予以调整。陈丽燕主张好兆头公司支付 2016 年 1 月 1 日起至实际付清款项之日止按月利率 2% 计算的利息的诉讼请求，未违反前述相关合同的约定及法律规定，应予以支持，但利息计算的本金基数应为 7400000 元，非陈丽燕主张的 9915000 元。陈丽燕主张好兆头公司支付因本案支出的律师费 165960 元的诉讼请求，有事实及法律依据，本院予以支持。陈丽燕关于陈加栋、陈加盛对前述好兆头公司的债务承担连带清偿责任的诉讼请求，有事实及法律依据，本院予以支持。陈丽燕主张依法拍卖陈加栋持有的厦门好兆头投资管理有限公司 51% 的股权、陈加盛持有的厦门好兆头投资管理有限公司 49% 的股权、好兆头公司持有的厦门好兆头家居有限公司 30% 的股权并以拍卖的价款优先受偿前述好兆头公司应偿还的借款7400000元及利息、律师费165960元的诉讼请求，有事实及法律依据，本院予以支持。陈丽燕主张依法拍卖陈加栋、陈加盛分别持有的好兆头公司51%、49%的股权并就拍卖价款优先受偿的诉讼请求，因陈丽燕未提供证据证明相应质权的存在，故本院不予支持。

厦门市集美区人民法院依照《中华人民共和国合同法》第六十条第一款、第七十九条、第八十条第一款、第八十一条、第二百零五条、第二百零六条，《中华人民共和国物权法》第一百七十六条、第二百二十六条第一款，《中华人民共和国担保法》第十八条、第二十二条、第三十一条、第六十三条第一款、第六十七条、第八十一条，《最高人民法院关于适用〈中华人民共和国担保法〉若干问题的解释》第四十二条第一款，《中华人民共和国民事诉讼法》第六十四条第一款，《最高人民法院关于适用〈中华人民共和国民事诉讼法〉的解释》第九十条之规定，判决如下：

一、被告厦门好兆头橱柜股份有限公司应于本判决生效之日起十日内支付原告陈丽燕借款本金7400000元及利息（截至2015年12月31日的利息为2515000元；从2016年1月1日起，以本金7400000元为基数，按月利率2%计算至本判决确定的付款之日止）；

二、被告厦门好兆头橱柜股份有限公司应于本判决生效之日起十日内支付原告陈丽燕因本案支出的律师费165960元；

三、被告陈加栋、陈加盛对本判决第一项、第二项确定的债务向原告陈丽燕承担连带清偿责任；

四、被告陈加栋、陈加盛在承担本判决第三项确定的连带清偿责任后，有权向被告厦门好兆头橱柜股份有限公司追偿；

五、原告陈丽燕有权请求人民法院拍卖被告陈加栋持有的厦门好兆头投资管理有限公司51%的股权、被告陈加盛持有的厦门好兆头投资管理有限公司49%的股权、被告厦门好兆头橱柜股份有限公司持有的厦门好兆头家居有限公司30%的股权并以拍卖所得的价款就本判决第一项、第二项确定的债务优先受偿；

六、驳回原告陈丽燕的其他诉讼请求。

【法官后语】

本案系由企业间借贷经过债权转让转化而来的民间借贷纠纷。原涉企业间借贷既有债务人企业的股东提供的保证担保，又有债务人股东以其持有的债务人企业及其他企业的股权为债权人设定的质押担保。原借款合同由出借人、借款人及保证人共同签订，就借款及保证担保一并进行了约定。该借款合同中，对借款人应承担债务的约定未明确包含律师费，但在保证责任范围的约定中包含律师费。因此，本案涉及企业间借贷的效力、主债务是否包含律师费、债权转让是否有效、债权转让后股权质押是否继续有效等问题，此处主要讨论主债务是否包含律师费、债权转让后股权质押的效力两个问题。

1. 同一份合同中约定保证责任范围包含律师费的，可认定主债务当然包含律师费

所谓主债务，是指能够独立存在的债务；相应的，从债务是指从属于主债务，其效力受主债务影响的债务。在保证担保合同法律关系中，被担保的债务属于主债务，保证债务为从债务。保证债务作为从债务，其设立的目的系为主债务提供担保。因此当主债务与从债务在同一份合同中进行约定时，如果对主债务的范围没有具体约定，而关于保证责任的约定中对担保的主债务范围进行了具体约定的，从目的解释的角度来看，该保证责任范围应认定为主债务范围，即主债务的范围当然涵盖了从债务所及的范围。本案中，《债转股投资协议》虽未明确约定债务人违约应承担债权人为追讨债权支出的律师费，但关于保证人的保证责任范围包括了债权人为实现债权而支出的费用，故应认定讼争的主债务包括债权人为实现债权而支出的律师费。

2. 权利质押担保的主债权转让后，出质人应继续对债权受让人承担质押担保责任

《担保法》第二十二条规定，保证期间，债权人依法将主债权转让给第三人的，保证人在原保证担保的范围内继续承担保证责任。保证合同另有约定的，按照约定。《最高人民法院关于适用〈中华人民共和国担保法〉若干问题的解释》第七十二条第一款规定，主债权被分割或部分转让的，各债权人可以就其享有的债权份额行使抵押权。上述规定确立了保证担保、抵押担保随主债权的转移而转移的原则。但是，担保法及担保法司法解释未明确规定权利质押是否随主债权的转移而转移，权利质押是否应随主债权的转移而转移？首先，《合同法》第八十一条规定，债权人转让债权的，受让人取得与债权有关的从权利，但该从权利专属于债权人自身的除外。权利质押相对于其所担保的主债权而言系从权利，且并不具备人身专属性，

因此应随主债权的转移而转移。其次，《担保法》第八十一条规定，权利质押可适用该法关于动产质押的规定。《最高人民法院关于适用〈中华人民共和国担保法〉若干问题的解释》第九十六条规定，动产质押可适用该解释第七十二条即抵押担保随主债权转移而转移的规定。因此，从上述规定可推导出权利质押可与动产质押一样适用抵押担保随主债权转移的规定，即权利质押亦应随主债权的转移而转移。最后，主债权转让后，债务人未变更，权利质押的出质人对债权受让人继续承担担保责任对出质人的权利义务未产生任何有害影响，但如果不继续承担担保责任，则会对债权受让人的利益产生损害，出质人仅因债权人转让债权即免除了担保责任，对债权受让人不公平。因此，从公平角度考量，权利质押亦应随主债权的转移而转移。

具体到本案中，股权质押担保的主债权转让给陈丽燕后，从利益平衡及无害化角度看，作为出质人的陈加栋、陈加盛、好兆头公司继续承担质押担保责任不会导致质权人、出质人及案外其他人的权利义务发生变化，且与公平原则、从权利随主债权一并转移的法律规定以及主债权转让后保证人、抵押人仍继续承担担保责任的法理相符。因此，讼争债权转让给陈丽燕后，虽然讼争的股权出质设立登记未进行变更，但是陈加栋、陈加盛、好兆头公司仍应以前述质押股权对讼争债权承担质押担保责任。

编写人：福建省厦门市集美区人民法院　李乐

57

涉案保证金能否依法成立质押权并优先受偿

——中国银行股份有限公司四川省分行诉四川新安融资担保有限公司质押合同案

【案件基本信息】

1. 裁判书字号

四川省成都市青羊区人民法院（2015）青羊民初字第4690号民事判决书

2. 案由：质押合同纠纷

3. 当事人

原告：中国银行股份有限公司四川省分行

被告：四川新安融资担保有限公司

【基本案情】

2013年6月25日，原告（甲方）与被告（乙方）签订《个人贷款担保合作协议》和《信用卡分期付款担保合作协议》各一份，《个人贷款担保合作协议》约定：甲方向符合借款条件的借款人发放个人贷款，乙方为借款人在甲方发放个人贷款提供不可撤销的连带责任保证担保；当乙方出现重大变更或重大事件（包括但不限于法定代表人变更、公司兼并、合并、分立、联营、产权变动、涉及重大诉讼等）时，有权要求乙方增加保证金金额或增加其他担保；乙方应在甲方处开设保证金账户，保证金账号为00000115809××××××；乙方应在保证金账户存入业务保证金，以担保借款合同项下借款人义务的全面执行“个人消费类贷款业务、个人住房贷款，乙方需每笔按不低于担保业务金额3%的比例存入担保责任保证金；个人抵质押循环贷款业务，乙方需每笔按不低于担保业务金额10%的比例存入担保责任保证金；个人经营贷款，乙方需每笔按不低于担保业务金额20%的比例存入担保责任保证金。在乙方与甲方合作的担保责任未全部履行完毕前，乙方在甲方的保证金账户余额不得低于500万元。乙方保证在甲方开立的基本户与保证金账户余额之和不低于1000万元/月”。在担保的每笔贷款逐期偿还后，经双方确认，乙方可减少相应的保证金或将相应的保证金及存款作为甲方新发放贷款的担保；一旦发生逾期代偿，乙方应在接到甲方书面通知后的3日内将代偿款划至甲方的指定账户，若超过上述规定时日担保机构未足额代偿的，甲方有权从上述保证金专用账户中或乙方在甲方及其所属机构开立的任何账户中扣划逾期本息，并有权终止与乙方进一步的业务合作；如乙方“保证金账户”余额不足以达到双方约定的保证金比例及最低额的要求，甲方有权要求乙方在1日内即时补充，若乙方未在上述期限内补足保证金，甲方有权从乙方在甲方及中国银行股份有限公司其他机构处开立的其他账户中直接扣划款项用于补足保证金；本协议有效期为2013年6月25日至2014年6月24日，合作期满后不自动延展，如双方愿意继续合作，必须签订新的合作协议；本合作协议的撤销、终止不影响已签订的保证合同的效力，乙方仍应承担连带保证责任。《信用卡分期付款担保合作协议》约定：甲方向符合授信条件的持卡人给予分期付款消费额度，乙方为持卡人在甲方叙做的信用卡分期付款提供不可撤销的连带责任保证担保；当乙方出现重大变更或重大事件（包括但不限于法定代表人变更、公司兼并、合并、分立、联营、产权变动、涉及重大诉讼等）时，有权要求乙方增加保证金金额或增加提供其他担保；乙方应按照本协议约定在甲方开设保证金专户、交存保证金，补足保证金，在担保诉讼时效届满时，不得销户，专户资金未经甲方许可不得随意提取或划转；乙方应在甲方处开设保证金账户，保证金账号为115809××××××；乙方应在保证金账户存入业务保证金，以担保借款合同项下持卡人义务的全面执行，信用卡分期付款业务，乙方须每笔按不低于担保业务金额3%的比例存入担保责任保证金；在担保的每笔分期付款业务逐期偿还后，经双方确认，乙方可减少相应的保证金或将相应的保证金及存款作为甲方新发放分期付款业务的担保；一旦发生逾期代偿，乙方应在接到甲方书面通知后的3日内将代偿款划至甲方的指定账户，若超过上述规定日担保机构未足额代偿的，甲方有权从上述担保金专用账户中扣划逾期本息，并有权中止与乙方进一步的业务合作；本协议有效期为自2013年6月25日起至2014年6月24日止，合作期满后不自动延展，如双方愿意继续合作，必须签订新的合作协议；本合作协议的撤销、终止不影响已签订的保证合同的效力，乙方仍应承担连带保证责任。后被告在原告处开立了“其他保证金人民币存款”账户，账号为115809××××××，账户金额因交易在500万元上下浮动，交易内容均为转保证金代偿或补扣保证金，截至2014年9月30日，该账户余额为5004083.5元。

【案件焦点】

案涉保证金500万元是否成立质押。

【法院裁判要旨】

四川省成都市青羊区人民法院经审理认为：原被告于2013年6月25日签订的《个人贷款担保合作协议》和《信用卡分期付款担保合作协议》系各方当事人的真实意思表示，内容不违反法律、行政法规的强制性规定，均为合法有效，双方当事人应按照合同约定全面履行自己的义务。金钱作为一种特殊的动产，具备一定形式要件使其特定化之后，可以用于质押，案涉保证金账户虽开立在被告名下，但对该账户资金有实际控制权并对账户资金进行操作的系原告而非被告，且扣划的资金均用于代偿，双方已达成在被告未履行保证责任时，原告扣划相应金额得以优先受偿的合意，该合意具备质押合同的一般要件，亦符合出质金钱移交债权人占有的要求。故案涉质权依法设立，本案原告对保证金500万元享有质押权。

四川省成都市青羊区人民法院依照《中华人民共和国物权法》第二百一十条、第二百一十二条以及《最高人民法院关于适用〈中华人民共和国担保法〉若干问题的解释》第八十五条之规定，作出如下判决：

原告中国银行股份有限公司四川省分行对被告四川新安融资担保有限公司在原告中国银行股份有限公司四川省分行开立的账号为115809××××××的账户中的500万元保证金享有质押权。

【法官后语】

本案的争议焦点为案涉保证金500万元是否成立质押。1. 本案原告是否对保证金500万元享有质押权应从双方当事人是否存在质押合意以及质押权是否设立两方面进行审查：根据《中华人民共和国物权法》第二百一十条“设立质权，当事人应当采取书面形式订立质权合同。质权合同一般包括下列条款：（一）被担保债权的种类和数额；（二）债务人履行债务的期限；（三）质押财产的名称、数量、质量、状况；（四）担保的范围；（五）质押财产交付的时间”和第二百一十二条“质权自出质人交付质押财产时设立”以及《最高人民法院关于适用〈中华人民共和国担保法〉若干问题的解释》第八十五条“债务人或者第三人将其金钱以特户、封金、保证金等形式特定化后，移交债权人占有作为债权的担保，债务人不履行债务时，债权人可以以该金钱优先受偿”之规定，金钱作为一种特殊的动产，具备一定形式要件使其特定化之后，可以用于质押：一方面，根据合同约定，被告在原告处开立保证金账户并存入保证金，未经原告许可被告不得随意提取或划转保证金，原告有权扣划保证金用于被告履行担保代偿责任，当保证金少于500万元时，被告有义务补足；另一方面，根据双方合同约定的实际履行情况，保证金账户中的资金仅用于被告履行担保代偿义务，且该账户的资金均由原告进行收支。结合上述合同约定和实际履行情况，案涉保证金账户虽开立在被告名下，但对该账户资金有实际控制权并对账户资金进行操作的系原告而非被告，且扣划的资金均用于代偿，双方已达成在被告未履行保证责任时，原告扣划相应金额得以优先受偿的合意，该合意具备质押合同的一般要件，符合上述《最高人民法院关于适用〈中华人民共和国担保法〉若干问题的解释》第八十五条关于金钱质押的规定。另根据《中华人民共和国物权法》第二百一十二条及《最高人民法院关于适用〈中华人民共和国担保法〉若干问题的解释》第八十五条的规定，金钱质押的生效条件包括金钱特定化和移交债权人占有两方面。根据前述查明，实际设立的保证金账户与合同约定的保证金账户一致，被告也向该账户缴存了保证金，该账户金额均用作代偿，未作日常结算使用，符合金钱特定化的要求；同时，被告系在原告处开立的保证金账户，且由被告对账户资金进行实际控制，亦符合出质金钱移交债权人占有的要求。故案涉质权依法设立。2. 被告辩称应按在保余额的3%认定质权金额的主张，虽然双方约定每笔按担保业务金额的比例缴存保证金，但被告所缴存的保证金并非为具体一笔借款提供质押担保，且合同也明确约定了保证金的额度不得低于500万元，不足500万元时应予补足，双方在合同的实际履行过程中也按此约定执行，故原告至少对进入该保证金账户的不少于500万元的资金享有质权，被告的此项抗辩于法无据，不予支持。

编写人：四川省成都市青羊区人民法院　杨进

58

应收账款质押通知效力的司法认定

——无锡市新区科技金融创业投资集团有限公司诉江苏华莱坞投资发展有限公司应收账款质权案

【案件基本信息】

1. 裁判书字号

江苏省无锡市中级人民法院（2016）苏02民终字第2861号民事判决书

2. 案由：应收账款质权纠纷

3. 当事人

原告（上诉人）：无锡市新区科技金融创业投资集团有限公司（以下简称创投公司）

被告（被上诉人）：江苏华莱坞投资发展有限公司（以下简称华莱坞公司）

【基本案情】

2014年2月28日，无锡方圆环球显示技术股份有限公司（以下简称方圆公司）向华莱坞公司发出《应收账款询证函》，载明关于数字电影产业园媒体墙设备及安装工程款项，截至2014年2月28日其公司对华莱坞公司的应收账款为3838574元，将出质给创投公司，方圆公司在该询证函的出质人处加盖公章。《应收账款询证函》所附的《回复》载明："我司已知悉上述应收账款出质事宜，对该应收账款及其质押没有任何异议，并承诺放弃主张任何抗辩或抵销。我司确认在上述截止日该应收账款真实存在。"华莱坞公司在《回复》后盖章。同日，方圆公司向华莱坞公司发出的《付款账户（变更）通知书（单笔）》，要求华莱坞公司将应收账款款项付至其公司的浦发银行无锡新区支行账户，并写明除非创投公司向贵司另行出具书面通知，上述款项均需付至该账户，如以票据支付，所有票据须交创投公司联系人。华莱坞公司《付款账户（变更）通知书（单笔）》所附的《回复》上盖章并写明其公司同意按照通知书要求办理。

2014年3月11日，方圆公司与创投公司签订《应收账款质押担保合同》，约定方圆公司为其公司的1500万元借款向创投公司提供权利质押担保，出质权利为方圆公司3838574元应收账款权利，在方圆公司不能偿还创投公司债务的，创投公司有权处分用于质押的应收账款。当月25日，创投公司办理了该应收账款质押登记。

2014年3月11日、4月1日，方圆公司先后向华莱坞公司发送数字电影产业园媒体墙设备及安装工程项目请款函，分别要求华莱坞公司支付项目款150万元、2490094.60元。同年4月16日，华莱坞公司向方圆公司支付了149万元，其中给付方圆公司承兑汇票140万元及价值7万元的华莱坞卡，向方圆公司在中国农业银行股份有限公司无锡科技支行开立的账户汇款支付2万元。

2014年8月12日，创投公司以借款纠纷将方圆公司起诉至无锡高新技术产业开发区人民法院，该院判决方圆公司归还创投公司借款本金700万元并支付相应罚息，判决后因方圆公司未自动履行，创投公司申请法院执行，后于2015年12月15日终结本次执行。

创投公司于2015年8月4日诉至无锡市滨湖区人民法院，要求华莱坞公司在方圆公司的应收账款质押范围内清偿借款3838574元，一审中，创投公司变更诉讼请求为：创投公司对方圆公司质押的对华莱坞公司的3838574元应收账款优先受偿，华莱坞公司在3838574元范围内向创投公司履行付款义务。华莱坞公司辩称：1. 其公司并非质押合同的当事人，方圆公司虽在出质前曾告知其公司可能将该笔债权出质给创投公司，但出质后并未通知其公司；并且方圆公司在质押签订的当日仍向其公司请款，也未告知应收账款已经质押事宜；虽然方圆公司进行了质押登记，但人民银行不进行实质审查，仅能对抗第三人，不能证明应收账款确实存在、金额无误以及债务人须无条件向质权人承担付款义务。2. 即使质押关系存在，方圆公司在签订质押合同后向其公司两次请款149万元，故其公司仅结欠2348574元未付；其公司对质押不知情，对于已付款项也无过错。故请求驳回创投公司的诉讼请求。

【案件焦点】

华莱坞公司向方圆支付本案争议的款项是否存在过错，华莱坞公司对案涉149万元款项是否应向创投公司履行付款义务？

【法院裁判要旨】

江苏省无锡市滨湖区人民法院认为：创投公司与方圆公司签订了《应收账款质押担保合同》，约定方圆公司将对华莱坞公司的应收账款3838574元出质给创投公司，且在信贷征信机构办理出质登记，故质权已经设立。至于是否通知华莱坞公司，并不影响质权的设立。因此，创投公司对方圆公司出质的对华莱坞公司的应收账款享有优先受偿权。从商业交易常理来看，次债务人并无义务主动查询应收账款质押登记公示系统，故如果未通知次债务人，不能对抗善意不知情的次债务人。方圆公司在与创投公司签订《应收账款质押担保合同》当天，在办理应收账款质押登记之前，即向华莱坞公司请款，系方圆公司在质权设立前对尚未出质权利的自行处分。鉴于创投公司未曾向华莱坞公司通知过出质及付款账户变更事宜，故华莱坞公司根据方圆公司单方请款，也即根据方圆公司新的意思表示，支付 149 万元并无任何过错。因此，创投公司享有优先受偿权的应收账款应限于 2348574 元（3838574 元－1490000 元）。因华莱坞公司作为该应收账款的债务人负有协助义务，故华莱坞公司在 2348574 元范围内直接向创投公司履行上述付款义务，以清偿方圆公司对创投公司的债务。综上，依据《中华人民共和国物权法》第二百二十三条、第二百二十八条之规定，该院判决：创投公司对方圆公司在华莱坞公司处的应收账款 2348574 元享有优先受偿权，华莱坞公司于判决生效后五日内，在 2348574 元范围内向创投公司履行上述付款义务。

创投公司不服一审判决，向无锡市中级人民法上诉。

江苏省无锡市中级人民法院审理认为：华莱坞公司向方圆支付案涉 149 万元存在过错，华莱坞公司对该款项仍应向创投公司履行付款义务。理由：首先，方圆公司与创投公司签订了质押担保合同，在合同中明确将方圆公司对华莱坞公司的应收账款 3838574 元出质给创投公司，并依法办理了质押登记，华莱坞公司在《应收账款询证函》的回复中对上述应收账款予以确认，故方圆公司对该应收账款的出质合法有效，创投公司对于该应收账款的质权设立。其次，本案方圆公司虽在《应收账款询征函》中对于应收账款的出质表述为将出质给创投公司，但从该询证函的内容来看，方圆公司一方面是要求华莱坞公司确认欠款情况，另一方面是告知出质事宜，并对出质金额及出质对象即质权人均已明确，且在签章处写明其公司为出质人；华莱坞公司在该询证函的回复中确认已知悉方圆公司所告知的出质事宜，且不持任何异议，而且案涉应收账款的出质已依法登记，具有相应的公示公信效力，据此可以认定对于案涉应收账款的出质事宜已达到了通知的效果，至于出质通知是否应在出质登记后再行通知，并无法律规定，就本案具体情况而言，亦无必要，故应认定方圆公司已将应收账款的出质事实通知了华莱坞公司。再次，在应收账款作为权利出质的法律关系中，主合同债务人出质的财产实际就是其对次债务人所欠债务的付款请求权，出质通知的效果就是告知次债务人在此之后对应收账款的处分应受该质权的约束。故华莱坞公司收到案涉应收账款出质通知后，华莱坞公司对该账款的处分应当按照创投公司的指示办理，而非方圆公司；并且华莱坞公司在《付款账户（变更）通知书（单笔）》中对该应收账款的支付方式等还作出了明确承诺，但华莱坞公司仅是在方圆公司于质权设立后单方向其公司请款时，不仅没有征得创投公司的同意，也没有按其公司的承诺将案涉149万元款项支付到指定的特定账户以及将银行承兑汇票交付给创投公司，因此华莱坞公司向方圆公司支付149万元有违诚信，存在明显过错，损害了创投公司的质权，华莱坞公司对此应当承担相应责任。最后，按照方圆公司与创投公司的质押担保合同的约定，方圆公司不能向创投公司清偿到期债务，创投公司有权就质押的应收账款行使处分权，且案涉应收账款作为已经确定金额的金钱债权可以直接支付，因此创投公司对享有优先受偿权的3838574元应收账款有权向华莱坞公司提出付款主张，故华莱坞公司除对尚未支付给方圆公司的2348574元应向创投公司履行付款义务以外，还应对已经支付的149万元向创投公司履行付款义务。

另外，针对创投公司在二审中提出的7万元华莱坞卡的付款问题，根据华莱坞公司在二审中提交的记账凭证、发票以及情况说明等证据，可以证明华莱坞旅游公司代华莱坞公司于2014年4月16日向方圆公司给付了7万元华莱坞卡。

综上所述，创投公司的部分上诉请求成立，应予以支持；一审法院对案涉149万元应收账款的事实认定不当，应予纠正。依照《中华人民共和国物权法》第二百零八条、第二百二十八条，《中华人民共和国民事诉讼法》第一百七十条第一款第（一）项、第（二）项之规定，判决如下：

一、撤销无锡市滨湖区人民法院（2015）锡滨商初字第00491号民事判决第（二）项；

二、变更无锡市滨湖区人民法院（2015）锡滨商初字第00491号民事判决的第一项为，华莱坞公司在3838574元范围内向创投公司履行付款义务，并于判决生效后十五日内履行。

【法官后语】

本案争议的焦点是对于应收账款的质押通知，主合同的债权人与债务人如何向次债务人发出该通知，以及通知对次债务人将产生何种法律效力。物权法已将应收账款明确列为权利质押的标的，在对应收账款的质押程序等相关事项尚未作出明确规定的情况下，对于应收账款的出质通知及通知效力，可以参照动产质押以及债权转让等相关法律规定予以处理。根据物权法等法律法规的相关规定，对于应收账款出质的实质要件是应存在真实、合法的应收账款债权，主合同的债权人与债务人应就该应收账款的出质达成合意，应收账款的出质通知自送达到次债务人之日起对次债务人产生法律约束力。《合同法》第八十条第一款规定："债权人转让权利的，应当通知债务人。未经通知，该转让对债务人不发生效力。"主合同的债权人与债务人就应收账款出质达成合意后应当通知次债务人，对于次债务人来讲，不论是债权人还是债务人于何时、以何种方式发出该通知，只要能够表明次债务人知晓出质的事实，即可构成法律意义上的通知。《最高人民法院关于适用〈中华人民共和国担保法〉若干问题的解释》第八十八条规定："出质人以间接占有的财产出质的，质押合同自书面通知送达占有人时视为移交。占有人收到出质通知后，仍接受出质人的指示处分出质财产的，该行为无效。"因此债务人将应收账款出质事宜通知次债务人后，次债务人自收到该通知之日起应受质权约束。

本案中，方圆公司作为主合同的债务人在送达给次债务人华莱坞公司的通知中虽表述为拟将应收账款质押给债权人创投公司，但华莱坞公司回复称知悉质押事宜且不持异议，因此华莱坞公司的回复足以令方圆公司产生信赖，从而不需要于签订质押合同后再行通知华莱坞公司，故质押通知有效，华莱坞公司应受质权约束。华莱坞公司未取得创投公司的同意向方圆公司付款，损害了创投公司的优先受偿权，应承担相应的法律责任。

编写人：江苏省无锡市中级人民法院　朱光烁

59

理财产品质押的法律效力

——凌莉诉中国工商银行股份有限公司广州东城支行等质押借款合同案

【案件基本信息】

1. 裁判书字号

广东省广州市中级人民法院（2015）穗中法金民终字第1516号民事判决书

2. 案由：质押借款合同纠纷

3. 当事人：

原告（上诉人）：凌莉

被告（被上诉人）：中国工商银行股份有限公司广州执信南路支行（以下简称工行执信南路支行）、中国工商银行股份有限公司广州石牌支行（以下简称工行石牌支行）、中国工商银行股份有限公司广州东城支行（以下简称工行东城支行）

【基本案情】

2006年10月31日，原告在工行石牌支行为其银行卡注册了网上银行及电话银行，并关联了包括账号尾数6631的银行卡在内的三张银行卡。同时还向工行石牌支行申领了USBKEY证书（U盾），并签署了《电子银行个人客户服务协议》。原告提交的《网上银行个人质押借款合同》载明：借款人（甲方）凌莉，贷款人（乙方）中国工商银行；甲方自愿申请乙方网上银行个人质押贷款，并向乙方提供质押担保，质物为工商银行发行的非保本型理财产品，双方同意将乙方冻结甲方质物的行为视为质物的交付，贷款利率为7.28%，贷款期限1个月，贷款金额270000元。原告的理财金账户历史明细清单显示，原告的账号尾数6631的银行卡在2015年1月5日转入贷款270000元，同日该款被网转划出。款项发生时，工行东城支行向原告手机号尾数7711发出过账户余额变化的手机短信。工行东城支行从原告账户上累计扣款8113.36元。

《中国工商银行电子银行章程》规定：中国工商银行以客户的注册卡号或存折账号、客户证书及相应密码作为识别客户有效身份的标识，并以客户发出的电子交易指令作为办理电子银行业务的合法有效依据。原告与中国工商银行广东省分行营业部签订的《电子银行个人客户服务协议》约定："客户证书"指用于存放客户身份标识，并对客户发送的电子银行交易信息进行数字签名的电子文件；中国工商银行客户证书的存放介质为USBKEY证书（U盾）。原告必须妥善保管本人注册卡号、客户编号、密码及客户证书，并对通过以上信息完成的金融交易负责。

2015年1月6日，原告向公安机关报案称其遭到电话诈骗，当时原告未反应过来，便按对方指引将电脑的杀毒软件关掉，然后按照对方提示进入一个网站，并将银行U盾插上电脑和输入用户名和密码，对方还让原告不要理会95588银行发来的有关账户的钱被转走的信息。

另查，工行执信南支行是原告尾数6631的银行账户的开户行，原告在工行石牌支行开通了尾数7845的理财交易账户并开通了电子银行功能和领取了USBKEY证书（U盾），工行东城支行是讼争质押借款的经办行。涉案理财产品属非保本型。在电子银行办理质押贷款流程中，工商银行允许客户另行输入手机号码，并通过向该手机发送验证码的方式来验证确认手机是否属于客户所用。本案质押贷款办理流程中录入的手机号码与原告原来预留的手机号码不同。

原告向越秀区法院起诉，请求判令：1. 原告与工行东城支行签订的《网上银行个人质押借款合同》无效，并恢复原状，原告无须归还借款270000元及利息；2. 工行东城支行解除原告理财产品的质押；3. 三被告返还划扣原告的款项8113.36元。

【案件焦点】

涉案质押借款合同的效力如何，三被告对于原告的损失应否承担相应的过错责任。

【法院裁判要旨】

广东省广州市越秀区人民法院经审理认为：本案争议的焦点有二：一是理财产品质押借款合同的效力问题；二是银行方在办理质押贷款过程中有无过错的问题。

对焦点一，法院从银行方出借行为的效力和理财产品质押的效力两个方面分别论述。1. 对银行方出借行为的效力认定。《中华人民共和国电子签名法》第三条规定：“民事活动中的合同或者其他文件、单证等文书，当事人可以约定使用或者不使用电子签名、数据电文。当事人约定使用电子签名、数据电文的文书，不得仅因为其采用电子签名、数据电文的形式而否定其法律效力。”第九条第（三）项规定：“收件人按照发件人认可的方法对数据电文进行验证后结果相符的。”视为发件人发送。凌莉（甲方）与中国工商银行股份有限公司广东省分行营业部（乙方）签订的《电子银行个人客户服务协议》第三条中关于银行权利约定的第（五）项约定，乙方根据甲方的电子银行业务指令办理业务，对所有使用甲方注册卡号、客户编号、密码及客户证书进行的操作均视为甲方所为，该操作所产生的电子信息记录均为乙方处理电子银行业务的有效凭据。诉争的质押借款合同是通过工商银行开发提供的电子银行网页签订的，需要用户在自己的终端上实施插入U盾、输入密码等操作步骤。凌莉自述受到犯罪嫌疑人欺骗，登录工商银行电子银行网页并输入密码，插入 USBKEY 证书（U 盾），并进行关闭杀毒程序、电脑屏幕等操作，客观上为犯罪嫌疑人以其名义银行方发送办理质押贷款的指令提供了便利。银行方在验证密码正确且有 USBKEY 证书（U 盾）授权确认的情况下，认可上述指令，进而通过系统审核发放 270000 元贷款到凌莉账户的行为，符合上述法律规定和约定，是有效的民事行为。对理财产品质押效力的认定。《中华人民共和国物权法》第二百二十三条规定："债务人或者第三人有权处分的下列权利可以出质：……（六）应收账款；……"明确了应收账款是可以出质的权利。《中国人民银行应收账款质押登记办法》第四条第二款规定："……（五）提供贷款或者其他信用产生的债权。"明确"其他信用产生的债权"属于应收账款。对照本案事实，本案用于质押的理财产品为中国工商银行自行设计发行的非保本理财产品，凌莉在委托理财期满后依约能取回一定数额的本金及收益，也即凌莉根据其与银行签订的理财合同享有相应的债权。这一债权，属于其他信用产生的债权，因而属于《中华人民共和国物权法》第二百二十三条规定可用于质押的权利中的应收账款。同时，《中华人民共和国物权法》第二百二十八条第一款规定："以应收账款出质的，当事人应当订立书面合同。质权自信贷征信机构办理出质登记时设立。"《中国人民银行应收账款质押登记办法》第七条第一款规定："应收账款登记由质权人办理。"本案的理财产品质押，作为质权人的银行方并没有依法依规到信贷征信机构办理出质登记，不符合物权法关于质权因登记设立的规定，质权不成立。

综合上述分析，凌莉与工行东城支行讼争的《中国工商银行网上银行个人质押借款合同》有效，工行东城支行在还款期限届满后从原告账户扣划收回贷款并无不当。合同关于理财产品质押条款亦有效，但由于没有依法办理出质登记，质权不成立。对凌莉关于质押贷款合同无效，贷款本息不用归还和质押应予解除的主张，法院不予接纳。

对焦点二银行方在办理质押贷款过程中有无过错的问题。根据《中国工商银行电子银行章程》的规定以及《电子银行个人客户服务协议》的约定，中国工商银行以客户的注册卡号（包括注册手机号码）或存折账号、客户证书（U 盾）作为识别客户有效身份的标识。即注册手机号码、注册卡号、存折账号和客户证书（U 盾）均是识别客户有效身份的标识。客户在电子银行办理质押贷款时，工商银行的贷款流程允许客户另行输入手机号码，并将该号码作为办理贷款业务的联系手机，没要求客户录入原预留注册的手机号码进行验证和联系，在贷款客户身份的识别程序设置上有一定暇疵。但具体到本案，凌莉自述是受到犯罪嫌疑人的欺骗而进行了电子银行的一系列操作，操作过程中被要求不理会手机的相关提示信息，故没有使用预留手机号码与凌莉联系并不构成工行东城支行办理涉案质押贷款的过错。对凌莉关于工行东城支行在办理质押贷款过程中有过错的主张，法院不予接纳。

据此，法院依照《中华人民共和国合同法》第四十四条、第一百一十三条第一款，《中华人民共和国物权法》第二百二十三条、第二百二十八条第一款，《中华人民共和国电子签名法》第三条、第九条第一款第（三）项的规定，作出判决：

驳回凌莉的全部诉讼请求。

凌莉持原审起诉意见提起上诉。广州市中级人民法院同意一审法院裁判意见，依照《中华人民共和国民事诉讼法》第一百七十条第一款第（一）项的规定，判决如下：

驳回上诉，维持原判。

【法官后语】

对于理财产品质押，目前法律法规、司法解释尚无明确规定，其质押的性质和效力在实务和学术界存在有不同的看法，有的认为是应收账款质押，有的认为是存款质押，或者是权利质押。笔者认为理财产品具有债权性质，可纳入应收账款范畴。《中国人民银行应收账款质押登记办法》第四条第二款规定：本办法所称的应收账款包括下列权利：（一）销售产生的债权，包括销售货物，供应水、电、气、暖，知识产权的许可使用等；（二）出租产生的债权，包括出租动产或不动产；（三）提供服务产生的债权；（四）公路、桥梁、隧道、渡口等不动产收费权；（五）提供贷款或者其他信用产生的债权。可见，该办法对应收账款的定义比《物权法》更加明确和细化，给新类型权利质押提供了法律空间。理财产品是由金融机构自行设计并发行，将募集到的资金根据产品合同约定投入相关金融市场及购买相关金融产品，获取投资收益后，根据合同约定分配给投资人的一类金融产品。购买人享有在理财产品到期时请求金融机构返还本金和收益的权利，理财产品是建立在金融机构信用基础上而产生的债权。因此，依据“提供贷款或者其他信用产生的债权”的规定，将理财产品等投资收益类产品现有或未来的金钱债权归入应收账款行列具有合理性，其质押应当纳入《物权法》的权利质押范畴。本案法院裁判正是基于此分析，对涉案的理财产品质押合同效力作出有效认定。

随着市场经济的发展，不断涌现新的物权形态。如果采取过严的物权“法定”标准，不利于保障新经济形态的秩序稳定和金融债权安全。法律条文和社会实践经常会发生冲突，法律条文的内涵和外延将随着社会实践发生着变化，法律适用上不能拘泥于文字的表述。对于理财产品质押，在不违反社会公共秩序、不扰乱金融经济秩序的前提下，应当尽量在物权法体系内寻求解释的路径，不宜简单以“物权法定”原则将其否定。

编写人：广东省广州市越秀区人民法院　彭建华　潘锋

60

动产质押的质权自出质人交付质押财产时设立

——中国建设银行股份有限公司广饶支行诉山东佳和市政工程有限公司等金融借款合同案

【案件基本信息】

1. 裁判书字号

山东省东营市中级人民法院（2016）鲁 05 民终字第 1132 号民事判决书

2. 案由：金融借款合同纠纷

3. 当事人

原告（上诉人）：中国建设银行股份有限公司广饶支行

被告（被上诉人）：山东佳和市政工程有限公司（以下简称佳和公司）、东营润科石油科技有限公司（以下简称润科公司）、高健、崔凤丽、范春林、丁晓梅、王朋连、薛素梅

第三人：张升华、广饶县住房和城乡规划建设局

【基本案情】

2014年10月9日，原告中国建设银行股份有限公司广饶支行与被告佳和公司签订贷款合同一份，约定被告向原告借款3000万元，借款期限自2014年10月9日至2015年10月9日，贷款利率为固定利率即LPR（人民银行的基准利率）利率加204基点，即年利率7.8%，贷款逾期后利率上浮50%，即逾期利率为11.7%。借款合同签订后当日，原告向被告佳和公司发放借款3000万元。同日，原告分别与被告润科公司、高健、崔凤丽、范春林、丁晓梅、王朋连、薛素梅签订保证合同，约定七被告为被告佳和公司所借上述借款承担连带责任保证，保证期间为借款期限届满后两年。上述借款期限届满后，原告按照合同约定于2016年3月11日在其银行系统内扣划被告范春林存款161.98元、扣划被告丁晓梅存款20022.21元、扣划被告薛素梅4.73元，均用来偿还部分借款本金，至今尚欠原告借款本金29979811.08元及相应利息。2014年10月9日，原告与被告佳和公司另行签订《应收账款质押合同》一份，被告佳和公司将其在第三人广饶县住建局处其自称尚存在的《广饶县城东水系建设工程BT项目第一标段项目》未结算工程款项3642.84万元进行质押，并与原告签订建广应收账款（2014）224号转让登记协议一份，原告于2014年10月9日15时15分在中国人民银行征信中心予以登记。

第三人张升华于2013年2月与被告佳和公司签订合作协议，约定以佳和公司为投标主体就《广饶县城东水系建设工程BT项目第一标段项目》投标，由佳和公司负责施工国安路至大寨沟，张升华负责施工国安路至广平路南十米，施工完毕后，按照发包方第三人广饶县住建局拨付佳和公司40%、拨付张升华60%的比例进行分配，后该BT项目中标，该工程中的国安路至广平路南十米由第三人张升华垫资施工，后因拨款原因，佳和公司与张升华发生争议，张升华按照其与佳和公司签订的合作协议中的仲裁条款的约定于2015年10月20日向东营仲裁委员会提起仲裁，2015年11月16日，东营仲裁委员会作出（2015）东仲字第469号裁决书，裁决：一、《广饶县城东水系建设工程BT项目第一标段》中，国安路至广平路南10米项目由张升华施工；二、张升华与被告佳和公司施工的《广饶县城东水系建设工程BT项目第一标段》工程款的60%归张升华享有。

【案件焦点】

原告对第三人广饶住建局处《广饶县城东水系建设工程 BT 项目第一标段项目》的工程款是否享有优先受偿权问题。

【法院裁判要旨】

山东省东营市广饶县人民法院经审理认为：根据《应收账款质押登记办法》第四条第二款规定被告佳和公司在第三人广饶住建局处《广饶县城东水系建设工程 BT 项目第一标段项目》的工程款的性质不属于上述列举的应收账款范围，该工程款的属性为动产财产并不属于应收账款范围。其中动产质押的质权自出质人交付质押财产时设立，权利质押的质权自权利凭证交付质权人时设立；没有权利凭证的，质权自有关部门办理出质登记时设立。但本案中，原告与被告佳和公司虽就涉案工程所签质押合同设定了质押，但该动产质押质权的成立应以交付质押财产时设立，具体到本案中应以交付具体的工程款结算凭证为质权成立要件，但庭审查明该质押合同签订时工程款并未实际评估结算出准确的估算值，被告佳和公司也没有将涉案工程的准确结算值的结算凭证交付给原告占有，故原告所主张的质权并未实际形成，且第三人张升华与被告佳和公司均对原告所主张的本案债权即涉案工程款存在所有权争议的客观事实，故原告对被告佳和公司在第三人广饶住建局处《广饶县城东水系建设工程 BT 项目第一标段项目》的工程款享有优先受偿权的主张不能成立，本院不予支持。

广饶县人民法院依照《中华人民共和国合同法》第二百零五条、第二百零六条、第二百零七条，《中华人民共和国担保法》第十八条、第二十一条第一款，《中华人民共和国物权法》第二百一十二条、第二百二十三条、第二百二十四条，《中华人民共和国民事诉讼法》第一百四十四条之规定，作出如下判决：

一、被告山东佳和市政工程有限公司于本判决生效之日起十日内偿还原告中国建设银行股份有限公司广饶支行借款本金余款 29979811.08 元，并支付相应利息；

二、被告东营润科石油科技有限公司、高健、崔凤丽、范春林、丁晓梅、王朋连、薛素梅对上述债务承担连带清偿责任；

三、驳回原告对涉案工程款享有优先受偿权的诉讼请求。

一审宣判后，原告不服提起上诉。

山东省东营市中级人民法院经审理后认为：涉案的工程款系由佳和市政公司与

张升华按份共有，因此，佳和市政公司对涉案工程款没有完全的所有权，在工程款数额未确定的情况下，佳和市政公司不能将涉案工程款进行质押。佳和市政公司以没有完全所有权的工程款与建行广饶支行签订质押合同的行为损害了第三人张升华的利益，但在本案中，在涉案工程款数额尚未确定、工程款尚未支付的情况下，佳和市政公司与建行广饶支行之间的质押权应当认定不能成立。上诉人建行广饶支行的上诉请求不能成立，应予驳回。

山东省东营市中级人民法院依照《中华人民共和国民事诉讼法》第一百七十条第一款第（一）项、第一百七十五条之规定，作出如下判决：

驳回上诉，维持原判。

【法官后语】

本案的处理结果是正确的，动产质押的质权自出质人交付质押财产时设立。在涉案工程款数额尚未确定、工程款尚未支付的情况下，佳和市政公司与建行广饶支行之间的质押权应当认定不能成立。

1. 依法认定应收账款的范围

根据《中国人民银行应收账款质押登记办法》第四条第一款的规定，应收账款是指权利人因提供一定的货物、服务或设施而获得的要求义务人付款的权利，包括现有的和未来的金钱债权及其产生的收益，但不包括因票据或其他有价证券而产生的付款请求权。《应收账款质押登记办法》第四条第二款的规定，本办法所称的应收账款包括下列权利：

（1）销售产生的债权，包括销售货物，供应水、电、气、暖，知识产权的许可使用等；

（2）出租产生的债权，包括出租动产或不动产；

（3）提供服务产生的债权；

（4）公路、桥梁、隧道、渡口等不动产收费权；

（5）提供贷款或其他信用产生的债权。

因此，在本案中，被告佳和公司在第三人广饶住建局处《广饶县城东水系建设工程BT项目第一标段项目》的工程款的性质不属于上述列举的应收账款范围，该工程款的属性为动产财产并不属于应收账款范围。

2. 正确区分质押的分类，把握质权的生效即成立要件

我国物权法关于质押分为动产质押和权利质押两类，该两类质押均需签订书面的质押合同为质权成立的要件之一，其中动产质押的质权自出质人交付质押财产时设立，权利质押的质权自权利凭证交付质权人时设立；没有权利凭证的，质权自有关部门办理出质登记时设立。但本案中，原告与被告佳和公司虽就涉案工程所签质押合同设定了质押，但该质押合同中约定的工程款并不属于应收账款这类权利质押，该工程款的质押属于动产质押，该动产质押质权的成立应以交付质押财产时设立，具体到本案中应以交付具体的工程款结算凭证为质权成立要件，但庭审查明该质押合同签订时工程款并未实际评估结算出准确的估算值，被告佳和公司也没有将涉案工程的准确结算值的结算凭证交付给原告占有，故原告所主张的所谓质权并未实际形成，且本案第三人广饶住建局对该涉案工程款是否质押并不知情，第三人张升华与被告佳和公司均对原告所主张的本案债权即涉案工程款存在所有权争议的客观事实，故原告对被告佳和公司在第三人广饶住建局处《广饶县城东水系建设工程BT项目第一标段项目》的工程款享有优先受偿权的主张不能成立，本院不予支持。

可见，涉案工程款的质押应以交付具体的工程款结算凭证为质权成立要件，否则，质权不能成立。本案对质押权的认定作了前瞻性的处理，对以后相似案件的处理提供了判例。

编写人：山东省东营市广饶县人民法院　常兴泉

图书在版编目（CIP）数据

中国法院2018年度案例．借款担保纠纷/国家法官学院案例开发研究中心编．—北京：中国法制出版社，2018.1

ISBN 978-7-5093-9127-3

Ⅰ.①中… Ⅱ.①国… Ⅲ.①借贷-经济纠纷-案例-汇编-中国②担保-经济纠纷-案例-汇编-中国 Ⅳ.①D920.5

中国版本图书馆CIP数据核字（2017）第296906号

策划编辑：李小草（lixiaocao2008@sina.cn）

责任编辑：李小草　张海洋（zhanghaiy604@163.com）　　封面设计：温培英、李宁

中国法院2018年度案例·借款担保纠纷

ZHONGGUO FAYUAN 2018 NIANDU ANLI · JIEKUAN DANBAO JIUFEN

编者/国家法官学院案例开发研究中心

经销/新华书店

印刷/三河市紫恒印装有限公司

开本/730毫米×1030毫米　16开　　印张/15.75　字数/214千

版次/2018年1月第1版　　2018年1月第1次印刷

中国法制出版社出版

书号 ISBN 978-7-5093-9127-3　　定价：48.00元

北京西单横二条2号

邮政编码 100031　　传真：66031119

网址：http://www.zgfzs.com　　**编辑部电话：66070084**

市场营销部电话：66033393　　**邮购部电话：66033288**

（如有印装质量问题，请与本社编务印务管理部联系调换。电话：010-66032926）

最高人民法院指导性案例裁判规则理解与适用系列

公司卷二	98 元	物权卷	88 元
公司卷（第二版）（上下册）	139 元	婚姻家庭卷（第二版）	68 元
民事诉讼卷（第二版）（上下册）	145 元	合同卷四（第二版）	98 元
侵权赔偿卷二	69 元	合同卷三（第二版）	98 元
侵权赔偿卷一	69 元	合同卷二（第二版）	108 元
房地产卷	98 元	合同卷一（第二版）	108 元
劳动争议卷	58 元	担保卷（第二版）（上下册）	139 元

最高人民法院知识产权审判实务系列

商标法适用的基本问题（增订版）	78 元
反不正当竞争法的创新性适用【精装】	68 元
知识产权保护的新思维——知识产权司法前沿问题	98 元
最高人民法院知识产权审判案例指导（第 9 辑）	88 元
最高人民法院知识产权审判案例指导（第 8 辑）	88 元
最高人民法院知识产权审判案例指导（第 7 辑）	98 元
最高人民法院知识产权审判案例指导（第 6 辑）	78 元
最高人民法院知识产权审判案例指导（第 5 辑）	88 元
最高人民法院知识产权审判案例指导（第 4 辑）	78 元
最高人民法院知识产权审判案例指导（第 3 辑）	78 元
最高人民法院知识产权审判案例指导（第 2 辑）	78 元
最高人民法院知识产权审判案例指导（第 1 辑）	48 元
中国知识产权指导案例评注（第 8 辑）	98 元
中国知识产权指导案例评注（第 7 辑）	118 元
中国知识产权指导案例评注（第 6 辑）	128 元
中国知识产权指导案例评注（第 5 辑）	118 元
中国知识产权指导案例评注（第 4 辑）	98 元
中国知识产权指导案例评注（第 3 辑）	98 元
中国知识产权指导案例评注（上、下卷）	188 元
知识产权法律适用的基本问题——司法哲学、司法政策与裁判方法	168 元
最高人民法院知识产权司法解释理解与适用（最新增订版）	69 元
最高人民法院知识产权案件年度报告（2008 ~ 2015）（中英文版）	198 元
知识产权司法实务新型疑难问题：专利、商标与著作权热点问题	138 元
知识产权司法实务新型疑难问题：知识产权司法保护与产业发展	120 元
商业特许经营合同原理解读与审判实务	58 元
赢在 IP：知识产权诉讼实战策略	49 元
网络游戏知识产权司法保护	68 元

最高人民法院审判指导书系

执行规范理解与适用——最新民事诉讼法与民诉法解释保全、执行条文关联解读	139 元
最高人民法院民事立案业务指导	108 元
最高人民法院审判监督业务指导	128 元
最高人民法院执行业务指导	128 元